Guidebook of Computational Fluid Dynamics
はじめての環境・設備設計シミュレーション
CFDガイドブック

空気調和・衛生工学会 編　*The Society of Heating,*
Air-Conditioning and Sanitary Engineers of Japan

本書を発行するにあたって，内容に誤りのないようできる限りの注意を払いましたが，本書の内容を適用した結果生じたこと，また，適用できなかった結果について，著者，出版社とも一切の責任を負いませんのでご了承ください．

本書は，「著作権法」によって，著作権等の権利が保護されている著作物です．本書の全部または一部につき，無断で次に示す〔　〕内のような使い方をされると，著作権等の権利侵害となる場合があります．また，代行業者等の第三者によるスキャンやデジタル化は，たとえ個人や家庭内での利用であっても著作権法上認められておりませんので，ご注意ください．
〔転載，複写機等による複写複製，電子的装置への入力等〕
学校・企業・団体等において，上記のような使い方をされる場合には特にご注意ください．
お問合せは下記へお願いします．
〒101-8460　東京都千代田区神田錦町 3-1　TEL.03-3233-0641
株式会社オーム社書籍編集局（著作権担当）

はしがき

　本書は，建築設備における空調・換気・熱環境の設計・評価で用いられる流体力学を基礎とした数値解析手法CFD (Computational Fluid Dynamics, 数値流体力学) によるシミュレーションのガイドマニュアルです．現在，CFDは風洞実験や模型実験と並ぶ重要な技術として，建築・空調分野では，主に建物内外の風の挙動把握や，都市環境，室内温熱環境の診断，防災の解析などに活用されています．これまで限られた研究者や研究機関などの利用に限られてきたCFDですが，近年のコンピュータの急速な発展と高機能なCFDソフトの開発が進んだことにより，その活用範囲は急速に広がりつつあります．また，地球温暖化問題への対応に伴い，設計時における各種省エネ手法の導入検討や効果検証を行う際に必要不可欠な技術の一つとなってきています．

　CFD解析により設計で利用できる妥当な解を得るためには，解析ソフトの利用法に習熟することに加え，CFD特有の知識や作法を身に付ける必要があります．これらの知識は，機械工学系の流体力学やCFDの優れた教科書，論文などから得ることが可能ですが，空調設備技術者に多い建築工学系出身の方は，大学等の教育機関で習う内容と全く異なるため，躊躇することが多いように思います．また，作法 (CFDにおける禁忌事項や常識) は，論文に書かれることは少ないのですが，守らない場合，苦労して結果を得てもCFD熟練者から拒絶されることも少なくありません．

　本書では，初めてCFDに取り組む建築設備の実務者やこれから研究での利用を目指す学生を対象に，専門書への橋渡しとなる入門書となることを意図しています．具体的には，第2章でより品質の高い結果を得るためのノウハウを，第3章では実際の建築設計への適用手順，第4章では代表的なベンチマーク問題について提示しています．また，付録には，より深いCFDの知識習得や高度な判断を可能とするために必須となる数値解析技術の概要を収録しました．全体を通読するとともに，ベンチマークの実施を通して，CFDへの理解を深めていただき，作法を身に付けていただければ幸いです．

　本書は，空気調和・衛生工学会換気設備委員会傘下の室内環境予測小委員会 (主査：倉渕隆, 2009～12年度)，室内CFDガイドブック検討小委員会 (主査：伊藤一秀, 2013～2015年度)，換気問題へのCFDの適用性検討小委員会 (2016年度～) で基本構想を練り，同出版委員会室内CFDガイドブック編集小委員会によって作成されました．小委員会報告書として2012年に作成した初稿では，専門性の高い解説 (本書付録に相当) とベンチマーク (本書第4章に相当) のみであったものを，2015年の改訂では，CFDユーザーを意識したノウハウ (本書第2章) と実務への適用 (本書第3章) を加筆・推敲しました．また，2016年からは，初学者向けにわかりやすく解説するマニュアルとなるよう，内容を再検討しました．本書が建築環境設計へのCFD適用のより一層の普及，さらには建築設備分野の地位向上の一助になれば幸いです．

　本書の執筆にあたり，空気調和・衛生工学会学術諮問委員会査読委員の方々から多くの示唆と緻密なご助言をいただきました．記して謝意を表します．また，本書籍出版の機会を与えていただいたオーム社の関係各位に厚くお礼申し上げます．

2017年10月

空気調和・衛生工学会
換気設備委員会室内CFDガイドブック検討小委員会
出版委員会室内CFDガイドブック編集小委員会
主査　酒井孝司 (明治大学理工学部 教授)

編纂機関
空気調和・衛生工学会
換気設備委員会室内CFDガイドブック検討小委員会
出版委員会室内CFDガイドブック編集小委員会

著者一覧

名前	所属	担当箇所
伊藤　一秀	九州大学大学院	1-3, 2-3, 2-6, 4-2, B-5
植田　俊克	新菱冷熱工業	2-7, 3-2, 3-3, 4-6
遠藤　智行	関東学院大学	2-5, 4-5
大森　敏明	東京大学生産技術研究所	4-4, C-1~8
小野　浩己	電力中央研究所	2-2, 2-3, 2-6, 4-3, A-5
加藤　信介	東京大学生産技術研究所	2-6
倉渕　隆	東京理科大学	第1章, 2-1, 2-2, 3-2, 3-3, A-1~3, A-6
甲谷　寿史	大阪大学	A-6, B-5
小林　知広	大阪市立大学	A-4
酒井　孝司	明治大学	2-4, 4-1, 4-3, B-1~4, B-6~7
諏訪　好英	芝浦工業大学	2-3, 3-1, 3-2, 3-3, 4-7
張　偉栄	東京工芸大学	2-6
永野　秀明	東京都市大学	全般校閲
早上　将志	大気社	3-1, 3-2, 3-3
橋本　真伊知	大気社	3-1, 3-2, 3-3
樋山　恭助	明治大学	全般校閲
深田　賢	新菱冷熱工業	3-2, 3-3, 4-6
松本　博	豊橋技術科学大学	3-1, 3-2, 3-3
吉野　一	日本工業大学	3-1, 3-2, 3-3, B-5

(五十音順)

Contents

1 CFDによる環境・設備設計シミュレーション

- 1-1 本書の目的 … 001
- 1-2 計算機の発達とCFD技術の普及 … 002
- 1-3 汎用CFDソフトウェア … 004
- 1-4 本書の構成 … 005

2 シミュレーションの品質確保のための基本事項

- 2-1 CFDの品質確保 … 007
- 2-2 計算モデル作成の前に … 008
- 2-3 乱流の取扱い … 014
- 2-4 メッシュの品質チェック … 016
- 2-5 適切な計算スキームの選択 … 020
- 2-6 計算完了の判定 … 023
- 2-7 ヒューマンエラー防止のために … 031

3 環境・設備設計の実務への応用

- 3-1 実務にCFDを利用する目的と利点および難しさ … 035
- 3-2 実務にCFDを利用する際の注意点 … 037
- 3-3 各種室内環境への適用事例 … 050

4 室内環境問題を対象としたベンチマークテスト

- 4-1 ベンチマークテスト … 075
- 4-2 等温室内気流問題 … 075
- 4-3 非等温室内気流問題 … 084
- 4-4 数値サーマルマネキン … 090
- 4-5 通風気流 … 100
- 4-6 空調室内気流 … 105
- 4-7 火災気流 … 113

付録 数値流体解析技術による室内環境解析の基礎

- A 流れの基礎式と乱流モデル … 130
- B 流れの数値解法 … 149
- C 放射伝熱の基礎 … 170

索引 … 177

1 CFDによる環境・設備設計シミュレーション

1-1 本書の目的

CFDは各種の空間における**気流速度**，**温度**や**汚染物質**の分布を解析する強力なツールとなっている．しかしながら，CFD計算を正しく実行し，その結果を正しく評価するためには，基本原理，特に境界条件に関する専門知識が必要である．計算結果の信頼性は，**ソフトウェア**(以下，ソフト) の能力と同様に，計算を実行する技術者の能力に大きく依存する．CFD研究の黎明期には，多くの関係者は自らプログラムを書き，計算を実行し，結果を評価してきた．このような状況下では，CFDソフトの想定していない問題や境界条件の設定が行われる恐れは非常に少なかった．しかし，現状では役割分担が進み，利用者の多くはブラックボックスとしてCFDソフトを実行し，プログラム内部で行われていることについての正しい知識がない場合が多い．不適切なソフトの適用は，不適切な計算結果を生み出し，事実を誤認した状況での不適切な環境設計が行われる可能性もなしとしない．このような事態を避けるためにも，CFDソフトの背後にある理論，特性，留意点についての知識が必要である．

　本書はCFDソフトの利用者，建築設計者，メーカー技術者，建物管理者など環境設計に取り組んでいる技術者を対象としており，CFD計算の依頼を受けたときに，正しい計算を実施するためのガイドラインとしても役立つことを想定している．また，本書で示すベンチマーク事例は，大学・研究機関の研究者やCFDサービス利用者，建築技術者の職業訓練，環境設計技術者を目指す学生などにも有用である．

　本書は，CFDソフトを活用し，CFD結果を評価する立場の研究者・技術者によって執筆されている．CFD技術を熟知していない利用者が，短期間に必要かつ十分な情報を取得することを意図しており，いわゆる論文には書かれることはないが，CFDソフトを利用しているコミュニティでは常識となっている多くの内容を含んでいる．また，執筆者の通暁している固有の問題について，CFDソフト利用者にとって有益と考えられるものについては積極的に取り上げている．今日，多くのCFD解析が実施されているが，その信頼性を判定することは困難な事例が

少なくない．本書ではCFD解析を適切に環境設計に生かすための基本的なルールを紹介するとともに，数値解析技術の背景にある基本原理について広範な概説を試みる．さらに環境設計特有の問題について議論する．

1-2 計算機の発達とCFD技術の普及

図1.2.1に1960年以後の時代を代表する**スーパーコンピュータ**（スパコン）と**パーソナルコンピュータ**（パソコン）の計算速度の発達の推移を示す．2010年の段階でスパコンの計算速度は10 **PFLOPS**，パソコンでは10 **GFLOPS**にあるが，後者は1990年頃のスパコンの性能と同程度である．1990年は国内や米国のメーカーがスパコンの開発競争にしのぎを削っていた時期にあたり，大学や企業の研究拠点に次々とスパコンが投入され，建築環境・設備分野の大学研究者，企業の技術者は，豊富な計算資源を背景に，CFDを用いた建築環境予測技術の開発を進めていた時期にあたる．

図1.2.2に1985年以後20年に及ぶ通風・換気・室内気流に関連した研究の推移と，研究内容の変遷，この分野に影響したと思われる国内外の情勢をまとめて示す．1985年時点で最も注目を集めていた研究分野に，CFDによる建物内外気流の解析手法に関する研究があった．関連する大学研究者，企業技術者は，独自開発した計算コードにより各種乱流モデル，メッシュシステムなどCFDの基盤技術に関する研究を実施してきた．

CFDの恩恵を最初に受けた研究分野に，クリーンルームの気流制御技術がある．研究対象の形状が，比較的シンプルな構造メッシュによって再現可能であること，**LLS**（レーザライトシート）法などのCFDとの比較に適した流れの可視化技術が開発されたこともあり，CFDの信頼性・将来性が強く印象づけられた．この分野の研究は，CFDでしかなし得ない換気効率や気流構造の分析手法の開発につながり，1990年頃まで継続された．社会情勢と検討技術の変化の影響を

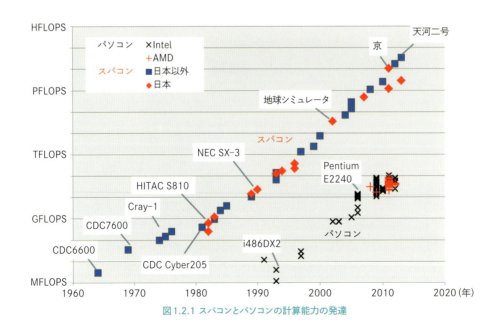

図1.2.1 スパコンとパソコンの計算能力の発達

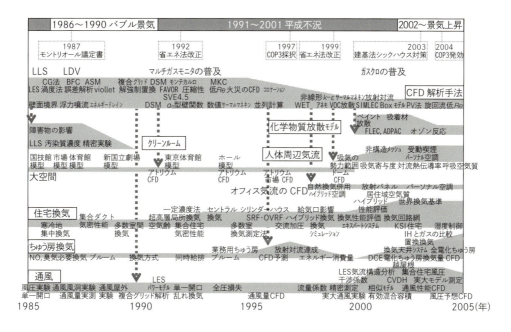

図 1.2.2 1985～2005年における通風・換気・室内気流関連の研究動向

大きく受けた研究領域に大空間の最適空調設計がある．1985年以後1990年頃までは，ほぼ毎年1件のペースで**縮尺模型実験法**を用いた室内環境評価が行われていた．1991年以後はCFDの適用可能性を検討するため，模型実験と併用されるケースが多かったが，1995年以後はCFD単独の検討が主流となった．2000年頃から着手されたテーマに，オフィスの**ハイブリッド空調システム**がある．1997年のCOP3（気候変動枠組条約第3回締約国会議，京都議定書）の採択，1999年の省エネ法（エネルギー使用の合理化等に関する法律）の改正など，社会的な省エネルギー意識の高まりを受けて，**自然換気**をオフィスビルに取り入れることによる省エネルギーの推進が計られた．最近では，**パーソナル空調**との組合せや，CFD技術を活用した最適設計法などの研究に発展している．省エネルギーへの関心の影響を顕著に受けた他の研究領域に通風研究がある．この分野は，もともと室内気流と建物周辺気流が影響し合う領域として，古くから継続的に取り上げられてきているが，2000年以後は，実大の通風実験室による実験，通風モデルの開発，冷房エネルギー削減量の評価など，CFD分析を含めた多角的な検討が行われている．その他，**数値サーマルマネキン**を用いた居住者の温熱環境予測の問題，**シックハウス問題**に関連した建材からの化学物質の放散モデル，吸脱着モデルの開発，IHクッキングヒータの普及や調理用エネルギー，換気問題への関心の高まりを受け，**ちゅう房換気**のCFDを用いた研究が行われている．

このようにCFDが建築環境問題解明のためのツールとして幅広く活用される一方で，1995年以降，CFDそのものに関する研究は減少していった．その理由には，RSMなどの高精度乱流モデルが，当初期待されていたほどには予測精度改善にはつながらないことが明らかとなったことのほか，商用ソフトウェアやパソコンの計算能力の発達が重要な要素としてあげられる．1990年前後に検討されていたさまざまなCFD基盤技術が商用ソフトウェアに取り入れられた結果，CFDは一部の研究者，技術者が独占する技術ではなくなった．このように現状では誰でも先進的なCFD技術がパソコンを使って利用できる環境が整っており，この技術を環境設計にいかに役立てるかが課題となっている．

1-3 汎用CFDソフトウェア

環境・設備設計シミュレーションに用いることのできる汎用CFDソフトウェアは多数存在しており，実務レベルから研究レベルまでニーズに合ったさまざまなソフトウェアが使用されている．ここでは，ユーザーによる乱流モデルの選択やある程度の数値解析条件，境界条件の設定が可能となっている汎用CFDソフトウェアを紹介する(開発元，五十音順)．

❶ANSYS/Fluent®

Fluent[1]は，世界的に使用実績が最も高いCFDソフトウェアの一つで，ソルバーは**有限体積法**をベースとした**非構造格子**に対応し，**並列処理計算**も可能である．Fluentでは，代数マルチグリッド法により収束性を高めた圧力ベース(分離型，連成型)，密度ベース(陰解法，陽解法)の多種類のソルバーが用意されており，**非圧縮性**(低亜音速)から**圧縮性**(遷音速～極超音速)にわたる広範囲のマッハ数に対応する．空間離散化には，一次・二次風上，三次精度MUSCL，QUICK，中心差分などのさまざまな**差分スキーム**を搭載し，収束性や要求精度に応じた選択が可能となっている．また乱流，伝熱といった一般的な熱流体解析にとどまらず，化学反応，燃焼，混相流，相変化，放射などの高度な物理現象を再現する物理モデルを豊富に搭載するとともに，ユーザー定義関数により高度なカスタマイズも可能であり，汎用性を高めた多様な機能を備えている．

❷ANSYS/CFX®

CFX[2]は，特に回転機械や混相流が関与するエンジニアリング分野で実績のあるCFDソフトウェアで，ノードベースの有限体積法を採用している．一般的な非構造格子にも対応する．空間離散化に関しては，一次・二次風上のブレンド，有界高解像度差分スキームを搭載する．空間二次精度の離散化，圧力ベース連成ソルバーと代数マルチグリッドを組み合わせたソルバーが最大の特徴で，低品質(大ひずみ)のメッシュに対するロバスト性や大規模解析時の計算負荷低減に大きな利点を有する．

❸CD-adapco/STAR-CCM+®

STAR-CCM+[3]は，世界中で使用実績が最も高いCFDソフトウェアの一つで，国内でも自動車，航空宇宙，重工・重電，家電，化学，建築など熱流体解析を必要とする分野での利用実績がある．単純な熱流れ解析から，固体熱伝導や放射・太陽放射を含んだ熱問題，さまざまなタイプの混相流問題，化学反応・燃焼問題，回転機器問題，流体騒音問題，移動境界問題など多岐にわたり，同一のソルバーで応力解析および流体・構造連成解析まで可能となっている．メッシュ作成に関しては，サーフェスラッピング(形状保持，簡易化，自動穴削除，接触回避，漏れ検出ほか)，自動リサーフェス(サーフェスメッシュ再作成)，自動ボリュームメッシュ作成(ポリヘドラルメッシュ，トリムメッシュ，テトラメッシュ)を標準機能として搭載している．

❹OpenFOAM®

OpenFOAM (Field Operation and Manipulation) CFDツールボックス[4]は，化学反応や乱流，熱伝達を含む複雑な流体の流れから，固体力学や電磁力学，そして経済の支配方程式までさまざまな現象をシミュレートすることが可能な**オープンソース**のCFDツールである．

❺アドバンスドナレッジ研究所／Flow Designer®

研究開発用のソフトウェアが多い中で，Flow Designer[5]は，実務設計などでの日常の使用を強く意識したつくりとなっており，特に，プリ・ポスト部分が大きく簡易化され，CFDに不

慣れなユーザーにも取り組みやすい汎用CFDソフトウェアである．

❻環境シミュレーション／WindPerfect®

WindPerfect[6]は，建築・土木分野の設計者・研究者向けに開発されたソフトウェアで，流れの数値解法に陽解法を採用している．建物周辺気流や空調解析のほか，物体の移動を考慮した解析も可能な汎用CFDソフトウェアである．

❼ソフトウェアクレイドル／STREAM®

STREAM[7]は1984年に販売が開始された**構造格子**を採用する三次元汎用流体解析ソフトウェアであり，特に建築空調分野にて高い出荷実績を有する．有限体積法を採用し，日射機能や空調機モデル，蒸発および結露解析機能，**空気齢**などの換気効率指標，植栽抵抗など，建築空調分野に特化した機能を多く備えている．ライティングや視点移動を含むアニメーションまで作成可能な豊富な結果表示機能をもっている．並列計算モジュールもリリースされており，さまざまなプラットホームで数千万要素の大規模計算にも対応するソフトウェアとなっている．

❽ソフトウェアクレイドル／SCRYU／Tetra®

非構造格子系のSCRYU/Tetra[8]は，空調機や配管，ルーバーなどの計算に用いられている．STREAMと同様に，ライティングや視点移動を含むアニメーションまで作成可能な豊富な結果表示機能をもっている．並列計算モジュールもリリースされており，さまざまなプラットホームで数千万要素の大規模計算にも対応するソフトウェアとなっている．

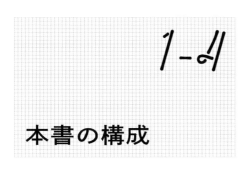

1-4 本書の構成

本書は全体で4章から構成されている．

第2章はCFDの品質管理を取り上げている．本書を執筆している研究者・技術者がこれまで行ってきた研究，実務上の知見や経験に基づき，品質の高いCFD予測結果を得るためのノウハウをとりまとめたものである．建築環境設計に資する有益な検討を行うためには必須の内容が含まれていることから，全体を通読するとともに関連する付録の内容を参照して，記述内容について理解する必要がある．

第3章は実際に建築設計にCFDを適用する手順をとりまとめたものであり，実務設計の立場でCFDの活用経験が豊富な技術者により執筆されている．建築環境設計にCFDを適用する際，すべての要素を実際に忠実に再現することは，計算容量の観点からも，実際の条件すべてが把握できないことからも不可能であり，問題の本質をゆがめない範囲での大幅な省略や簡易化が避けられない．

第3章にはこの判断を行うための多くの参考資料が提示されている．

第4章は建築環境設計でしばしば取り上げられる問題や，問題を構成する要素について，実験的な裏付けのある例題を収集紹介している．読者が取り組む建築環境設計に関わりのある要素を抽出したうえで，本章で取り上げられているベンチマーク計算を実施し，既往計算結果と対応することをあらかじめ確認しておくことは，シミュレーションの精度を向上させるために大変有益と考えられる．

また，付録にはCFDに関する主要な数値解析技術の概要を示した．ここでは，乱流モデル，数値解法，境界条件のほか，室内気流で重要な放射熱伝達の基礎を取り上げている．CFDソフ

トを用いて環境・設備設計シミュレーションを行うためには，ユーザーはさまざまな設定や選択を行わなければならない．そのためには設定の意味や背景理論に関する正しい知識をもつことが重要であり，付録を通じてその理解を深めていただきたい．

参考文献
【1-3】
1) http://www.ansys.com/ja-JP/products/fluids/ansys-fluent
2) http://www.ansys.com/ja-JP/products/fluids/ansys-cfx
3) https://mdx2.plm.automation.siemens.com/ja/products/star-ccm
4) https://openfoam.org/
5) http://www.akl.co.jp/products/flowdesigner/
6) http://www.env-simulation.com/jp/
7) http://www.cradle.co.jp/products/stream.html
8) http://www.cradle.co.jp/products/scryutetra.html

2 シミュレーションの品質確保のための基本事項

2-1 CFDの品質確保

　品質の高いCFD予測結果を得るためには次の項目に留意することが重要である．すなわち，「解明すべき課題に対応する適切な問題設定を行うこと」，「予測対象とする熱と流れの現象を再現するのに適した物理モデル，乱流モデルを選択し，境界条件を設定すること」，「設定した問題の信頼できる解を得るために適切なメッシュの設定，スキーム，解法の選択を行うこと」，「想定された問題の正しい数値解が得られていることを検証すること」，「誤りなくCFD操作を行うために十分な注意を払うこと」である．実際にCFDによる計算を実施するためには，多くの手順からなる複雑な作業が必要となる．CFD計算の手順を図2.1.1に示すが，それぞれの段階は独立したものであることは少なく，通常は相互に影響し合うものである．したがって，全体を通した一貫した方針が定められている必要があるとともに，各段階における誤差の混入

作業のグループ	CFD計算の手順	
1. 問題の設定	問題を設定する	
	計算対象の幾何学形状を設定する	
2. モデル化	物理現象をモデル化する	物理現象が正しくモデル化されているか？ ☞ 不適切さ
	乱流モデルを選択する	
3. 境界条件	境界条件を設定する	
4. 数値手法	メッシュを設定する	方程式が数値的に正確に解かれているか？ ☞ 不正確さ
	スキームを選択する	
	解法を選択する	
5. コード	問題を解く	
6. ユーザー	解をチェックする	
	計算後処理	
	分析と解釈	
	報告書作成	

図2.1.1 CFDにおける計算手順と誤差要因

を防ぐための最大限の努力を払うことが，有益なCFD計算結果を得るために重要である．

CFD作業における誤差要因も，図2.1.1に示した作業のグループごとに分類することができる．最初の三つは物理現象のモデル化に関する項目であり，これの不適切さによって生じる誤差を回避するためには，専門的な知識やこれまでの経験が必要となる．一方，後ろの三つは設定した問題の数値解を得る段階での不正確さによって生じる誤差であり，注意深くチェック用ルーチンに従いチェックすることによって，ある程度回避できる性格のものである．本書では，既存のCFDソフトウェアを使用することを想定し，コードエラーを除いた五つについて，次の6項目に細分化して解説する．

- 2-2　計算モデル作成の前に (問題の設定，モデル化，境界条件)
- 2-3　乱流の取扱い (モデル化，数値手法)
- 2-4　メッシュの品質チェック (数値手法，境界条件)
- 2-5　適切な計算スキームの選択 (数値手法)
- 2-6　計算完了の判定 (ヒューマンエラー)
- 2-7　ヒューマンエラー防止のために (ヒューマンエラー)

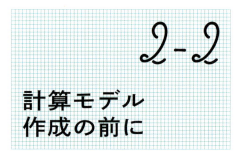

2-2 計算モデル作成の前に

CFD計算によって問題の検討を進めるにあたり，まず調査すべき対象，状況，課題の本質を正しく理解することが必要である．次に問題を設定する際に，利用可能な計算資源，検討に許される時間，コストなどの制約を考慮に入れる必要がある．これらの制約の範囲で，最大限有益なCFD計算結果を得るために，問題の本質をゆがめない範囲で，可能な限りの簡略化が必要となる場合が少なくない．このために，専門的判断が必要となり，さらに図2.1.1に示す複数の要素を考慮に入れたうえで，問題を最適化しなければならない．以下では簡略化に伴うトレードオフの関係を実例に基づき紹介する．

2-2-1 対称境界条件の設定について

図2.2.1a) は天井に接して給気口がある奥行きのある室モデルを示している．幾何学的形状は対称であるが，図2.2.1b), c) に示すように吹出し噴流は直進せず，偏向して対向壁に衝突する結果として，片側の気流がやや強くなる非対称流れが観察された．なお，この非対称流れの方向は固定されておらず，流れの初期条件において片側の気流が強い場合はその状況が維持されることも実験的に確認された．この現象は当然ながら，計算領域を半領域として対称境界条件を適用して再現することはできない．もっとも，標準k-εモデルを適用して全領域解析を試みても同様の現象は再現不可能であった．この流れの非対称性は，図2.2.1d) に示すようにLESを適用することによって初めて再現することができた[1]．このように，幾何学的形状が対称な流れ場を取り扱う場合に，対称境界条件を用いて半領域のみを解析するか，全領域を計算するかは，判断が難しい．もっとも，この程度の非対称性は，工学的には大きな問題にならない場合が多く，対称半領域のみの解析でも許容されるだろう．ただし，全領域を対象に解析した結果，著しく非対称な計算結果が得られた場合，取扱いは慎重にすべきである．CFD計算では数値的なノイズが原因となって，実際には生じない極端な非対称流れが計算される場合があ

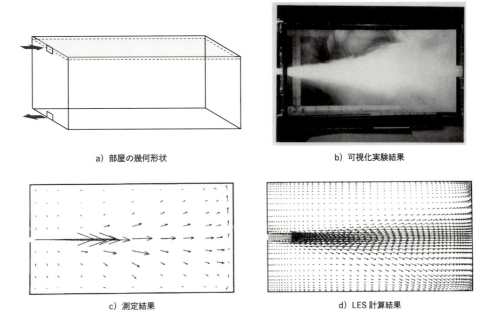

a) 部屋の幾何形状　　b) 可視化実験結果　　c) 測定結果　　d) LES計算結果

図2.2.1 対称問題における非対称性の出現

るためであり，このような条件では，計算収束性が著しく悪化する傾向にある．

　一般に，計算上の制約がなければ，対称流れ場にあってもなるべく流れの全領域を解析対象とするのがよい．全領域計算の結果，対称な解が得られた場合は，境界条件などの設定が適切になされ，物理的に適切な解が得られている可能性が高い．**非対称な解**が得られた場合，境界条件の設定に誤りがないか，十分に収束しているかを，慎重にチェックすべきである（場合によっては解析ソフトウェアにバグがあって対称解が得られないこともある）．計算の残差が小さくならず，また，物理的に受け入れがたい解の場合は，対称境界条件を適用し，対称領域のみを解析したほうが妥当な解が得られる可能性がある．このような流れの対称性の問題は，噴流以外にも自然対流の問題などにも見られる．

2-2-2 計算領域の設定と流出境界条件

　計算領域を設定する際に，しばしば問題となるのが**流出境界条件**をどこに定めるかである．流出領域は解析対象領域よりも後流になるので，事前に条件設定が難しく，一般的な法則は存在しない．流出境界条件として一般に用いられるのは自由流出境界条件と圧力型境界条件があるが，どちらも境界と接線方向風速およびスカラー量に関して境界での勾配ゼロを設定するものである（自由流出境界条件では法線方向風速も境界での勾配ゼロを仮定する）．これは，他に適当な条件を定めようがないことからくる便宜的な設定であり，流出境界の設定位置が解に影響を及ぼさないことが重要である．このため，流出境界は流れの方向に沿って変数の変化が十分に小さい下流の領域に設定する必要があり，できれば流出境界条件の設定位置を変えた計算結果を比較することが望ましい．**図2.2.2**に示すような逆流の発生の恐れがある部分に流出境界を設定すると，計算の初期条件によって収束解が異なったり，逆流によって解の発散を招いたりするなどの不都合が生じる場合がある．

　また，**図2.2.3**に示すような室内の流れ場を解く際に，室内側の排気口に流出境界を設定すると，流出口近傍での正しい流れが再現されない可能性がある．流出開口に向かって流れの急

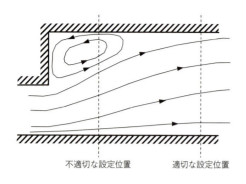
図2.2.2 不適切な流出境界の設定

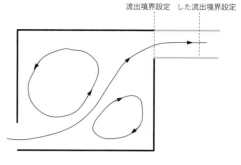
図2.2.3 室内気流場における流出境界条件の設定上の注意

激な縮小が生じているので，流出境界での従属変数の勾配ゼロが実際に生じる流れ場をよく近似していないためである．このような場合，流出口にダクトが接続されていると考え，ダクト内気流も解析対象とし，ダクト下流に流出境界条件を設定すれば，勾配ゼロの条件が概ね成立し，妥当な解が得られる可能性が高い．

浮力噴流や汚染空気が静穏な外部環境へ拡散する場合などにも，境界をどこに設定するかが問題となる．**図2.2.4**a) は集合住宅の共用廊下に面して設置されたガスボイラからの排気の拡散を取り上げた例を示しているが，廊下の開口部は流入と流出を伴うので，この部分で境界条件を設定すると，計算が不安定になったり，解が一意に得られなくなったりするなどの困難が生じる場合がある．対策としては図2.2.4b), c) に示すように，共用廊下部分を含む広い空間を計算領域とし，図2.2.4b) の例では廊下から離れた位置に外部環境温度，濃度の空気流入を想定した流入境界条件と流出境界条件を設定している．流入風速

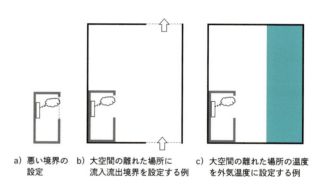
図2.2.4 外部環境が指定されている条件への対処法

を十分小さく設定すれば，排ガスの拡散に影響することはなく，静穏な外部環境への排ガス拡散という想定となる．図2.2.4c) の場合は，広い空間を閉鎖空間と想定し，廊下部分から離れた領域の温度，濃度に外部環境の値を強制的に設定する場合を示している．外部へ拡散した排ガスがこれらの領域に達すると，強制的に外部環境の温度，濃度となるため系全体での温度や濃度が上昇することはなく，廊下への流入空気の条件は設定外部環境の値が維持される．簡易な方法であるが，計算ソフトウェアによってはこのような設定ができない場合があり，そのときは，計算領域における従属変数の値を強制的に置換するための**ユーザーサブルーチン**などを用意する必要がある．

2-2-3 放射熱伝達の考慮

非等温の室内気流を検討対象とする場合，**放射熱伝達**を考慮しないとCFD予測が非現実的となるケースが少なくない．例えば，**図2.2.5**に示す外部に接する壁の内壁表面に関する熱収支を考えると，外部からの**貫流熱流**は**対流熱流**と**放射熱流**の合計と一致している．対流熱流は

壁に接する空気との間の近接的熱移動であるが，放射熱流は中間にある空気が介在しない遠隔的熱移動となる．したがって，外気に接する壁と加熱壁など，壁の条件が大きく異なる場合に，放射による熱移動を考慮しないと，壁表面温度差が実際よりも大きくなり，室内空気温度も実態と異なる結果となる．室内表面温度が既知の場合は必要ないが，そうでない場合は表面温度が放射熱伝達の影響を適切に受けるための妥当な放射モデルの導入が必要となる．放射モ

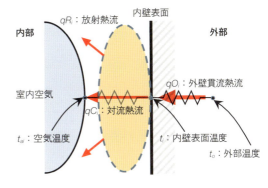

図2.2.5 壁付近における熱移動現象

デルにはさまざまなレベルがあり，室内壁を要素分割して，放射・対流連成解析を行うものから，仮定した室内表面温度に基づく放射熱授受を想定して，内壁表面に発熱・吸熱を設定する簡易なものも考えられる．特に，**置換換気解析**など温度成層の再現が重要な問題で，放射熱伝達を考慮しないと，実際とは異なる温度分布が導かれる可能性がある．**図2.2.6**は**天井放射パネル**で暖房する室内気流を放射の影響あり・なしの場合において解析した結果である．放射な

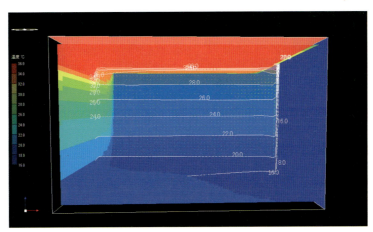

a) 放射熱伝達無視

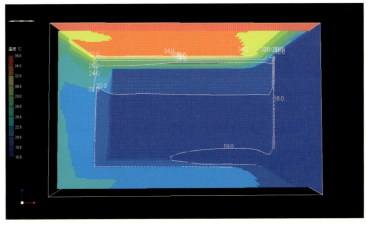

b) 放射熱伝達考慮

図2.2.6 天井放射暖房を行う室内の温度分布

しでは，天井付近に過大な熱だまりが生じ，大きな温度成層が形成されている．放射熱伝達をCFD計算に組み込むと，このような異常な**温度成層**は形成されることはない．

2-2-4 形状や条件の簡略化とメッシュの設計

CFD計算の対象となる室内は，多数の物体，不確定な外部影響因子，流れおよび熱伝達境界条件を伴って構成されている．この状況は，ある水準まで簡略化されなければCFD解析に持ち込むことができない．簡略化のレベルは，解析により求めるべき問題，解析によって得たい情報の質に依存する．適切な簡略化は専門的判断を要する課題である．計算が問題の本質をゆがめてしまうほどの過剰な簡易化をすることなく，かつ，すべての重要な影響要素を組み込んだモデルの設定を行わなければならない．

図2.2.7では問題の簡略化をいくつかのレベルで示している．詳細に解析する場合は多くのメッシュを必要とする．このレベルの解析は，室の居住者周りの微気候の詳細を知りたい場合などに意味をもつ．一方，居住域における全般的な環境予測を意図した解析であれば，やや簡略化したもので十分であろう．人体そのものの微細な形状の再現は行わず，その発熱量や汚染質発生のみを適切に空間に与えることにより，室全体を含んだ居住域部分の分布の概要を把握することができる．居住域から離れた地点の気流構造を検討する際など，居住者全体の発熱量の再現のみが重要な場合には，大幅に簡略化した条件設定によるさらなるメッシュの削減も可能だが，居住域における気流・温度分布の再現性が著しく低下することに注意が必要である．CFD解析を要する問題では，計算資源に限りがあり，その制約の範囲でできるだけ信頼できる解を得たいとする場合がほとんどであり，その目的に合った計算資源の合理的な割り振りが必要となる．また，簡略化が及ぼす影響を吟味するためには，計算領域の一部について簡略化した場合としなかった場合の解を比較するなどの事前検討を実施することが望ましい．

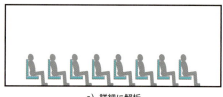
a）詳細に解析

b）やや簡略化

c）大幅に簡略化

図2.2.7 発熱源・汚染空気発生源の簡略化例

計算対象の形状が確定した後に，メッシュの設計を行う必要がある．近年では自動的にメッシュを設計するソフトウェアも普及しているものの，理想的なメッシュに関する知識をもつことは重要である．部分的なメッシュの寸法や**アライメント**(メッシュの軸と流れ方向の関係)がCFDの精度に重大な影響を与えることは，一般の設計者などにはあまり知られていない事実であり，CFD予測の質を損なわないためには十分な注意を払う必要がある．CFD計算は，流れの基礎方程式をメッシュで離散化して数値解を得る方法である．離散化をすることで，元の方程式と厳密には異なるものを解いていることになり，それに由来する打切り誤差の混入が避けられない．打切り誤差は，［従属成分(風速，温度など)の空間微分］×［メッシュ大きさのべき乗］の形をとるので，誤差を小さくコントロールするためには，空間微分の大きくなるところ，すなわち流れが急変する箇所などに，なるべく細かいメッシュを用いることが必要となる．吹出し口近

傍や壁面近傍などがこれらの部分に相当する.こうした部分に相対的に細かいメッシュを用い,室内部の気流変化の少ない部分で粗いメッシュを用いることは,計算資源を有効に活用する工夫といえる.気流変化の著しい部分はCFD計算で事前に予測できない場合があるが,この場合は試行計算後にメッシュの設計をやり直せばよい.この手順を適切に行うために,計算結果の誤差評価を事後診断として実施することが可能な計算ソフトウェアもある.

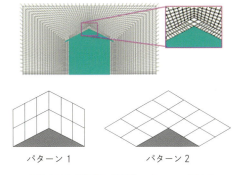

図2.2.8 勾配屋根の棟部分のメッシュの組み方

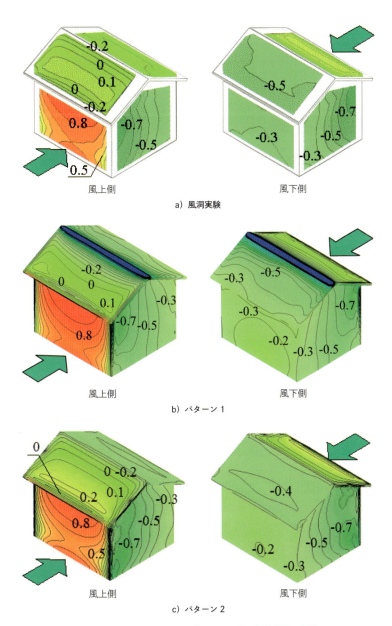

a) 風洞実験

b) パターン1

c) パターン2

図2.2.9 棟部分のメッシュの違いによる風圧係数分布の相違

2-2 計算モデル作成の前に

メッシュのアライメントについては，なるべくメッシュの一軸を流れに沿って配列し，三次元問題の場合，残りの二軸を流れに直角に配列するのがよい．この方法は，気流速度の相対的に速い部分では特に重要であるが，比較的低速となる部分ではそれほど重要視する必要はない．直方体の室の室内気流を解析する場合，各辺の方向をメッシュの軸と一致させれば，壁面近傍では流れはおおむね壁と並行となるので，特に工夫をしなくても上記の条件に合うメッシュとなる．

工夫が必要となるのは，**図2.2.8**に示すような**勾配屋根**の棟部分などの取扱いである[2]．メッシュの配置としては，屋根の一方向に沿って配置するパターン1と屋根の二方向の勾配に沿って交差的にメッシュを配置するパターン2が考えられる．これらのメッシュを用いた風圧係数に関する計算結果と実験との比較を**図2.2.9**に示す．パターン1の結果は棟部分に異常に大きな負圧が生じているが，これは棟部分での誤差のために風上側の屋根に沿った流れが棟ではく離しないためである．パターン2では流れの方向に沿ってメッシュが配置されているので，この部分のはく離が再現された結果，異常な負圧が発生することはない．なお，パターン1のメッシュを用いても，メッシュを細かくしていくとしだいに実験結果に近づくことが確認されているが，パターン2のメッシュを用いることにより少ない計算資源で精度の良い解を得ることができる．

2-3 乱流の取扱い

一般的に室内気流は乱流状態にある．そのため，CFDを行う際には乱流の効果をきちんと反映したモデル（乱流モデル）を用いなくてはならない．一方で，環境・設備設計の実務を考えると，何に着目して何の情報を得たいかによって必要とする解析精度は異なる．本書が対象とする環境・設備設計への適用を前提とした室内気流解析において，すべての乱流現象を再現できる精度は求められず，一般的には「**高Re（レイノルズ数）型の標準k-εモデル**」で多くの問題がカバーできるといえる．ただし，本質的に標準k-εモデルの適用には無理がある現象は存在するため，乱流モデルの選択が流れ場全体に致命的な影響を及ぼすこともあり得る．現在の商用ソフトウェアには種々の乱流モデルが実装されており，種々の乱流モデルの試行が可能となっているものの，あらゆる現象に完璧に対応できる汎用的かつ実用的なモデルはないため，可能ならば流れ場に応じて異なる乱流モデルを試行する必要もある．また，乱流状態では壁面の極近傍で急激に風速の変化する領域が出現する．よって，理想的にはこれを解像するために壁面近傍に非常に小さなメッシュを配置する必要があるが，実用上これは困難であることが多く，壁関数と呼ばれる方法を用いて近似的に解くことが多い．

2-3-1 乱流モデル

本書では基本的に標準k-εモデルで多くの室内気流問題はカバーできるとの立場であるが，その他の乱流モデルについて概要を以下に紹介する．それぞれのモデルのより詳しい解説は付録を参照されたい．

❶標準 k-ε モデル[1]

LaunderとSpaldingによって**高レイノルズ数**の流れ場を対象に開発されたものであり，壁

近傍領域においてはこの領域を直接解かず**壁関数**を仮定することで**壁面境界条件**を与える．単純な流れ場を対象とした場合には十分な解析精度であることが報告されており適用例も多いが，**衝突領域**における k の過大評価や**勾配拡散**の線形近似の限界などの問題点も指摘されている．

❷低 Re 型 k-ε モデル[2]

標準 k-ε モデルに対し，壁面近傍での減衰効果や echo 効果，安定成層中の**擬似層流化**した流れ場への適用を意図して**低レイノルズ数補正**を施したモデル．渦粘性係数 μ_t や ε 方程式の生産項，消散項に**減衰関数**やモデル関数を導入し**低レイノルズ数補正**を施すとともに，壁近傍の領域に十分細かいメッシュ分割をし，**no-slip 条件**下で解くことにより壁近傍の乱流現象を再現する．境界層流れや，壁面熱伝達流れなど対象とする流れ場の特性に応じてさまざまなモデルが提案されている．

❸RNG k-ε モデル[3]

Yakhot と Orszag により開発された**繰込み群 (RNG) 理論**を適用したモデルであり，高レイノルズ数領域では標準 k-ε モデルと同型となる（C_μ, C_{ε_1} などの計算定数は異なる）．k ならびに ε の輸送方程式の拡散項中の乱流プラントル数の算出に低レイノルズ数効果が組み込まれた形式になっており，特に ε 方程式中に主流のひずみ効果を示す付加項が現れる．

❹ k-ω モデル[4]

Wilcox により提案されたモデル．**乱れの周期** ω を ε の代わりに用いる．渦粘性係数 μ_t に低レイノルズ数補正が結果的に施されているため粘性底層で減衰関数を必要しない．また，壁面近傍の境界層内では k-ω モデルを採用し，境界層外では標準 k-ε モデルを用いるハイブリッド型モデルである SST k-ω モデル[5]が Menter により開発されている．

❺その他のモデル

上述の乱流モデルのほか，汎用 CFD ソフトウェアに見られるモデルとして，LK (Launder-Kato) モデル[6]，Realizable k-ε モデル[7]，非線形 k-ε モデル[8]がある．また，LES と RANS モデルとのハイブリッド型モデルである DES (Detached Eddy Simulation) も開発されている．

2-3-2 壁関数

壁の表面では，(壁自体が動いていなければ) 当然風速はゼロである．よって，空気の流れは壁面からの摩擦の影響を受けており，通常，壁面に近づくにつれて急激にゼロに向かって減衰する．壁面に沿った流れでは，その風速と壁からの距離に一定の関係性があることが知られており，壁法則と呼ばれている．

壁面に非常に近い場所では，壁面から受ける摩擦の影響が強く，風速は壁からの距離に比例して増加する．

$$U = \frac{\tau_w}{\mu} y \tag{2.3.1}$$

ここで，U：平均風速 [m/s]，τ_w：壁面からの摩擦応力 [kg/(m·s^2)]，μ：空気の粘性係数 [kg/(m·s)]，y：壁からの距離 [m] である．

通常，動粘性係数を ν [m^2/s] として，$U^+ = U/u_*$ および $y^+ = u_* y/\nu$ の関係を用いて式 (2.3.1) を次のように**無次元化**して表記する．

$$U^+ = y^+ \tag{2.3.2}$$

ただし，$u_* = \sqrt{\tau_w/\rho}$ は**摩擦速度**と呼ばれる物理量で，壁面からの摩擦を速度の単位で表現したものである．無次元化された壁からの距離 y^+ は，**無次元壁距離**，**無次元壁座標**などと呼ばれる．式 (2.3.1) または式 (2.3.2) の関係はおおむね $y^+ < 5$ の領域で成立することが知られており，この領域を**粘性底層**と呼ぶ．壁面に隣接するメッシュが粘性底層内にある場合，離散化された基礎方程式が式 (2.3.2) の関係を満たし，適切な摩擦応力を与えるため，特別な処理は必要ない．ところが，壁面近傍では**平均風速**だけでなく，**乱流エネルギー**なども減衰するが，標準 k-ε モデルではこれを再現できない．よって，壁面に隣接するメッシュを粘性底層内に配置する場合，低 Re 型 k-ε モデルを使用する必要がある．これには室内気流の場合，数 mm 程度のメッシュを配置する必要があり，適用できる事例は限られる．

壁面に隣接するメッシュを粘性底層内に配置できない場合，壁面から受ける摩擦応力を補正する必要がある．$30 < y^+ < $ 数百 の領域では，式 (2.3.3) に示す**対数則**と呼ばれる関係が成り立つことが知られている．

$$U^+ = \frac{1}{\kappa} \ln(Ey^+) \tag{2.3.3}$$

ここで，κ，E はともに定数であり，滑らかな壁面ではそれぞれ 0.4，10 程度の値が用いられる．特に κ は**カルマン定数**と呼ばれる．

この関係を用いて壁面摩擦応力を補正することで，粘性底層までメッシュを配置できない場合でももっともらしい計算ができる．この場合，壁面に接する第一メッシュが対数則領域に設定されていることが前提であり，むやみに小さなメッシュを配置すれば正しい計算が行われるわけではないことに注意が必要である．また，壁面からの熱伝達量を精度良く予測したい場合は対数則では限界があるため，粘性底層までメッシュを配置して低 Re 型モデルを用いるのがよい．

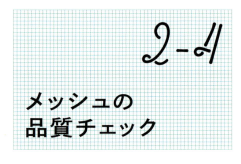

2-4 メッシュの品質チェック

前述のとおり，CFD解析で信頼性の高い結果を得るためには，適切なメッシュの設計が重要である．ここでは，CFDで室内気流の解析をする際のメッシュ設計について，特に配慮が必要な項目について詳しく述べる．適切な解析格子を設定するためには，明らかにしたい現象に応じて，流れ場の様相をある程度予想する必要がある．また，適用する乱流モデルの特性や，壁面近傍の取扱いなどの知識も重要である．さらに，さまざまな形状の格子を適切に用いる必要がある．問題に対して，格子が不十分な場合，収束性や精度の悪化を引き起こす恐れがあり，適切な解析格子の生成には多くの経験が必要となる．適切なメッシュを生成する際に考慮すべき事項を以下に示す．

2-4-1 メッシュ数

メッシュ数に関する指針として，ドイツの VDI6019 (排煙設計)[1] において，**居室容積とセル数の大まかな目安式** (VDI式) が提案されており，REHVA ガイドブック[2] などで紹介されている．この式は，壁関数を用いた標準 k-ε モデルによる解析を対象としたもので，次式で表される．

$$N = 44.4 \times 10^3 \cdot V^{0.38} \tag{2.4.1}$$

ここで，NはCFD解析に必要なメッシュ数(セル数)，Vは室容積$[m^3]$である．

図2.4.1は，式(2.4.1)に日本のCFD論文を対象とした文献調査結果[3), 4)]を重ねたものである．2001年以降の解析では，式(2.4.1)と同程度のセル数で解析が行われており，式(2.4.1)は目安の一つとして有用である．なお，REHVAガイドブックでは，LESでVDI式の100倍以上，DES(Detached Eddy Simulation)では10倍以上を推奨している．また，最近の研究レベルでは，標準k-εで2倍程度，低Re型k-εで8倍程度が確保されている．メッシュ幅は，居室(5m程度)で10cm，大空間(20m程度)で30cm程度が一般的である．吹出し噴流や熱上昇流，障害物近傍などの速度・温度勾配が大きい部分でメッシュ幅をより小さくする必要がある．REHVAでは，メッシュ幅の標準値として，以下が示されている．

居室(高さ3m)　　：垂直方向10 cm．水平方向30 cm程度(発熱源や障害物から離れた領域)
大空間(高さ20m)：垂直方向50 cm．水平方向30 cm程度(発熱源や障害物から離れた領域)

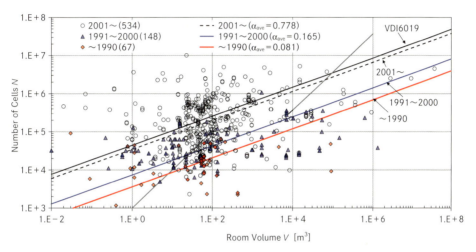

図2.4.1 室内気流解析に必要とされるセル数の大まかな目安

2-4-2 メッシュ分布

微分を差分で置き換えるCFD解析では，空間分解能が高いほうが精度の高い解を得やすい．しかし，計算機容量には限界があるため，重要な部分(速度・温度などの変化の大きい部分)に解像度を集中させ，諸量の変化が小さい部分では粗いメッシュとすることが多い．特に注意が必要となる領域における注意点を以下に示す．

❶壁面境界層

壁面近傍のメッシュ分割は，使用する乱流モデルに応じて設定が異なる．強制対流場の壁面近傍では，**図2.4.2**のような**粘性底層**および**対数則領域**に則った**速度分布**(壁法則)が仮定される(付録B-5❶項を参照)．標準k-εモデルでは，乱流域の速度分布を得るために壁関数で速度勾配を近似するため，壁面

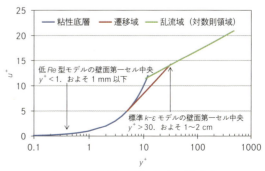

図2.4.2 壁面境界層内の無次元速度分布

第一セルを乱流域（$y^+>30$）に配置することが推奨されている．

一方，低Re型乱流モデルの場合は，$y^+<1$となる領域（およそ1mm程度以下）に第一セルを配置し，さらに遷移域（$y^+<10$）の速度・温度などの変化を十分に分解可能なメッシュを配置する必要がある．壁面第一セルの風速・セル幅とy^+には，壁法則に基づく一定の関係がある．**図2.4.3**は，対数則から風速，セル幅とy^+の関係を示したもので，風速がわかれば，条件を満たすセル幅を読み取ることができる．目安として，室内気流問題の場合は，壁関数を用いる標準型k-εモデルによる解析では数cm，低Re型k-εモデルによる解析では1mm程度以下とすればおおむね良い．

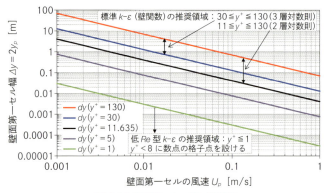

図2.4.3 壁面第一セル幅の推奨値

人体表面の熱伝達性状を詳細に検討する場合も低Re解析を行う場合が多く，**図2.4.4**のように，数値人体表面にプリズム状の薄いメッシュを数層設けて解析を行う．壁面から離れるに従い，メッシュ幅を大きくすることが一般的であるが，急拡大は誤差要因となる．**メッシュの拡大比**は2以下とすることが望ましい．

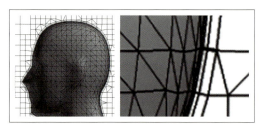

図2.4.4 数値人体モデル表面のメッシュ

壁面第一セルのy^+値は，得られる解析解の妥当性を検証するうえで重要な情報となる．一方，すべての壁面で，上述のy^+条件を満たすことが困難な場合がある．その際には，精度に影響しない範囲内で許容する場合もある．また，y^+条件を満たさない場合の精度低下を避けるための工夫（**Hybrid型壁面境界条件**など）も提案されている[5]．一般的なCFDソフトウェアでは，y^+を確認する機能が備わっているため，使用した乱流モデル・境界条件の許容範囲となっていることや，許容範囲を超えている場合は，結果への影響が小さいことをユーザーが確認する必要がある．

❷吹出し口近傍

空調吹出し口（制気口）の近傍では，**速度変化**（**速度勾配**）が大きくなる．単純形状の吹出し口の場合，吹出し口の各方向を少なくとも4分割し，その周辺にも同等の大きさのメッシュを配置することが望ましい．複雑形状の吹出し口（例えば，アネモ型）の気流性状を詳細に解析するためには，フィンやコーンなどを緻密に再現する必要があり[6],[7]，メッシュ数が増加する（**図2.4.5**）．また，室容積の大きい空間で複数の制気口を有する場合，各制気口近傍に十分なメッシュを配置すると，膨大なメッシュ数となり，計算が困難となる．評価対象が吹出し近傍ではなく，居住域などが主対象の場合は，吹出し近傍を別途モデル化してメッシュ数を削減する方法（**P.V.法**，

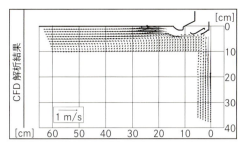

図2.4.5 アネモ吹出し口近傍のCFD解析[1], [7]

Box法など）が開発されている．詳細については，付録B-5❼項を参照されたい．

❸噴流近傍

噴流近傍の領域では，風速が大きく変化する．**到達距離**や**拡散性状**など，**噴流の挙動**を正確に評価するためには，吹出し口近傍に加え，噴流近傍の領域を細分化することが望ましい．**図2.4.6**は，軸流噴流に対するメッシュ分割の模式図である．粗いメッシュの場合（図右側），吹出し口から離れた位置では，噴流の形状や速度勾配などの噴流性状をおおむね再現できているが，吹出し口に近い位置では再現性が乏しい．粗メッシュの場合，速度勾配が誤って評価されるため，噴流の到達距離や，温度・濃度拡散の評価に誤差が混入することになる．一方，細メッシュの場合（図左側），双方の位置で噴流性状をよく捉えているが，噴流から離れた領域では必要以上に分割しており，計算容量を圧迫する可能性がある．現在の計算容量は，空調室内全領域を詳細に解くには，まだ限界があるため，精度の高い結果を効率的に得るためには，大よその風速分布（速度勾配）を予想して，細分化する領域，粗分割する領域に分けることが望ましい．

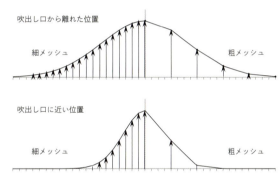

図2.4.6 噴流に対するメッシュ分割の模式図

❹その他

発熱源上部の**熱上昇気流**が生じる領域や，人体・障害物近傍では，速度勾配が大きくなる場合が多いため，メッシュを細かくする必要がある．

2-4-3 メッシュ形状

ソフトウェアによってはメッシュの形状についても任意のものが選択できる場合がある．

❶六面体セル（構造格子）

一般に，六面体セルは，四面体セルなどに比べて数値誤差は小さいが，格子を斜めに横切る流れの場合，**数値誤差**が大きくなる．この場合，TVDなどの高精度スキームを適用する必要がある．また，壁面近傍では，セルが扁平となり，精度・収束性が悪化する場合がある．**セルの縦横比**（アスペクト比）は，1:10以下とすることが望ましい．

❷多面体セル

複雑形状の障害物などへの適合性が高いが，境界近傍で"ひずみ"や"ゆがみ"が生じる場合がある．これをできるだけ避けるため，セルの各頂点を構成する面のなす角度を20〜160°とすることが望ましい．また，低Re解析における壁面近傍では，厚みが薄い三角柱形状のセルを

数層設けると解析精度が向上する．多面体セルを作成する商用ソフトでは，ゆがみや直交性などの**メッシュ品質**を判断するツールが組み込まれている．解析に先立ち，品質を確認することが，より精度の高い解を得る近道となる．

2-4-4 その他

その他に注意すべき点について簡単に述べる．

❶ メッシュ依存性

粗いメッシュと細かいメッシュで解析した場合，得られる解や収束性が大きく異なる場合がある．可能な限り同じ問題について，異なる解像度のメッシュで解析を行い，解析結果がメッシュ解像度に依存しないことを確認すべきである．

❷ その他

商用ソフトウェアでは，比較的容易に細かなメッシュが作成でき，計算実行も可能となってきている．解析経験のない領域や現象を対象とする場合は，比較的粗いメッシュで予備計算を行い，細分化または粗視化に関する情報を得た後に，徐々に細分化したほうが，検討に要する時間が短くなる場合が多い．また，複雑な問題を扱う際には，問題を分割・簡略化した予備解析を行うとよいだろう．

2-5 適切な計算スキームの選択

風速などの移流項や温度・濃度などの拡散項を解く場合，注目する**CV**（コントロールボリューム）内の数値を周辺のCVの各値を用いて算出するが，その際に選定するスキームには注意が必要となる．建築室内空間の解析によく用いられるスキームとして，「風上差分」，「中心差分」，「QUICK」，「TVD」などがある．酒井ら[1]の調査では，QUICKと一次風上差分の利用頻度が圧倒的に高いことが示されている（図2.5.1）．近年はMARS (Monotone Advection and Reconstruction Scheme) に代表されるTVDの利用頻度が高くなってきていることもわかる．

一次風上差分は一次の差分近似精度をもつスキームである．簡便で計算安定性が高いために選択されることも多いものと考えられるが，偽拡散（数値拡散）によって拡散を過大評価した結果となりやすく，解析結果の信頼性を損なうことがあるため注意を要する．特に，流れが計算格子を斜めに横切るケースで十分な格子数を確保していない場合に顕著となる．一方，QUICKは数値拡散を抑制するために，上流側2点の値を用いて高次精度化したスキームである．数値拡散は小さいが，勾配が急となる領域では解が**過大評価**（オーバシュート）や**過小評価**（アンダシュート）してしまい，振動した結果が得られる（数値振動）ことが知られている．

図2.5.2のような計算を行うことで，数値拡散や数値振動の影響を把握することができる[2]．1m×1mの計算領域に対し，u, v ともに2m/sの風速を与えることで，計算格子を横切る対角線（実線）に平行な，一様速度場を考える．スカラー変数の境界条件として，南側・東側の境界で $\phi=0$，西側・北側の境界で $\phi=100$ を与え，対角線が境界と交わる最初と最後の格子点に $\phi=50$ を与える．図2.5.3にスキームの違いによる数値解と厳密解を示している[3]．数値計算による誤差がなければ，厳密解の分布となるはずである．一次風上差分では計算格子が粗くなるにつれ，誤差が大きくなることがわかる．この結果からも一次風上差分は流れを高精度に予測

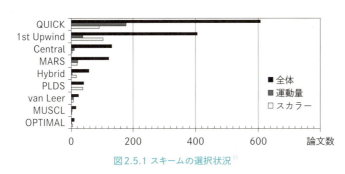
図2.5.1 スキームの選択状況[1]

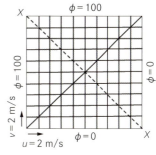
図2.5.2 拡散・振動のモデル領域

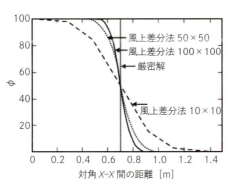

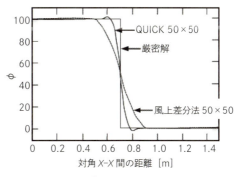

図2.5.3 スキームの違いによる数値解と厳密解[2]

するためには必ずしも適していないことがわかる．QUICKの結果は一次風上に比べて厳密解に近くなるが，急激な変化を伴う箇所でオーバシュートやアンダシュートを生じていることがわかる．このような場合，汚染物質の濃度や乱流エネルギーのような非負の物理量が負値になってしまう可能性があるため，注意が必要である．各スキームの詳細は付録B-3節を参照されたい．以降では，より実際に近い問題を対象に比較を行った結果を示す．

2-5-1 室内気流の計算例

室内気流の計算例として，**図2.5.4**に示すような室内への空調吹出し・吸込みを想定した場合の計算を行う．計算領域には**図2.5.5**に示す2種類の格子分割を施した．スキームには高次精度のQUICKと一次風上を適用した．

図2.5.6に室内気流ベクトルの結果を示す．一次風上差分では壁面近傍での風速が小さくなっているが，ベクトル図では明確には判別しにくい．そのため，**図2.5.7**のように風速分布で比較を行う．図2.5.7a)はz座標2.5の位置におけるx方向の風速分布であり，図2.5.7b)はx座標2.5の位置におけるz方向の風速分布

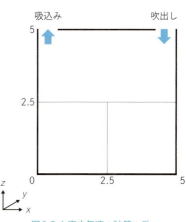
図2.5.4 室内気流の計算モデル

である．高次精度のQUICKに比べて，一次風上では風速が小さくなってしまっていることがわかる．**図2.5.8**に細かい格子分割(40×40)におけるx座標2.5におけるz方向の風速分布を示す．格子分割20×20における結果に比べて，格子分割を細かくすることで，一次風上の風速低下が小さくなることがわかる．

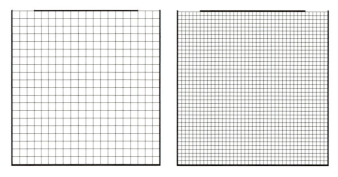

図2.5.5 計算領域の格子分割（左：20×20，右：40×40）

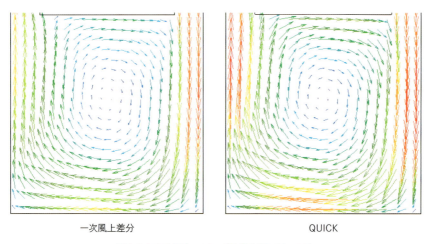

一次風上差分　　　　　　　　　QUICK

図2.5.6 室内気流ベクトル（格子分割：20×20）

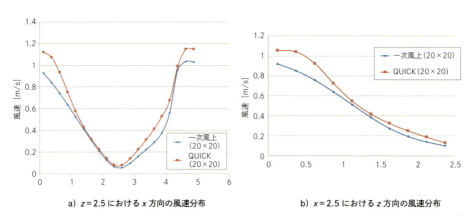

a) $z = 2.5$ における x 方向の風速分布　　　b) $x = 2.5$ における z 方向の風速分布

図2.5.7 スキームの違いによる風速の違い（格子分割：20×20）

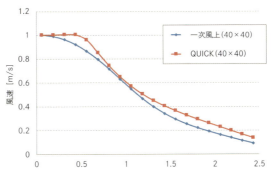

図2.5.8 格子分割40×40におけるx=2.5におけるz方向の風速分布

2-5-2 通風気流の計算例

図2.5.9のように二つの開口部をもつ直方体建物における通風気流計算を行った際の風速ベクトル結果を**図2.5.10**に示す．高次精度であるQUICKの結果では，屋外の建物前面開口部下に循環渦が形成され，それに伴い，開口部から下降しながら室内に流入する気流が観測される．その後，室内中央を過

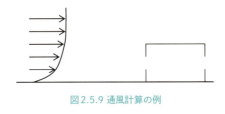

図2.5.9 通風計算の例

ぎた辺りから流出側開口部に向かって気流は上昇し，開口部から上向きに流出する．**風洞実験**においても同様の傾向が観測されており，QUICKでは通風気流現象が比較的精度良く再現できているといえる．一方，一次風上では，建物前面での循環渦が再現されておらず，室内への流入気流の下降も顕著には見られない．

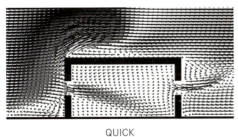
QUICK

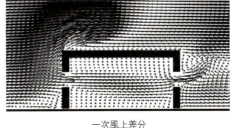
一次風上差分

図2.5.10 スキームの違いによるベクトル分布の違い

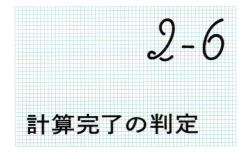

2-6 計算完了の判定

CFDでは**定常解析**か**非定常解析**かにかかわらず，仮の値をスタート値として反復を繰り返して真の値を得る「反復解法」を用いることが一般的である．すなわち，反復が十分に行われていないにもかかわらず計算を完了した場合，本来得られるはずの解よりも精度的に劣った解となってしまう．数値解析で生じる誤差には，微分方程式を離散化することにより生じる打切り誤差や計算機の丸め誤差など，さまざまなものが存在するが，ここでは特にこの計算完了の判定にかかわる誤差に着目し，SIMPLE法を用いて定常解析を行った場合の収束判定の設定条件に関して述べる．

2-6-1 残差判定レベル

　CFDでは前述のとおり非線形方程式の解法として反復法を採用しており，各物理量（風速，温度など）の保存方程式を反復法で解く際の近似解は保存則に対して微小な不均衡が残る．反復解法アルゴリズムの実行中には，各セルにおけるこの不均衡はゼロではなく，反復プロセスを継続することでこの不均衡が相対的に小さくなっていく．この不均衡は**残差**と呼ばれ，通常，式(2.6.1)で示される任意の変数 ϕ の保存式をもとに不均衡分の絶対値をすべての計算セル P について合計した式(2.6.2)として定義される．

$$a_P \phi_P = \sum_{nb} a_{nb} \phi_{nb} + b \tag{2.6.1}$$

$$R = \sum_{\text{全計算セル}} \left| \sum_{nb} a_{nb} \phi_{nb} + b - a_P \phi_P \right| \tag{2.6.2}$$

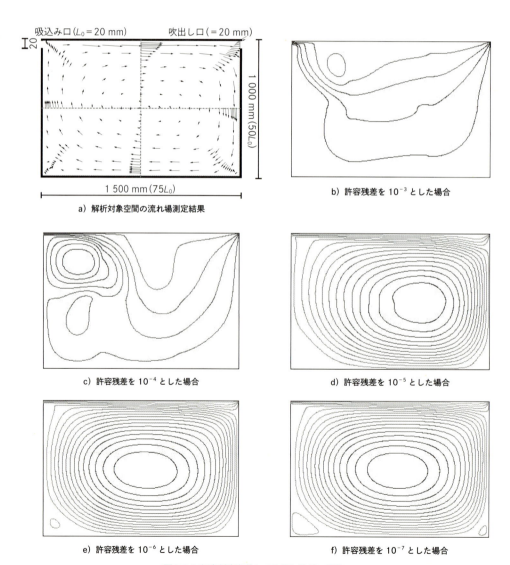

図2.6.1 収束判定条件による流れ性状の変化

実際には式 (2.6.2) で定義される残差をスケーリングした式 (2.6.3) を用いることが多い．

$$R = \frac{\sum_{\text{全計算セル}} |\sum_{nb} a_{nb}\phi_{nb} + b - a_P\phi_P|}{\sum_{\text{全計算セル}} |a_P\phi_P|} \tag{2.6.3}$$

　この残差が十分に小さくなるまで反復計算を行うことが重要になる．ただし，汎用CFDソフトウェアでは，許容する残差のデフォルト値が大きすぎる場合もあるため，**収束判定条件**（**許容残差**）を厳しく設定した解析を行うことも重要である．ソフトウェアにもよるが，デフォルトの収束判定条件は10^{-3}～10^{-4}程度に設定されていることが多い．これは，ある物理量の残差がその物理量の場全体の値に比べて10^{-3}～10^{-4}程度であることを意味しており，対象空間の流れの概略をつかみたいといった場合には十分な収束条件である場合が多い．しかしながら，対象とする流れ場によってはさらに厳しい残差条件が求められる場合もある．その一例を**図2.6.1**に示す．収束判定条件を10^{-3}～10^{-7}まで変化させ，流線を実験結果と比べている．この解析例では残差判定条件を厳しくすることで平均流の構造が大きく変化しており，収束判定条件を10^{-6}もしくは10^{-7}程度に設定しなければ実験結果と乖離した結果となることがわかる．

2-6-2 変数値のモニタリング

　あらかじめ設定した収束条件を満たした後でも残差が減少を続けている場合には，多かれ少なかれ解は変動し続けている．反復回数（しばしばイタレーションと呼ばれる）と残差の履歴をプロットし，残差が横ばいになっていることを確認することも重要である．もちろん，残差の絶対値が十分に小さいことも確認すべきである．

　残差とその履歴は，解析の収束（あるいは発散）を判定するのに非常に有用であるが，それだけ

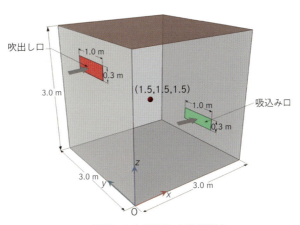

図2.6.2 冷房された室を模擬した計算領域

表2.6.1 解析条件

乱流モデル	標準k-εモデル
メッシュ分割数	97 882
差分スキーム	温度，速度：移流項は二次風上差分　　　　　　　拡散項は中心差分
壁面境界条件	気流：一般化対数則（定数$E=9$）を適用 天井：一定温度30℃；他の壁面：断熱 温度：一般化対数則（$E=9$）を適用
流入・流出境界	吹出し口：速度1.65m/s，乱流強度0.1 乱流長さスケール=0.1m，送風温度18℃ 吸込み口：質量保存則，自由流出

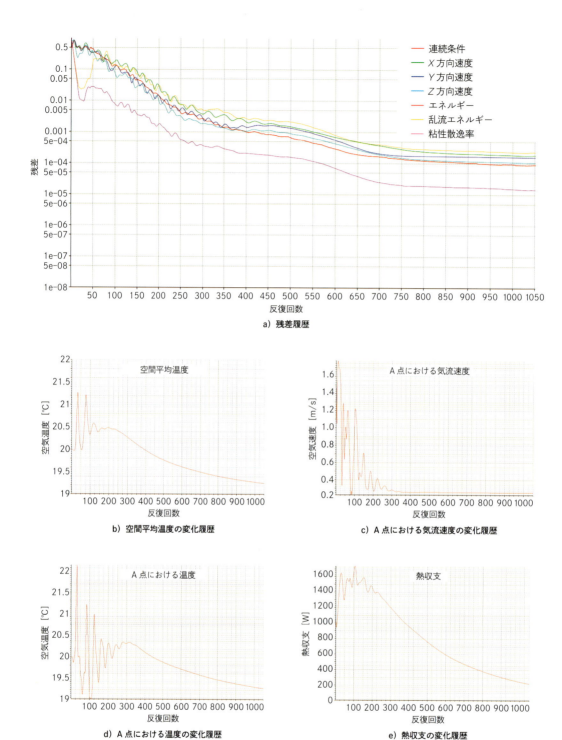

図 2.6.3 残差,各変数の変化履歴(反復回数 1 050 回まで)

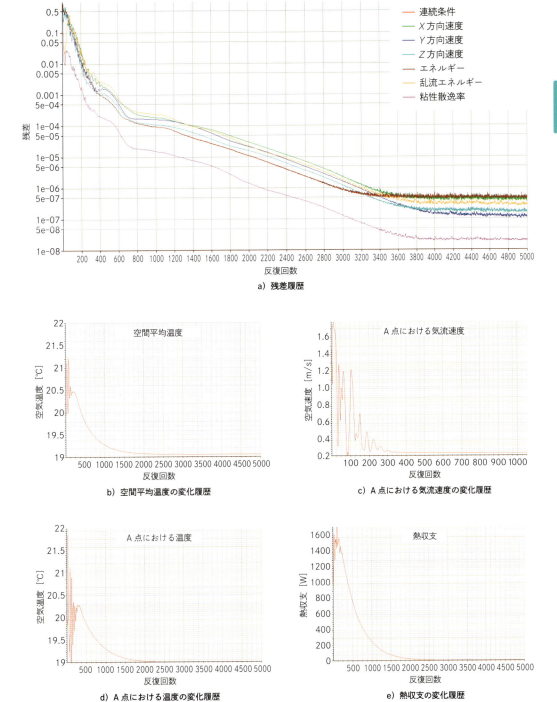

図2.6.4 残差，各変数の変化履歴（反復回数5 000回まで）

2-6　計算完了の判定

で収束の判定をすることは危険である．残差は解析が収束するとともに小さくなるが，あくまで場全体の収束傾向を表しているに過ぎず，局所的には十分な収束解が得られていない可能性があるからである．残差による収束判定のほか，解析領域内での各物理量の保存，すなわち，**質量流量バランス**（流入質量と流出質量の差）や**熱バランス**（投入熱量と流出熱量の差）の確認が必須であり，これらも含めて収束へ向かっていくことを確認する必要がある．

例として，冷房された室を模擬した計算結果を紹介する．対象空間は**図2.6.2**に示す長さ3m×奥行き3m×高さ3mの部屋である．左側壁面に吹出し口（開口面積：横1.0m×縦0.3m=0.3m^2）と，右側壁面に吸込み口（開口面積：横1.0m×縦0.3m=0.3m^2）を一つずつ備えており，送風温度は18℃とした．天井は日射負荷を模擬して30℃の一定の温度条件を与え，他の壁面は断熱条件とした．解析条件の詳細を**表2.6.1**に示す．残差履歴に加えて，室中央のA点における風速，温度の履歴および熱収支の履歴を出力した．反復回数が1050回に達した際のそれぞれの履歴を**図2.6.3**に示す．残差はなめらかに減少し，これ以上大きくは減少しなさそうに見える．しかし，空間平均温度や室中央のA点における温度は，まだ徐々に落ち続けそうである．加えて，熱収支の誤差も200W程度であり平衡になっていない．したがって，この状態ではまだ収束していないと判断すべきである．さらに計算を進めて，反復回数が5000回に達した際のそれぞれの履歴を**図2.6.4**に示す．残差の値は非常に小さいレベルになり，1050回のときと比べてもあきらかにこれ以上下がる傾向がなさそうである．A点の温度，気流速度などはほぼ一定の値で推移し，熱収支の誤差もほぼ0になっていることが確認でき，この状態で収束していると判断できる．なお，**図2.6.5**に示すように，流れ場は1050回と5000回で変化がほとんどない．冷暖房を伴う室内気流の解析ではこのように先に流れ場が収束し，あとから温度分布が収束に向かうケースが多く，流れ場だけで収束判定をするのは危険である．

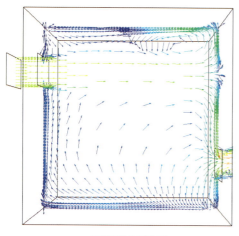
反復回数 1 050 回

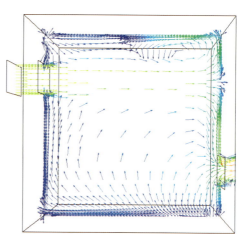
反復回数 5 000 回

図2.6.5 流れ場の比較

2-6-3 緩和係数

残差の変化がなくなったものの，残差の絶対値がなかなか落ちない場合，境界条件が正しく設定されているか，メッシュの品質は十分かなどを再検討する必要がある．それらに問題がない場合，緩和係数によって収束状況を調整する．CFDで解かれる方程式は非線形性を有しており，さらにSIMPLE法などにより速度と圧力のカップリングをしているため，一度の反復ごと

の変数の補正量をコントロールして解の発散を防いでいる．発散を防ぐためには変数の変化を減速してやればよい．これを**不足緩和**と呼ぶ(詳細は付録B-6節を参照)．不足緩和に使用される係数が緩和係数である．緩和係数が小さいほど，変数の変化が小さくなるので発散を防ぐ効果が大きくなる．ただし，変数の変化が小さいため収束は遅くなる．

多くの非構造格子系のCFDソフトウェアで解法としてSIMPLE法を用いている場合，緩和係数を，圧力：0.3，運動量：0.7，エネルギー：0.9〜1.0程度に設定している．まずはこの係数で計算を行い，計算が発散する，または残差の変化が単調でない，などの場合にこの値を少しずつ(例えば0.1刻み)小さくするとよい．残差の落ち具合が安定してきたら，元の値に戻して収束を加速させるという方法を取ることもできる．非等温の計算は非常に発散しやすいので，エネルギーの緩和係数をはじめからある程度小さくしておくのも手である．また，計算の序盤で流れだけの計算を収束させた後，流れの計算を外してエネルギーと各成分の保存式だけを解いて収束させ，最後にすべての式を同時に解きながら収束させるとうまくいくことがある．流れとエネルギーが連成していると非常に発散しやすいため，このような工夫が有効に働くこともある．非等温かつ，気体の流れで密度が圧力に依存するような圧力・流れとエネルギーが強く連成している場合は，すべての緩和係数を小さくする必要がある．しかし，緩和係数の最適値を選ぶ一般的な法則はなく，問題の性質や格子点の状態などに依存する．また，緩和係数を小さくすればすべての変数の残差が必ずしも小さくなるというわけではなく，残差の値が変動したり，大きくなったりする場合がしばしばある．状況を見ながら，圧力，運動量とエネルギーそれぞれの緩和係数を総合的に調整する必要がある．

緩和係数の調整が収束状況に影響をもたらすことを示す例として，**図2.6.6**に示す室の計算事例を示す．対象空間の大きさは長さ3m×奥行き3m×高さ3mである．天井は30℃一定，床面は16℃一定とし，自然対流の卓越する空間である．解析条件を**表2.6.2**に示す．反復回数が1 000，1 500，2 000，2 500に達した際に，圧力，運動量，エネルギーの緩和係数を0.1ずつ減らしながら，解析を続行した．その結果，残差を十分に下げることができ，きれいな温度成層分布が得られた(**図2.6.7**および**図2.6.8**)．

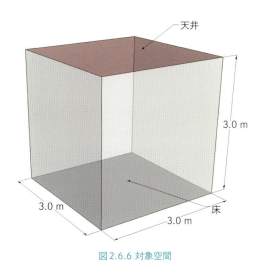

図2.6.6 対象空間

表2.6.2 解析条件

乱流モデル	標準k-εモデル
メッシュ分割	97 882個（構造）
差分スキーム	温度，速度：移流項は二次風上差分　拡散項は中心差分
壁面境界条件	気流は一般化対数則（定数$E=9$）を適用 天井：一定温度30℃ 床面：一定温度16℃；他の壁面：断熱 温度は一般化対数則（$E=9$）を適用

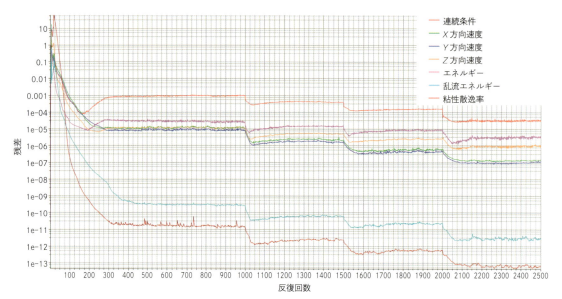

図2.6.7 残差履歴

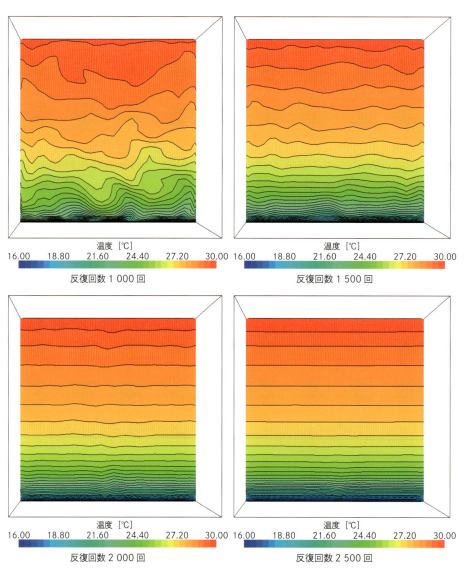

図2.6.8 中央断面における温度分布

2-7 ヒューマンエラー防止のために

ヒューマンエラーはCFD作業のあらゆる場面で発生する．ここではヒューマンエラーを，不適切な乱流モデルや差分スキームを選択するといった知識不足や誤った理解から生じるエラー（以下，誤認エラー）と，単純な計算ミス，入力ミスで生じるエラー（以下，誤入力）に分けて検討することにする．

誤認エラーに関しては経験者ほど少なくなる傾向を示すが，誤入力に関しては個人によって差が大きく，経験を重ねるにつれて減る人となかなか減らない人がいる．しかし誤入力に関しても積極的なチェックの仕組みを取り入れることで，確実に減らすことができる．人間が作業を行う以上，エラーを完全になくすことは不可能との認識で，各個人が逐次チェックするとともに，エラーを早期に発見するための十分な対策を講じることが，見直しややり直しといった不要な作業を減らし，全体的な作業効率の向上につながる．また，ヒューマンエラーではないが，不具合が解決しない場合，原因がソフトウェアのバグにあることがある．その場合は不具合の再現性を確認したうえで，状況を正確にソフトウェアベンダーに伝えるとバグの修正が早くなる．

2-7-1 誤認エラー

誤認エラーとしては，前述の乱流モデルや計算スキームの選択のほか，格子系，圧縮・非圧縮，定常・非定常など，ユーザーが判断するすべての場面で発生する．誤認エラーを防止するためには，まずは本書をはじめとする参考書やマニュアル類を熟読し，可能な限り適切な手法を選択すべきであり，さらに常に最新の技術動向を調査して，最も適切と思われる方法を試してみることである．誤認エラーが防止されれば，同時に精度とスキルの向上を図ることができる．最新手法の入手が困難な場合でも，少なくとも選択した方法がどの程度の精度を有しているかを把握したうえで利用することが望ましい．

2-7-2 誤入力

CFDはプリ処理（資料を入手してからの机上検討，入力作業など計算開始前までの処理）の段階で数多くの項目を入力，あるいは設定する必要がある．物体や吹出し・吸込み口形状のモデル化，メッシュ分割，発熱・風量などの物理的な条件の設定に加えて，CFD特有の設定も必要である．三次元CFDが常識となった今日では，少なくとも数百点，多い場合は数万点以上をミスなく入力，設定しなければならず，特に複雑で数多くの形状（吹出し・吸込み口を含む）を入力する際には，熟練者でも入力ミスは起こるという認識で，注意深く作業を行わなければならない．入力ミスに気付かないままCFD結果を公表してしまうことがないよう，予想される結果と異なる結果が得られた場合は，最初に入力ミスがないか疑うべきであり，場合によっては他の熟練者に相談することも必要である．また，入力ミスを発見し，修正するには多くの時間を費やすことがあり，最初からやり直さなければならないこともある．入力ミスをできるだけ少なく，早期に発見することが作業時間の短縮に大きく貢献する．

2-7-3 ヒューマンエラーの削減と早期発見のためのチェックポイント

❶プリ処理時

ヒューマンエラーはプリ処理時が圧倒的に多い．さらに，入手した資料にエラーを生じる問

題が含まれている場合もあるため，CFD作業に入る前に資料をチェックすることも必要である．まず入力を始める前の机上検討として，入手した資料の整合を確認する．特に，単位系が統一されているか，風量および熱量の収支が正しいかをチェックし，入力用に適宜換算，修正する．次に解析領域，解析手法，境界条件などの選択が適切かを確認する．特にこれらの選択を誤った場合の早期発見は難しく，**ポスト処理**（計算結果の可視化，考察など計算終了後の処理）まで気が付かないことがあるので注意する．入力時は，各種の換算ミス，タイプミスに注意する．初心者は，入力前にあらかじめすべての入力情報をそろえておくと，机上計算，手法・条件の選択，タイピングといった各作業フェーズに集中できるため，入力ミスが削減される．入力後はタイプミスがないかすべての項目をチェックする．さらに，利用するソフトによっては，入力値をチェックする機能が実装されているものもあるので最大限活用する．

❷計算実行時

計算実行時にもさまざまなヒューマンエラーを発見することができる．計算時の状況と想定されるエラーの代表例を**表2.7.1**に示したので参考にされたい．

表2.7.1 計算実行時に想定されるエラーの代表例

状況	考えられる対策
1回も計算しない	エラーレポートを見て，入力ミスがないか再チェックする．
1回あるいは数回で発散する	極端に小さいまたは大きいメッシュがないか，風量収支が合っているか，閉鎖空間（例えば，四方を固体に囲まれた1メッシュの空間）がないかなどをチェックする．
すぐに収束する	物性，重力は正しいか，吹出し・吸込み条件が入力されているか，収束条件・計算回数は適当かをチェックする．空調空間において，100回程度の計算回数では，十分に収束していない場合が多い．
計算するが収束しない	途中結果を出力して，予想される流れ・室温になっているかチェックする．発散しているようであれば，緩和係数やメッシュ分割を再検討する．流れが微振動していて収束条件を満たさない場合は，結果図を見て，目的を満たしていれば収束したと判断する．
その他，計算を不安定にする要因	低Re型乱流モデル，高次の差分スキーム，隣り合うメッシュの急拡大・急縮小（2倍・0.5倍が目安），過度なメッシュアスペクト比（<100が目安），定常計算時の大きな緩和係数，非定常計算時の大きな時間間隔などが適切か検討する．
それでもうまくいかない	もう一度最初から入力し直す（入力時に修正を繰り返した場合や，思い込みなどで入力ミスを見つけられないことがある）．

❸ポスト処理時

前述のとおり，ヒューマンエラーはできるだけ早期に発見することが重要である．計算が終了して可視化後にエラーが発見されれば，計算に費やした時間がむだになるからである．しかし，この段階でのチェックは，ポスト処理がCFDの最終プロセスであることから，チェックに抜けがないかを含めた最終チェックポイントとして重要である．風速や温度分布などの可視図で計算結果の確認を行いながら，形状，吹出し・吸込みなどの境界条件に誤りがないか，入力忘れがないかをチェックする．特に，固体形状を無視したメッシュ分割を行うと，メッシュより小さな形状が無視されたり，流入出条件，発熱条件などの面積が不正確になり，異なる流入出量，発熱量になってしまうことがあるので，注意が必要である．ポスト処理時のチェックポイントを**表2.7.2**に示す．

表 2.7.2 ポスト処理時に見つけられるエラーのチェックポイント（誤入力以外）

可視化図	チェックポイント	想定されるエラー	対策
形状図	建物形状や什器などが正確に表現されているか．吹出し・吸込み口の位置，数が正しいか．	形状とメッシュの不整合．特にメッシュより小さい形状を入力すると，ソフトウェア上で無視される．	メッシュレイアウトを変更する．
ベクトル図	流入出条件が正しく，表現されているか．	流入出口とメッシュの不整合．	メッシュレイアウトを変更する．
ベクトル図	過度な循環流が形成されていないか．	圧力規定や勾配ゼロ型の流入出条件を上下に複数設置している．	流速規定とするか1か所に削減する．
コンター図	温度分布の平均値が想定される範囲に収まっているか．	熱量収支の不整合．計算の発散．	入力値を確認する．
コンター図	均一な温度分布となっていないか．	流体の物性値や重力加速度の誤入力や未入力．	入力値を確認する．

参考文献

【2-2】
1) 倉渕隆, 松尾陽, 李政宰, 鎌田元康:乱流構造が室内濃度拡散場に及ぼす影響に関する研究 (その1):k-ε モデル, LESによる室内等温気流場の解析と実験, 日本建築学会大会学術講演梗概集, D. 環境工学, pp.731-732 (1993)
2) 川瀬智文, 倉渕隆, 大場正昭, 遠藤智行, 後藤伴延, 赤嶺嘉彦, 野中俊宏, 門脇由以子:CFDによる建物風圧係数分布の予測精度に関する研究 (その4) 複雑形状建物のための効率的な格子形状の検討, 日本建築学会大会学術講演梗概集, pp.835-836 (2007)

【2-3】
1) Launder, B. E. and Spalding, D. B.:The numerical computation of turbulent flows, Computer Methods in Applied Mechanics and Engineering, Vol.3, No.2, pp.269-289 (1974)
2) Patel, V. C., Rodi, W. and Scheuerer, G.:Turbulence models for near-wall and low Reynolds number flows - A review, AIAA Journal, Vol.23, No.9, pp.1308-1319 (1985)
3) Yakhot, V., Orszag, S. A., Thangam, S., Gatski, T. B. and Speziale, C. G.:Development of turbulence models for shear flows by a double expansion technique, Physics of Fluids A, Vol.4, No.7, pp.1510-1520 (1992)
4) Wilcox, D. C.:Re-assessment of the scale-determining equation for advanced turbulence models, AIAA Journal, Vol.26, No.11, pp.1299-1310 (1988)
5) Menter, F. R.:Two-equation eddy-viscosity turbulence models for engineering applications, AIAA Journal, Vol.32, No.8, pp.1598-1605 (1994)
6) Launder, B. E. and Kato, M.:Modelling flow-induced oscillations in turbulent flow around a square cylinder, ASME Fluid Eng. Conf., 157, Unsteady Flows, pp.189-200 (1993)
7) Shih, T. H., Liou, W. W., Shabir, A., Yang, Z. and Zhu, J.:A new k-ε eddy viscosity model for high Reynolds number turbulent flows—Model development and validation, Computers Fluids, Vol.24, No.3, pp.227-238 (1995)
8) Craft, T. J., Launder, B. E. and Suga, K.:Development and application of a cubic eddy viscosity model of turbulence, Int. J. Heat Fluid Flow, Vol.17, pp.108-115 (1996)

【2-4】
1) German Guideline VDI6019:Engineering methods for the dimensioning of systems for the removal of smoke from buildings, Part 2, pp.35-45, The Association of German Engineers (VDI) (2009.6)
2) REHVA:REHVAガイドブック:換気設計のための数値流体力学, pp.31-33, pp.45-48, 空気調和・衛生工学会, 丸善出版 (2011.8)
3) 酒井孝司, 小野浩己ほか:室内CFD解析における室容積と解析格子数の関係に関する文献調査, 日本建築学会大会学術講演梗概集, 環II, pp.679-680 (2014.9)
4) 酒井孝司, 小野浩己, 伊藤一秀, 倉渕隆:室内CFD解析の解析条件に関する文献調査 解析条件の動向と解析格子の目安に関する検討, 空気調和・衛生工学会学術講演論文集, Vol.4, pp.205-208 (2015)
5) 倉渕隆, 鎌田元康:非等温室内空気分布数値予測法の壁面境界条件に関する研究, 空気調和・衛生工学会学術講演会講演論文集, pp.565-568 (1988.9)
6) 宮本敬介, 佐藤隆二, 山中俊夫, 甲谷寿史, 平野武志:ディフューザ周辺の風速及び乱流性状の把握に関する研究 (その3) 自由空間におけるアネモ型ディフューザ周辺の気流性状, 日本建築学会大会学術講演梗概集, D-2, pp.537-538 (1997.9)
7) 岡市敦雄, 山中俊夫, 甲谷寿史, 桃井良尚:複雑な形状の吹出し口を有する室内気流のCFD解析に関する研究 (その2) 冷房設定時のアネモ型ディフューザ近傍気流性状, 空気調和・衛生工学会近畿支部学術研究発表会論文集, pp.133-136 (2001.3)

【2-5】
1) 酒井孝司, 小野浩己, 伊藤一秀, 倉渕隆:室内CFD解析の解析条件に関する文献調査 解析条件の動向と解析格子の目安に関する検討, 空気調和・衛生工学会学術講演論文集, Vol.4, pp.205-208 (2015)
2) Versteeg, H. K. and Malalasekera, W. 著, 松下洋介, 齋藤泰洋, 青木秀之, 三浦隆利訳:数値流体力学 [第2版], 森北出版 (2011.5)
3) 倉渕隆, 鎌田元康:非等温室内空気分布数値予測法の壁面境界条件に関する研究, 空気調和・衛生工学会学術講演会講演論文集, pp.565-568 (1988.9)

3 環境・設備設計の実務への応用

3-1 実務にCFDを利用する目的と利点および難しさ

3-1-1 実務に用いる利点

近年，PC能力の大幅な向上や，市販のCFD解析ソフトウェアの充実を背景として，建築内外の設計や環境予測などにCFDが多く利用されるようになった．設計段階において事前に環境性能を予測できる点や，問題点の抽出・検討が可能となる点は，CFD利用の大きな利点である．また，市販ソフトウェアの多くは強力な**ポスト処理機能**を備えており，解析結果をコンピュータグラフィックスやアニメーションで表示・出力できるため，営業プレゼンテーション（以降，プレゼン）ツールとしての利用効果も大きい．図3.1.1に事務所ビルの例を示すように，CFDは建物内のほぼあらゆる室・空間に適用可能である．以前はメモリや計算時間の制約から使用できるメッシュ分割数にも限界があり，室内の詳細を十分にモデル化できない場合や，解析対象領域の選定に限界のある場合があった．しかし最近では，PC能力の大幅な向上により，複雑な形状の吹出しノズルなどを詳細な格子分割で再現した解析や，隣室や周囲空間

①ダブルスキン　⑤アトリウム，エントランス　⑨厨房
②事務室 AFW　⑥事務室 PAC　⑩地下駐車場
③大空間　　　　⑦事務室，ラインディフューザ
④喫煙室　　　　⑧屋外機

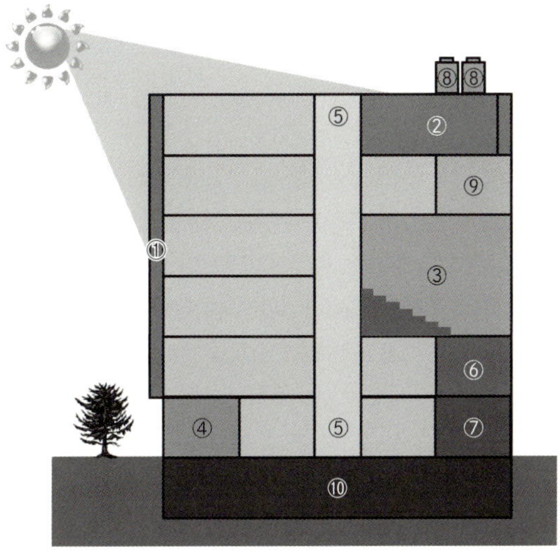

図3.1.1 屋内環境についてのCFD解析対象事例

を含めた複数室を同時に解析するようなことも比較的容易に実施できるようになった．また，モデル化やメッシュ分割に対して自由度の高い**非構造格子**や重合格子，マルチブロック法を採用したソフトウェアも普及したことから，かなり複雑な形状の屋内であっても実用的なレベルでCFD解析が行えるようになり，実務へのCFDの適用範囲はさらに拡大している．一方，CFDソフトウェアの普及に伴って，どのような問題でも簡単にCFDで再現できると誤解するユーザーが増えてきたことも事実である．CFDで解析を実行する場合，建物のモデル化や入力条件が解析対象を正しく反映したものでなければ，正しい解を得ることはできない．また問題によっては，CFDで解析すること自体が困難な場合もあることを理解しておく必要がある．

CFDの利用用途は，主として営業やコンペを目的としたプレゼン的な利用と，技術検討手段としての利用（設計時の環境予測や各部仕様決定，施工後の環境対策など）に大別できる．プレゼン的な目的でCFDを利用する場合，従来設計などと比較した解析を実施することで提案する設計案の優位性や対策の効果を明確に示すことができる．また，解析結果をコンピュータグラフィックスやアニメーションで表示することで，提案の効果をより強く印象付ける効果も得られる．一方，技術検討手段としてのCFDの利用では，具体的な与条件が与えられるならば，実物がない状況でもかなり正確に現象を予測することができる．またこの場合も，対策前後などの比較計算を行うことで対策効果を定量的に評価することができる．技術検討では，コンピュータグラフィックスやアニメーションの利用は，温度や速度などの空間分布を把握し，現象を理解するための手段として有効である．

設計実務の中では，CFD解析結果が気流や温度の空間的な分布状態を評価するのに用いられることが多い．これらの空間分布は，室内のどこが**吹出し気流**の影響を受けやすいのか，**ドラフト**の影響がどこまで及ぶのかなどを示してくれるため，設計条件の改善や対策検討に直接つながる情報として利用価値が高い．一方，**熱負荷**やエネルギーの評価なども設計実務では重要であるが，これらの目的でCFDが適用されることは比較的少ない．最近では，BEST (Building Energy Simulation Tool) やLCEM (Life Cycle Energy Management) ツールなどのマクロモデルや制御・エネルギーシミュレーションとCFDとを連成する研究も行われているが，実務において本格的に活用されるには至っていない．

3-1-2 実務に用いる難しさ

設計実務でCFDを利用する場合の難しさとして，限られた人的・時間的制約の中で有効に利用可能な解析結果を引き出さなければならないことがあげられる．対策の一つとして解析対象モデルの簡略化が考えられるが，各部の細かな形状を簡略化したり対称面などを利用して解析対象領域を限定すると，本質的に現象を再現できなくなってしまう場合もあるため，細心の注意が必要である．また問題によっては，検討対象とする領域の周辺領域を含めてモデル化することが必要となる場合もある．しかし最近では，モデル作成ツールの進歩やPC能力の大幅な向上に伴い，解析対象モデル簡略化の必要性は減少してきている．

もう一つの難しさに，CFD利用の目的や開発・設計の段階によって，設定可能な条件の範囲や解析結果に求められる精度が変化することがあげられる．例えば，営業・コンペを目的とした場合や設計の初期段階においては，室内の建具や什器類のレイアウト，照明や空調吹出し口の詳細などの設計条件が必ずしも決定してはいないため，CFD解析のための条件設定を想定や仮定に基づき行わなければならない．

一方，具体的な設計がある程度進んだ段階では，各種設定条件がある程度明確に定まるので，CFDに対しても厳密な解析精度が要求されることとなる．またCFD結果の利用目的が組織内

での検討資料なのか最終的な設計条件決定のためのものかによっても，要求される解析精度は違ってくる．いずれの場合においても，CFD利用の目的や段階に応じて与条件や結果に求められる精度をよく理解し，それぞれの場面に応じて最も妥当と思われる条件設定を行うことが重要であり，またそれが信頼できる解析結果を得るためのカギとなる．

本章では，実務においてCFDを適用する場合の手順を示し，図3.1.1のような各種屋内環境についてのCFD解析事例を示すことで，モデル化や条件設定に際して留意すべき点を整理する．

3-2 実務にCFDを利用する際の注意点

CFDを用いて環境・設備設計シミュレーションを実施する際には，いきなりソフトウェアを立ち上げて入力するのではなく，事前にいくつかの項目について情報を確認・整理しておくことが非常に重要である．こうすることで無駄なCFDの実行を減らし，さらに**ヒューマンエラー**の抑制にもつながる．

以下では，実務設計でCFDを使ううえで，事前に確認しておくべき項目について解説する．

❶解析を行う目的，使途の確認

解析の目的が何か，解析によって何を知りたいのかを明確にし，ケーススタディの条件などを明らかにしておく．特に目的がプレゼンなどの場合には，着目する現象，分布が顕著に現れる条件を選定する．設計などの技術検討手段として解析を行う場合には，対策や設計案の特徴が明確に現れる季節や条件を選定する（図3.2.1）．

❷三次元形状の確認

モデルの作成に先立ち，図面から三次元形状をイメージしておく．また，解析の結果としてどのような流れや温度の

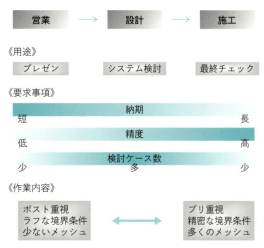

図3.2.1 解析の目的・用途と要求される事項

分布が得られるのかを可能な範囲で予測しておくことは，次に示す解析領域の決定を行うために重要である．

❸解析対象の確認，解析領域の決定

解析すべき領域は，必ずしも着目する室と一致するとは限らない．例えば，圧力差などで**自由流入**がある場合や温度差を利用した自然換気を解析する場合（アトリウム，高層ビルのボイド，ソーラーチムニーなど），計算対象を室内のみとし，給排気とも**自然流入・流出**とすると，しばしば換気量が過大に評価される．この場合，あらかじめ他の計算手段によって給排気量を算出しておき，これを流入側開口部の境界条件として与えるか，解析対象領域に周辺領域を含めたモデルとして自然流入・流出境界が生じないような方法を採用すべきである．後者の場合には，**外部風の影響**を考慮した場合の検討も可能となる．流れが対称となる面が規定できる場合，解析領域を

対称面で分割して1/2に削減できる場合がある．ただし，形状的な**対称性**が必ずしも流れの対称性を保証するものではないので，結果が明確に予測できる場合以外には対象室内をそのままモデル化することを勧める．

❹吹出し・吸込み条件の確認

制気口の位置，**風量バランス**，**吹出し温度**などを確認しておく．

❺熱負荷条件，熱負荷発生位置の確認

負荷と吹出し条件から予想される室温を把握する．求めた室温は，壁面や窓のガラス面において**貫流熱量**を**境界条件**として設定する場合に使用する．

❻その他特殊な条件の確認

解析の目的を考慮し，湿度や濃度の計算を行うか否か，**熱伝導**や**放射計算**が必要かなどを確認しておく．

❼非定常解析の必要性検討

過渡状態を把握すべき問題では，**非定常解析**が必要となる．屋内温熱環境を対象とした解析では，例えば暖房の立上り時における温度上昇など，**躯体の熱容量**が影響する場合がこれに相当する．このような場合，室内の空間領域のみを解析対象とすると，急激に温度が上昇してしまい，実際とは大きく異なる結果が得られてしまう．躯体を含めた解析により熱容量を考慮することで，ゆっくりと温度が上昇する実現象を再現することができる．

❽乱流モデル，差分スキームの決定

コンペ資料や設計などの実務として使用する解析では，ほとんどの場合，**乱流モデル**として**標準k-εモデル**が適用されている．しかし，以下のような場合には，**低Re**（レイノルズ数）**型k-εモデル**や**RNG k-εモデル**の適用が必要となる場合がある．

壁面温度が規定されている非等温流れ場（例：冬期のガラス面など）……標準k-εモデルでは壁面からの熱伝達の予測精度が悪く，過大あるいは過小な**コールドドラフト**を生じてしまうこともあるため，低Re型k-εモデルが推奨される．

はく離気流（例：建物回りの流れなど）……標準k-εモデルでは**はく離**が正確に再現されないことが多く，RNG k-εモデルなどの適用が望ましい．

噴流（例：ノズル吹出し気流など）……標準k-εモデルでは**到達距離**が短くなる傾向があり，LESで計算することが理想的だが，実務計算でLESを適用できることはまれであり，標準k-εモデルで吹出し口の面積を実際より小さく設定したり，**P.V.法**を適用するなどの工夫で到達距離を調整することが多い．

流れの滞留域（例：アトリウムトップライト，温度成層型蓄熱層など）……標準k-εモデルでは**温度勾配**が実際よりも緩やかになる．低Re型k-εモデルなどが推奨される．

差分スキームは**高次精度のスキーム**（QUICK，TVDなど）を用いることを基本とし，計算が不安定になるようであれば，一次風上などの計算が安定するスキームに切り替える．ただし，**一次精度風上差分スキーム**は高次のスキームより誤差が大きく，結果の考察の際には十分配慮する．

3-2-1 CFD解析の手順と留意事項

具体的なCFD解析の手順と留意事項を以下に示す．

❶大まかなメッシュ数の決定

解析モデルのメッシュ数によって必要となるメモリ容量や計算時間が違ってくる．また使用するハードウェアによっても許容されるメッシュ数の上限が限定される．解析の目的が大まかな傾向を把握するためのものか，詳細検討であるかを考慮し，解析モデルに許容される大まか

なメッシュ数を決定する．目安として，100万メッシュであれば100×100×100分割となる．

❷三次元形状の入力

メッシュ数をイメージしながら形状を入力する．細かすぎるメッシュ分割を回避するため，場合によっては寸法の丸めが必要となる．例えば，1辺10 mの空間を100万メッシュ以下で解析するときは，10 cm刻み（1辺10 m÷100メッシュ）とするなど．見た目にきれいなメッシュはその後の作業がスムーズに進むので，このことを念頭にメッシュ分割を行う．

❸熱負荷条件の入力

熱通過，**熱伝達**，**発熱**などを適切な場所に入力する．**照明発熱**，**人体発熱**などは必ずしも形状を再現する必要はない．場合によっては仮想的に空気中に均一な発熱を設定するほうが良い場合もある．

❹吹出し口・吸込み口形状の入力

吹出し口・吸込み口などの境界条件は，領域境界または躯体表面に設定する必要がある．入力した吹出し口・吸込み口が躯体に接していることを確認する．

❺吹出し・吸込み条件の入力

風量収支を厳密に合わせる必要があるので，風速は丸めず，入力できる有効桁数すべてを使った数値とする．

❻メッシュ分割

極端に小さいまたは大きいメッシュがないか，メッシュのアスペクト比が極端に大きくなっていないか，必要な箇所に十分なメッシュ数があるかなどを確認する．隣接するメッシュ幅の比率は2:1以下とすることが望ましい．全体のメッシュ数が想定に近い数であるか否かを確認することも重要である．境界付近については，低Re型k-εモデルを適用する場合には十分な格子点数（可能であれば$y^+=1$程度まで分割）が得られるようメッシュ分割されていることを，また標準k-εモデルで壁関数を適用する場合には境界面から第1層目のメッシュの格子点が境界層の$y^+=30\sim100$程度にあることを確認する．最近のソフトウェアでは，CADソフトによるモデル作成機能が充実しており，操作が簡便になっている．しかし，CADソフトでブロックごとに作成した領域を連結した場合に，連結部分におけるメッシュ分割が不十分となっても気付きにくい場合がある．例えば，別々に作成した室内領域と吹出しノズルを連結した際に，吹出しノズルと天井面との間隔が狭く，十分なメッシュ数がなかったため，計算が発散してからこの問題に気付いたという例がある．

❼CFDに関わる各種項目の選択

乱流モデル，差分スキーム，収束判定条件，反復計算回数，出力変数を選択するとともに，物性値（空気や水など），重力など各種プロパティの値も確認する．

❽入力項目の確認・チェック

入力ミスの早期発見のため，形状が複雑な場合あるいは制気口が多い場合は，5割以上の確率で入力ミスがあるという認識をもつ．

❾計算実行

計算の実行中は，残差や各方程式の反復計算回数をモニタし，正常に収束しているかを定期的に確認する．また，計算の途中結果を定期的に画像表示させて，意図した解析が行われているか，結果が想定の範囲内であるか否かを確認する．特に最近の解析ソフトでは安定性が高く，残差の値のみでは問題点に気づかない場合があるので，画像表示による確認は重要である．

❿計算結果出力

計算結果出力の代表例として，温度・風速などの**コンター表示**や風速の**ベクトル表示**がある

が，その際は空間を代表する断面を適切に選択することが重要となる．また必要に応じて**パーティクルパス，空気齢，温熱快適性**などの指標を効果的に利用すると解析結果が理解しやすくなる．注意点としてコンターの表示レンジの選定によって，結果の解釈をミスリードしてしまうことがある．また，吹出し口などで非常に大きなベクトルが表示される場合や，非等間隔のメッシュに合わせてベクトルを表示した場合など，ベクトル表示も誤解を招きやすい．等間隔でのベクトル表示機能を用いるなど，吹出し口近傍のベクトルの処理に注意することが望ましい．

レンジとコンター表示（例：事務室，図3.2.2）

　　悪い例（左図）：設計温度±15℃の温度レンジ　→　空間全体が25℃付近で均一となっている．
　　良い例（右図）：設計温度±5℃の温度レンジ　→　温度の高低がわかりやすい．

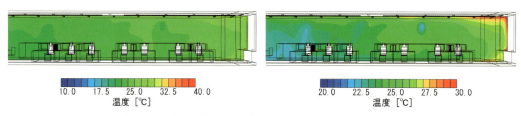

図3.2.2 温度レンジが30℃幅（左図）と10℃幅（右図）の温度分布．
実際には空間で5℃の温度差があっても（右図），温度レンジが広いと均一な温度分布に見える（左図）

ベクトル表示（例：事務室，図3.2.3）

　　悪い例（左図）：メッシュごとにベクトル表示　→　吹出し口近傍のベクトルが密で長くなり，
　　　　　　　　　　　　　　　　　　　　　　　　　　静穏な気流域にベクトル線が表示される．
　　良い例（右図）：等間隔なベクトル表示　　　　→　空間全体の特徴が表現される．

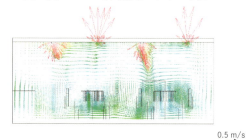 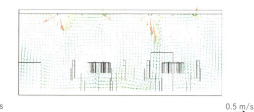

図3.2.3 メッシュごと表示（左図）と等間隔表示（右図）の風速ベクトル．
計算メッシュごとにベクトルを描画すると，メッシュが細かいところの風速がより速く見える

汚染物質の停滞（例：手術室，図3.2.4）

　　悪い例（左図）：風速で判断　　→　一方向にゆっくり流れている場合も停滞域と判断される．
　　良い例（右図）：空気齢で判断　→　よどみ域，局所循環域が判明する．

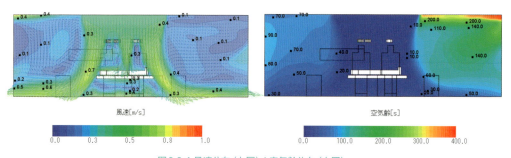

図3.2.4 風速分布（左図）と空気齢分布（右図）．
風速分布図中の右側と左側の風速はほぼ同じであるが，空気齢分布図中では右側の値が高く
汚染質の除去効率悪化が懸念される

表3.2.1にCFDの手順ごとの留意事項についてまとめておく．

表3.2.1 CFD解析の手順と留意事項

作業項目			留意事項
プリ	机上検討		図面，設計図書などの資料を入手する．解析を行う目的を明確にし，結果のイメージを予想する．そのうえで解析領域を決定する．入手した資料の風量バランス，熱収支に不整合がないか確認する．
	形状入力	メッシュ数	CFD解析の目的，コンピュータ性能に応じて，大まかなメッシュ数を決める．使用メモリ量，計算時間はメッシュ数に比例する．
		物体形状	メッシュ数をイメージしながら，再現できない小さな形状は無視するとともに，微細なメッシュ分割を避けるため，寸法の丸めを行う．例えば，10m四方の空間を100万メッシュ以下で解析するには，10cmを最小寸法とし，吹出し・吸込み口など気流分布に特に影響を与える部分のみ最小寸法を5cmとすると，想定値に近いメッシュとなる．なお，流れ場に影響があると思われる形状は多少メッシュ数が増えても形状を無視してはいけない．
		吹出し・吸込み口	ノズルやアネモなど簡易化が必要な場合もあるが，できる限り忠実に形状を再現する．空間中に設定した吹出し口からは，吹き出されないソフトウェアもあるので，解析領域あるいは固体に接していることに留意する．
	条件入力	熱負荷条件	熱通過，熱伝達，発熱などを適切な場所に入力する．照明発熱，人体発熱などは，計画段階で位置が未定の場合もあり，その場合は仮想的に空間の空気から発熱させることも検討する．
		吹出し・吸込み条件	風量収支は厳密に一致させる．風速は丸めず，入力できる有効桁数すべてを使った値とする．
		メッシュ分割	極端に大きいまたは小さいメッシュを避ける．見た目にきれいなメッシュは，結果図もきれいになるうえ，計算も安定する．
		CFDに関わる条件	乱流モデル，差分スキーム，収束判定条件，計算回数，出力変数，物性（空気・水・固体）を選択する．
	入力チェック		入力終了後，全項目の入力値をチェックする．入力ミスは早期発見がCFD作業時間の短縮に直結する．特に形状が複雑で，大規模な対象では，必ず入力ミスがあるとの認識をもち，入念にチェックする．
ソルバー	計算中		残差，各方程式の反復回数をモニタし，正常に収束計算が行われているか定期的に確認する．特に計算開始と計算終了時の状態は必ず確認する．
ポスト	結果出力		評価者にとってわかりやすい可視化図とする．目的に応じた適切な断面・平面位置での分布とする．カラーコンターの場合は適切な色幅を選択する．
	結果チェック		可視化図にて発熱，吹出し・吸込みが設定どおりとなっているか，空間の平均温度，分布などが想定の範囲内であるかを確認する．想定外の場合は原因を明確にする．原因が不明な場合は，入力項目を再チェックし，入力ミスがないかを調べる．

3-2-2 ヒューマンエラーを起こしやすいポイント

計算で失敗する最も大きな原因は，**ケアレスミス**である．ミスを防止，早期発見，原因究明するためのポイントとして以下があげられる．

・入力終了時にすべての入力項目が正しいかチェックする．
・計算時の状況を随時モニタする．
・計算途中でも定期的にデータ出力や画像作成を行い，計算状況をチェックする．
・結果図を出力し，入力ミスなどの原因を考察する．

その他，以下のような点に留意する．

❶単位

単位はすべて統一する．sとh，WとkW，kWとkJ/hが混在しないよう注意し，物性値を含めすべて同じ単位を用いる．

❷高発熱体

照明などの**高発熱体**があり，放射計算を行わない場合は，あらかじめ放射熱量分 (5〜7割程度)

を周囲に分散させて壁面・床・天井近傍の空気中に与えて，非現実的な高温部分を回避する．

❸小さな吹出し口 (構造格子系の場合)

ノズルなどを矩形近似するとき，あるいは寸法を丸める場合，面積が小さくなる (10％以内が目安，$k\text{-}\varepsilon$ モデルの噴流の到達距離が実際より10％程度短くなるため) 方向に近似する．さらに，多少正方性が崩れても可とする．

❹斜め吹出し条件 (構造格子系の場合)

吹出し風速と風量が異なるので，その場合は吹出し面積で調整する．45°以上傾けて吹き出す場合は，固体を設置してそこから吹き出す．

❺斜め壁の熱負荷条件 (構造格子系の場合)

形状が階段状になるので，面積が合っているかをチェックし，合わなければ面積を調整するか，熱通過率・熱伝達率・単位発熱量で調整する．

3-2-3 発熱・放射の扱い

熱負荷は，設計時の熱負荷計算を参照して境界条件を設定する場合が多く，その際に放射の取扱いに注意が必要となる．例えば**直達日射**は，熱負荷計算ではガラス面から侵入する熱量として計算されるが，実際には，ガラス面を透過して床などを温め発熱する．さらに発熱した床面に加え，照明，OA機器，人体などの内部発熱は，放射によってあらゆる方向に伝熱されるため，CFDを行う際には放射連成解析が必要となる．しかし放射連成解析は，解析領域に接する面を含めたすべての躯体，什器の物性値を入力する必要があり，設計時の限られた時間内にCFDを行う場合の大きな障壁となっている．

一方，放射連成解析を行わずに，発熱量をそのまま発熱部位に与えると，発熱体上部に実現象と異なる強い上昇気流を生じ，それが空間全体の流れを支配してしまうこともある．そこで，放射連成解析を行わずに大まかな放射伝熱現象を考慮する方法として，発熱量を対流成分と放射成分に分離し，放射成分を別の発熱体として扱うことがある．例えば，放射成分を空間全体の空気に発熱として与え，残りの対流成分を発熱部位に与える方法が比較的簡易である．照明，OA機器，人体などの発熱体の放射成分の割合は，ASHRAE Handbook[1]に詳しい．

3-2-4 吹出し口の扱い

吹出し気流は室内の流れに大きな影響を及ぼすにもかかわらず，**アネモスタット型**吹出し口のように形状が複雑であったり，**ブリーズライン型**吹出し口のようにアスペクト比が大きかったり，**ノズル型**吹出し口のように形状が丸いなど，形状を忠実に再現することは困難な場合が多い．また，直交格子に対して斜めに吹き出される場合は，吹出し風量と吹出し風速の両方を再現することができないため，注意が必要である．なお，空気調和・衛生工学会のBIM・CFDパーツ開発応用小委員会では，「**CFDパーツ**」として各種吹出し口をCFDソフトウェアで簡単に入力・再現できるようにモジュール化し，公開している[2]．

❶アネモスタット型吹出し口

一般的にアネモスタット型吹出し口は非常に複雑な形状をしており，これを再現してCFD解析を行うには大きな労力が伴う．よって，通常はBox法やP.V.法などの手法を用いて形状を簡略化する．詳細は付録B-5❼項を参照されたい．

❷ブリーズライン型吹出し口

ブリーズライン型吹出し口は，有効開口の寸法で吹出し形状を再現すると，吹出し風速が実際と一致する．吹出し口の幅が細いために，CFD上で幅を太くして長さを短くしたり，吹出し

風速を小さくしたりすると，気流性状が実際と全く異なってしまうため，できる限り実際の寸法とする．ブリーズラインのダブル，トリプルはまとめて一つの開口としても，幅の合計が実物の有効開口幅の合計と同じであれば結果に影響は少ない．ただし，標準k-εモデルは，**コアンダ効果**の影響が実際よりも強くなる傾向があり，ライン型の吹出し口と窓面との距離が明確に決まっていない段階で，安易にライン型吹出し口を設置すると，吹出し気流が窓面に付着してしまうため注意が必要である．

❸ノズル型吹出し口

ノズル型吹出し口は大空間で利用されることが多いため，解析モデル全体のメッシュ数が多くなる傾向がある．丸い形状を正方形で近似した場合や吹出し口の配置によっては，隣接するメッシュとの関係で極端に小さいメッシュが生成されることがあるので，注意が必要である．その場合は，隣接するメッシュに合わせてノズル位置をずらす，ノズルの寸法を丸めるなどの近似を行う．ノズルの寸法を丸める場合は，標準k-εモデルの自由噴流の到達距離が短くなるという性質を考慮して，面積が小さくなるようにし，その分，吹出し風速を大きくして風量を実際と一致させるなどの工夫が用いられる．

❹ビル用マルチユニット吹出し口

天井カセット型ビル用マルチユニットの冷房吹出し気流は天井面に沿った方向に吹き出されるため，吹出し口を天井面に設定せず，天井からせり出した仮想的なボックス形状をつくり，側面から斜めに吹き出されるよう設定する．斜め吹出しは下記の❻項の設定方法を参考に，吹出し面積，吹出し風速を決定する．

❺床吹出し口

旋回流型床吹出し口は複雑な形状を有し，たとえ形状を忠実に再現したとしても，標準k-εモデルでは吹出し気流の旋回成分が実際よりも早く減衰する．これは，標準k-εモデルがせん断応力を過大評価するためである．旋回流の再現が重要でない気流場の検討では，Koestelの式[3), 4)]などを用いて，床吹出し口の到達距離が合うように，吹出し口面積と吹出し風速を決定する．

❻斜めに設置された吹出し口

メッシュに対して斜めに吹き出す場合は，風量が吹出し面に対して直交成分の風速のみから求められるため，斜め吹出し風速の合成成分を実際に一致させると風量が減少し，45°吹出しで最小となる．風速の合成成分と風量を実際と一致させるためには，直交成分の風速の減少分だけ吹出し口面積を大きくする（図3.2.5）．さらに吹出し角度が45°以下となる面に吹出し口を設置する．例えば，ビル用マルチユニットの吹出し口のように水平に近い角度で吹き出される場合は，天井面から下に仮想的なボックス形状を作成し，その側面から斜めに吹き出す．また，

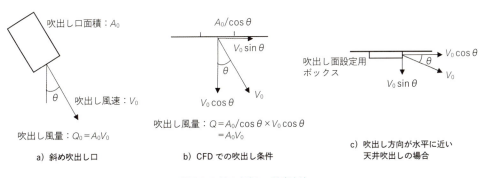

図3.2.5 斜め吹出しの設定方法

スタガードメッシュを採用している場合は，吹出し口を1メッシュとすると，設定より小さい角度で吹き出されるので，正確な吹出し角度を得るためには吹出し口を5×5メッシュ以上に分割する必要がある．

3-2-5 外壁面・ガラス面の扱い

❶境界面における熱のやり取りの扱い

外部との熱のやり取りをする室の外周部は，日射が透過しない外壁面と透過するガラス面に大別されるが，CFD上では透過日射の有無を除いて類似した取扱いとなる（ただし，ガラス面では透過日射を考慮する必要があるため，外部参照温度には相当外気温度は一般に用いない）．重要なポイントは，着目している室の外周部から室内に流入もしくは流出する熱通過量の総量が，想定値と一致していることである．熱伝達による熱授受の発生する壁などの場所は，実態と一致していることが望ましいものの，室に流入・流出する熱の影響は気流によって拡散されるので，発生場所の不一致が致命的となるケースは意外に少ない．むしろ設計実務では計算設定上の煩雑さや計算負荷の増加を避け，熱通過量の総量が一致する簡易な設定によって設計変更・再計算のターンアラウンドを短縮することで有用な結果を生む場合も多い．

外壁面・ガラス面に対しては，熱移動の設定方法の違いにより，図3.2.6のような境界面での扱いが一般に用いられる．以下にそれぞれの方法について示す（ただし，以下では「外壁面・ガラス面」を単に「壁」または「壁面」と表記する）．

a）**外部温度を規定**……物性値，厚みのある壁をメッシュで再現し，外側の熱伝達，壁内部の熱伝導，内側の熱伝達による熱のやり取りを計算する．外部温度には相当外気温度を用いる場合もある．内側の熱伝達には熱伝達率規定または壁関数を用いる．
- 用途：最も厳密な扱い．壁の熱容量を考慮した非定常解析や壁面での発熱を想定する場合にも用いることができる．

b）**壁の物性値と発熱量を規定**……厚みのある壁をセルで再現し，壁内部の熱伝導，内側の熱伝達による熱のやり取りを計算する．外側は断熱とする．内側の熱伝達には熱伝達率規定または壁関数を用いる．
- 用途：最も厳密な扱い．壁の熱容量を考慮した非定常解析や壁面での発熱を想定する場合に用いることができる．

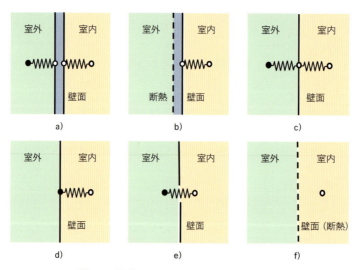

図3.2.6 外壁面・ガラス面における境界条件の設定

c）**外部温度を規定**……壁は直接再現しないが内壁表面温度が**計算節点**となり，壁の熱抵抗の影響を含めた外部〜内壁表面までの熱移動，内壁表面〜内部の熱伝達による熱移動を計算する[注]．外部温度には**相当外気温度**を用いる場合もある．内側の熱伝達には**熱伝達率規定**または**壁関数**を用いる．

・用途：定常解析において内壁表面温度を含めて計算したい場合に用いる．

注）内部の熱伝達率に放射の影響を考慮した総合熱伝達率を用いる場合，内壁表面における熱収支式は次のように表されるので

$$0 = k_o(T_o - T_{wi}) + h_i(T_i - T_{wi})$$

変形して，

$$T_{wi} = \frac{k_o T_o + h_i T_i}{k_o + h_i}$$

により内壁表面温度が求まる．

ただし，k_o：外部〜内壁表面間の熱通過率，h_i：内壁表面〜内部の熱伝達率，T_o：外部温度，T_{wi}：内壁表面温度，T_i：内部温度（通常は内壁表面に隣接する空気温度）

また，外部〜内壁表面間の熱通過率 k_o は次式により求められる．

$$k_o = \frac{1}{\frac{1}{h_o} + \sum_m \frac{L_m}{\lambda_m} + \sum_n R_n}$$

ただし，h_o：外部の熱伝達率，L_m：建材 m の厚み，λ_m：建材 m の熱伝導率，R_n：中空層 n の熱抵抗値

d）**内壁表面温度を規定**……内側の熱伝達による熱移動を計算する．内側の熱伝達には熱伝達率規定または壁関数を用いる．内壁表面温度が既知の場合，熱伝達率には放射の影響は通常含めない．

・用途：内壁表面温度が実験などにより既知の場合に用いる簡易的な扱い．

e）**外部温度を規定**……外部〜壁面〜内部の熱の移動を熱通過率[注]で表し，熱通過量を計算する．外部温度には相当外気温度を用いる場合もある．

・用途：簡易的な方法だが，外側の熱伝達，壁内部の熱伝導，内側の熱伝達を考慮した扱いが可能．

注）壁の熱通過率 U は次式により求められる．

$$U = \frac{1}{\frac{1}{h_o} + \sum_m \frac{L_m}{\lambda_m} + \sum_n R_n + \frac{1}{h_i}}$$

ただし，h_o：外部の熱伝達率，h_i：内部の熱伝達率，L_m：建材 m の厚み，λ_m：建材 m の熱伝導率，R_n：中空層 n の熱抵抗値

f）**熱通過量を規定**……日射による熱取得，壁面での発熱，熱通過量などを事前に別途計算しておき，室内側の壁面近接セルに発熱（または吸熱）として設定する．

・用途：後述するガラス面のように，複数の形態での熱移動が共存する場合によく用いられる．照明などによる放射を発熱として与える場合などは a）〜 e）の方法と併用することも多い．

解析領域外周部の境界条件を設定しない場合，解析ソフトウェアのデフォルト条件として断熱条件が設定されている場合が多いので，マニュアルなどで確認すること．

外気温度や相当外気温度から室温を想定して熱通過量を別途計算しておき，b)またはf)を適用して熱流を境界条件として与える場合，b)では壁内部に，f)では室内側の壁面隣接セルに発熱（または吸熱）として設定する．これらは簡易で実用的な方法であるが，計算で得られた室温が想定温度に近いことが必要で，乖離が大きい場合は再計算することが望ましい．

放射計算を実施する場合，室内表面温度を計算で求める必要があり，a)〜c)を適用する．この場合，壁表面と隣接する空気との間の熱伝達に放射の影響を考慮してはならない．

放射計算を実施しない場合は，放射伝熱量相当分を室内空間全体や壁内部に発熱（吸熱）として与える．なお，壁表面の熱伝達は，対流熱伝達と放射熱伝達の合計を指し，壁表面と隣接空気の熱伝達率に放射分を加味して熱移動量を求める場合も多い（壁と隣接する空気温度が，その壁面が受ける熱放射の影響を代表する平均放射温度MRTに近似しているとすれば，5 W/(m²·K)程度を加算すればよい．この場合は，壁-壁間の熱移動を壁-隣接空気の熱移動に置き換えたことになる）．この場合，対流による熱伝達のみを取り扱っている壁関数の適用は妥当ではなく，壁と隣接する空気に対する対流熱伝達率に放射熱伝達率の影響を加えて設定する．

非定常計算を実施する場合，特にコンクリートなどの熱容量のある外壁の応答性を考慮する条件では，a)またはb)として壁の熱容量を考慮する．木質系の壁やガラスなどの相対的に軽量な材料を想定する場合は，壁の熱容量は考慮しない場合も多く，また定常条件のみを検討対象とする場合も，熱容量は計算結果に影響しないため，c)が適用できる．

❷外壁面および屋根における熱通過量

隣室が同条件で空調されている室内を解析する場合には，隣室との境界壁面を断熱と仮定できる．しかし，外壁に面した室や日射が照射する屋根面（ここではいずれも壁と呼ぶ）を想定しなければならない場合には，外気温度または相当外気温度に対する熱通過量が流入するものとして熱的境界条件を与える．熱通過量は次式により計算する．

$$q = U(\text{SAT} - T_{\text{in}}) \tag{3.2.1}$$

ここで，q：単位面積当たりの流入熱量 [W/m²]，U：熱通過率 [W/(m²·K)]，T_{in}：屋内温度 [℃]，SAT：相当外気温度 [℃] である．相当外気温度は次式で与えられる．

$$\text{SAT} = T_a + \frac{a_s}{h_s}J - \frac{\varepsilon_s}{h_s}J_n \tag{3.2.2}$$

ただし，T_a：外気温 [℃]，a_s：日射吸収率 [-]，J：日射量 [W/m²]，ε_s：放射率 [-]，J_n：放射冷却量 [W/m²]，h_s：外気側表面熱伝達率 [W/(m²·K)] である．

日射量は対象とする地域，季節，時間について標準気象データなどで求めた散乱日射量および直達日射量（または直散分離したデータ）から，各壁面の角度，方位を考慮して直達日射量の法線方向成分を求め，散乱日射量に加えた値を使用する．

壁面，ガラス面の取扱いには図3.2.6のようなバリエーションが考えられるが，熱通過量の式は熱伝達の式と同じ形なので，境界条件として単純な熱伝達が選択できる場合には，図中のe)を適用し，これを用いて流入熱量を計算する．解析ソフトには壁関数として表面熱伝達を計算する機能が備わっているものが多いが，熱通過量を想定する場合にはこれを用いてはならない．あるいは，想定した室内温度に対して壁面ごとに流入熱量を計算しておき，f)を適用して内壁表面に隣接するセルに発熱として与える．前者の場合，室内の温度分布による各部流入熱

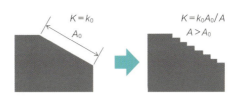

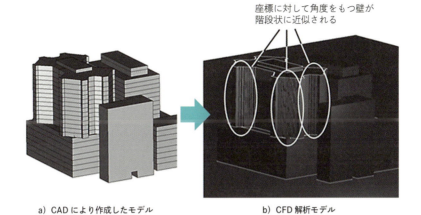

a) CADにより作成したモデル　　b) CFD解析モデル

図3.2.7 斜め方向となる壁面を想定した例

量の差を表現できるのに対し，後者はあくまで想定した室内温度に対する流入熱量を表している．しかし，後述するガラス面のように，さまざまな形で流入する熱量を総合的に扱うには，壁に隣接するメッシュに発熱として与える方法は簡便である．後者においてより正確な計算を行うには，予備的な解析結果により求めた室内温度を用いて流入熱量を求め，再度解析する方法が考えられる．

　直交構造格子を用いて解析する場合には，メッシュ方向に対して斜め方向となる壁面を想定すると，階段状の近似をすることになる（図3.2.7）．このような場合，モデル上では壁面の面積が実際よりも大きく評価されることとなるので，熱通過量が実際の面積分に対応するよう熱通過率などで調整する必要がある．例えば，表面積A_0の壁面を階段近似した結果，表面積Aとなった場合，熱通過率を$k_0 A_0 / A$（k_0：本来の熱貫流率）として用いるなどして，本来の熱通過量を再現する．

❸ガラス面における熱取得量

　窓やファサードなどのガラス面では，内外温度差による熱通過のほか，**日射による熱取得**がある．**図3.2.8**に示すようにガラスに入射する日射は，ガラス面を反射，透過するかまたはガラス面に吸収される．ガラス面に吸収された熱の一部は，熱伝達（対流と放射）により室内側に放熱される．これらの割合はガラスメーカーから製品ごとに公表されているので，解析対象に合わせて事前に計算しておく．厳密には吸熱の室内側放熱はガラス面から室内への熱伝達であるため，a) を適用してガラス内に吸熱相当分の発熱を設定し，放射対流連成解析を行ってガラスの内側表面温度を求める必要があるが，放射計算が煩雑であることから実用計算では e) を適用し，吸熱の室内側放熱成分の放射分と対流分をまとめてガラス面に隣接するメッシュに発熱として与えることが多い．直達日射の透過成分については，日射が照射する床面領域を求め，この部分の壁に発熱として設定して設定するか（吸収率を考慮して設定し，残りの反射成分を空間に与えることもある），壁に隣接するメッシュに発熱として与える．

ガラス面のモデル化の例（図3.2.8を参照）……屋内温熱環境の解析においてガラス面のモデル化は

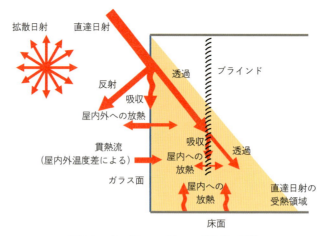

図3.2.8 ガラス面での日射による熱取得の形態

しばしば重要な問題となる．以下に簡易なf)の取扱いを適用する場合を想定し，ガラス面をモデル化する際の具体例について順を追って示す．

- 気象データより解析対象とするガラス面の方位，角度を考慮し，対象ガラス面への拡散日射量，直達日射量を求める（必要な場合は直散分離の計算を行う）．
- ガラスメーカーのデータを用いて，拡散日射＋直達日射によるガラスへの吸収熱量および透過熱量を求める（ガラスメーカーのデータにおいて，「日射熱取得率」−「透過率」は吸収熱量のうち室内側へ再放出される成分の日射量に対する比率を表す）．
- ガラスメーカーのデータから熱通過率を求め，想定する内外温度差による熱通過量を計算する．
- ガラスの室内側表面にf)の方法を適用し，ガラスへの吸収熱量のうちの室内側再放出成分（室内側熱伝達率／（室内側熱伝達率＋室外側熱伝達率）．通常9/(9+23)が用いられる．）＋内外温度差による熱通過量相当分を発熱させる．吸収熱量の発熱として別途取り扱う場合，外部参照温度には外気温度を用い，相当外気温度を使用してはならない．
- 透過日射については，室内に照射する場所が想定できる場合には，その場所の床や壁面に発熱として設定する．照射範囲が想定できない場合には，室内側空間の適当な場所に発熱として設定する．
- 透過日射がブラインドやロールスクリーンに照射する場合の取扱いに関しては❹項に，室内側にガラス面を有するAFWやダブルスキンの扱いに関しては3-3節に示す．
- 冬期についてはコールドドラフトなどの検討を行うことが多く，この場合には安全側を見て日射を想定せず，内外温度差による熱通過のみ設定する場合も多い．

❹ブラインドやロールスクリーンの扱い

窓面にはブラインドやロールスクリーンが併用されることも多い．窓面からの日射透過成分がブラインドやロールスクリーンに照射する場合には，日射が入射するガラス面と同様に，ブラインドなどからの透過成分とブラインドなどへの吸収を考慮する．

透過成分は，到達範囲を求めてその部分の床などに発熱として設定するか，空間に分配する．

吸収成分は，最も厳密に取り扱う場合，ブラインドやロールスクリーンの形状を再現したうえで，内部に吸収分の発熱量を設定し，放射対流連成解析を実施する．しかし，ブラインドは解析対象領域の室内に比べて複雑なので，日射熱取得の影響の把握を目的として簡易な取扱いをする場合が多い．この場合，図3.2.9 a)のようにメッシュ界面に厚さがなく空気が通過でき

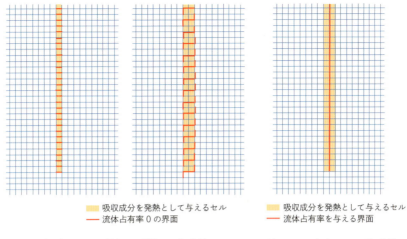

図3.2.9 ブラインドおよびロールスクリーンのモデル化と日射吸収成分の与え方

ない壁（バッフルなど解析ソフトウェアによって呼び名が異なる）を用いてブラインドなどを表現し，これに接するメッシュに吸収成分を発熱として与え，必要に応じてブラインド部分では双方向に気流が通過できる開口部を設定する．ロールスクリーンの場合は図3.2.9 b)のように厚さがない壁を用いて作成し，その両側のメッシュに発熱を設定する．

窓やファサードなどのガラス面には，サッシなどで日射が遮へいされる部分がある．この面積の比率が無視できない場合，すべてをガラス面と仮定して解析を行うと取得熱量が過大に評価される．ガラス部分とサッシ部分との面積比を考慮した物性値の補正を行うことが望ましい．

3-2-6 境界条件の設定に関するノウハウ

境界条件の設定が解析結果を左右する場合も多い．以下に，熱移動の扱いや境界条件の設定に関するノウハウを示しておく．

❶熱通過負荷（例：設計用負荷計算の結果をCFDに適用する場合）

悪い例：図3.2.6のb）またはf）を適用し，設計負荷を解析対象領域の空間や壁内部に発熱（または吸熱）として与える．→あり得ない空気温度が発生する場合がある．例えば暖房時に床面近傍で外気温より低い温度になる，冷房時に天井付近の温度が異常に高くなるなど．

理由：設計負荷は室内および壁面温度を平均値として扱っているが，CFDでは分布をもつため，そのまま発熱（または吸熱）として均等に与えると，特に気流が停滞している場合など，過剰に温度上昇・下降する箇所が発生してしまうことがある．

良い例：設計用負荷計算に用いた熱通過率あるいはそれに相当する値を使用し，図3.2.6のe)などを適用して相当外気温度からの熱貫流量を計算する．→あり得ない温度を回避できる．

理由：壁と隣接する空気温度が規定した相当外気温度にコントロールされるため．

❷壁の熱通過（例：断熱性の悪い事務所ビルの冷房時の日射の当たる壁）

悪い例：壁面・ガラス面の扱いとして図3.2.6のc）やe）を適用し，熱通過率と相当外気温度を与える．→過大な壁面での空気温度上昇と上昇気流を生じる場合がある．

理由：壁表面での熱伝達は放射と対流によるが，放射の影響を対流に含める上記方法では壁に隣接する空気温度の過大な上昇を招く．

良い例：内壁表面と隣接空気の熱伝達率は対流成分のみ考慮する．また，放射成分は放射計算を行うか，放射伝熱分を発熱として空間全体に与える．→妥当な空気温度が得られる．

理由：実際に生じる熱移動メカニズムを模擬できているため．

❸ 照明負荷の取扱い1（例：対象：天井）

悪い例：照明部分に全発熱量を与える→天井付近に過大な高温域を生じる．

良い例1：放射成分，可視光成分を分離して流体中に適切に分配する．→それらしい温度分布が得られる．

良い例2：可視光成分を分離し，放射成分は放射計算を行う．→最も正確な温度分布が得られる．

❹ 照明負荷の取扱い2（例：天井レタンチャンバ方式）

悪い例：発熱をすべて室内に与える．→過大な室温上昇を生じる．

良い例：安定器発熱分は天井裏に与える．→妥当な温度分布が得られる．

❺ 発熱体の取扱い（例：床面）

悪い例：什器のレイアウトが未定であるため，床面に発熱を与える．→冷房時，室内の上昇・下降気流が過大となる．

良い例1：居住域全体の空間に発熱を与える．→冷房時，静穏な気流となる．実際に比べて分布が生じにくい．

良い例2：什器を決定し，本来の発熱箇所（人体発熱の場合は椅子など）に発熱の対流分，壁面に放射分を与える．→ほぼ正確な温度分布が得られる．

良い例3：什器を決定し，人体形状も与えて放射計算を行う．→正確な温度分布が得られる．

3-3 各種室内環境への適用事例

CFDを用いた環境・設備設計シミュレーションを行ううえでの一般的な注意事項は前節までで述べたとおりである．ここでは，実際に環境・設備設計シミュレーションの実務において頻繁に取り上げられるいくつかの解析対象空間について，それぞれ注意すべき点や解析設定上の工夫点，計算結果で着眼すべき内容などについて解析事例を踏まえながら紹介する．

3-3-1 AFWやPPWを有する事務室などのペリメータゾーン

❶ 特徴

実務計算においては，照明器具や空調吹出し口の配置などの屋内側仕様が定まっていない段階で，**ファサード〜ペリメータゾーン**の仕様検討のため，**AFW**（エアフローウィンドウ）や**PPW**（プッシュプルウィンドウ）を有するペリメータゾーンについての検討が要求されることが多い．

❷ AFWの解析方法

ここでは2枚のガラス面を有するAFWを解析する場合について示す．PPWの場合は，単にシングルガラスと空調吹出しの組合せとなるので，基本的にはこれまで述べた窓面のモデル化手法が適用可能である．

方針としては，図3.3.1に示すように
- AFW内部の熱移動現象に関する計算を事前に実施し，室内側ガラス表面から室内側をCFD解析する．
- AFW内部を含めてCFD解析する（AFW内気流速度は与条件）．

の二つが考えられる．

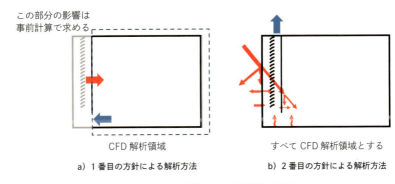

図3.3.1 AFWの解析における2種類の方針

　室内側のガラスに日射が照射した場合，厳密には多重反射して再び屋外に出ていく熱も存在する．これを厳密に扱うには，CFD以外の手段（各部の温度を未知数として連立方程式を立て，数値解を求める方法[1]など）により事前に室内側への通過熱量を求めておき，内側ガラスから室内側のみを解析対象とする方法（上記前者の方法）を採用する．しかし，この方法はCFD解析前に専門知識を要する熱解析の実施が必要となること，解析結果として内側ガラス表面から室内側しか表示されず，一見してAFWのCFD解析を実施していることが判然としないことなどから，適用されることは比較的少ない．

　後者の方法では多重反射を厳密には扱わないことが多く，AFW内部の受熱量が若干大きく評価される．しかし窓面の設計では，ペリメータゾーンの温度上昇を抑えるための対策検討などの目的でCFD解析が行われることが多い．多重反射を考慮しないこの想定は対策検討のうえで安全側の設定となるので，問題となることは少ない．

　後者の方法でAFW内部を含めてCFD解析する場合，ガラス面における取得熱量の解析は，基本的には3-2-5❸項に示した手法をガラス2枚分について行えばよいこととなる．ただし，AFWの場合には外部側ガラス面と室内側ガラス面の間にブラインドやロールカーテンが設置される場合がある．この場合，窓面のモデルは図3.2.8の室内側にもう1枚ガラス面を加えたようなモデルとなる．ブラインドやロールカーテン，室内側ガラスに対しては，外部側ガラスを透過した直達成分がそれぞれの部材を順次透過しながら各照射位置に到達すると考え，各部日射到達範囲における吸収分を発熱として設定し，必要に応じて熱伝達率の設定も行う．このときのブラインドやロールカーテンに対する発熱の与え方は3-2-5❹項および図3.2.9に示すとおりであるが，室内側ガラスを厚さのない壁で表現した場合は，ロールカーテンの場合と同様，その前後の空間メッシュに吸収熱分を分配し，中空層側から室内側への熱移動が適切に行われるように，壁の物性や熱伝達率の設定を行う．

❸インテリアゾーンのモデル化

　ファサード〜ペリメータゾーンの環境に注目した解析を行う場合，インテリアゾーンについて空調吹出し口や発熱源を詳細にモデル化すると，かえって現象を把握しにくい場合がある．また先述したように，インテリアゾーンの検討は照明器具や空調吹出し口の配置などの仕様が

明確になっていない段階で行われる場合も多い．このような場合，思い切ってインテリアゾーンの空調気流として非常にゆっくりした一方向流を想定したり，発熱を室内均等に与えるなどして，インテリアゾーン側の解析結果ができるだけ均一な温度分布となるようモデル化するのも一つの方法である．

❹解析結果の出力に関する工夫

夏期，冬期の運用状況を比較して示すような場合，同じ温度レンジで示すと，冬期は低温，夏期は高温ということしか示せない図となってしまう．このような場合，各条件について設定温度を中心に同じレンジ幅で温度分布を示したり，夏期，冬期の設定温度付近の色が大きく変化しないようなレンジを用いるようにすると，設定温度からのずれ量の分布がよく理解でき，コールドドラフトや高温領域の有無を確認しやすくなる．

また温度分布，気流分布の出力に加えてPMVやSET*など温熱快適性指標を示すと，温熱環境がより把握しやすくなる．最近の解析ソフトにはこれら温熱快適性指標を計算する機能を備えたものもあるが，そうでない場合には，解析結果から温熱快適性指標を計算できるよう準備しておく．

❺解析事例

図3.3.2は，このような方針でファサード～ペリメータゾーンの温度分布を解析した事例である．夏期，冬期の解析結果を，すべて設定温度が緑色となるよう調整した温度レンジで示し

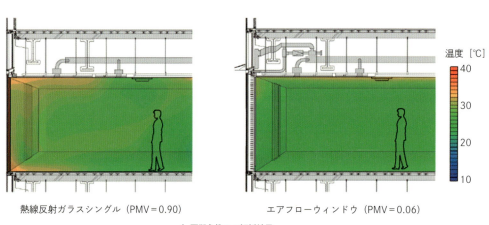

熱線反射ガラスシングル（PMV＝0.90）　　　　エアフローウィンドウ（PMV＝0.06）

a) 夏期条件での解析結果

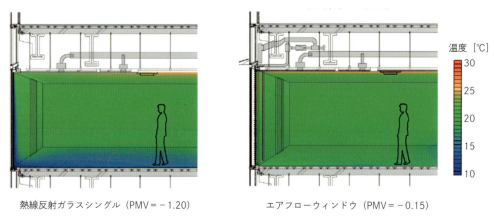

熱線反射ガラスシングル（PMV＝－1.20）　　　　エアフローウィンドウ（PMV＝－0.15）

b) 冬期条件での解析結果

図3.3.2 ファサード～ペリメータゾーンの温度分布解析事例

であるので,統一的に状況を比較することができる.またこの例では,解析結果から求めたPMVも示されており,どの設計が良好な温熱環境を実現するものかを定量的に判断できる.

3-3-2 ダブルスキン

❶特徴

AFWの場合と同様に,**ダブルスキンファサード**も屋内側仕様が定まっていない段階で検討することが多い.ダブルスキンの解析では,中空層を含む2枚のガラスとブラインドをモデル化する必要があるという意味でAFWの解析とよく似ている.しかし,ダブルスキン内の風量は自然換気によるために既知でない点,フルハイトのダブルスキンでは,特定の階における温熱環境を検討する場合であっても,ダブルスキンの高さ方向すべての領域を解析しなければならない点などが異なる.

❷ダブルスキンのモデル化

ダブルスキンの場合,以下の方針 (図3.3.3) が考えられる.

- ダブルスキン換気風量を仮定,外部条件や室内条件を想定して中空層内部から内側ガラスまでの熱移動現象に関してCFD以外の手段により事前の計算を行い,中空層内温度や室内側への熱量などを求める.これを境界条件として,対象階の室内側ガラス表面から室内領域をCFD解析する.
- ダブルスキン換気風量を仮定,その結果を用いて中空層内部を含めてCFD解析する.
- 別モデルで屋外〜ダブルスキン中空層を含む建物周辺の流れ,温度分布をCFD解析する.その解析結果から対象階高さにおける中空層内の温度や室内への熱流などを境界条件として,その階の室内ガラス表面から室内側をCFD解析する.
- 建物周辺からダブルスキン中空層,対象室内を含む全体をモデル化し,すべての領域における温熱環境を同時にCFD解析する.

ダブルスキンの場合も,各部の熱的な扱いは基本的に3-2-6項で述べたガラス面の扱いの組合せである.

上記1番目の方針は,3-3-1項に示したAFWの場合と同様にダブルスキン内部の多重反射を考慮したい場合などに適用可能である.この場合,先述したように各部の温度を未知数として連立方程式を立て,数値解を求める必要がある[1].

ダブルスキン換気風量は駆動力が内外温度差や風力による自然換気によるため既知でない.自然換気を伴う空間のCFD解析では,2-2-2項および図2.2.4に示したように,対象領域のみモデル化して開口部を自由流入・自由流出境界とした場合には正しい結果を得ることができず,換気風量を(すなわちダブルスキン内の温度分布を)正しく評価できない.2番目の方針では流入・流出境界のいずれかを速度規定とすることで解析が安定するが,1番目,2番目の方針のいずれも,中空層内の自然換気風量を仮定しなければなればならない.実験結果などが存在する場合にはこれを適用できるが,そうでない場合には適当な自然換気風量を規定したシミュレーション結果から中空層内の平均温度を求め,内外の温度差,開口部に作用する風圧力,ダブルスキン内通気抵抗などから換気風量を修正し,再度CFD解析する作業を定常となるまで繰り返す方法が考えられる.この方法は手間がかかるが,対象建物が大規模で3番目および4番目の手段が取れない場合には,それなりに有効な方針である.

一方,上記3番目,4番目の方針では,CFD解析の過程で自然換気風量が定まり,再計算の必要がない.しかし,特に4番目の方針では,分解能の異なる屋内外および中空層内のすべてをモデル化する必要があり,高層建築物のフルハイト型ダブルスキンを対象とするような場合

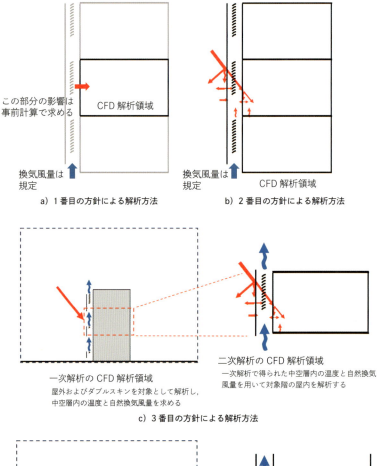

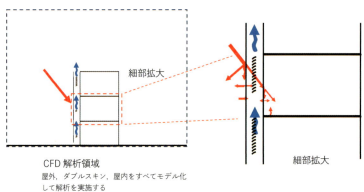

図3.3.3 ダブルスキンの解析における4種類の方針

など計算量が膨大となって解析の実施が困難あるいは不可能となる場合がある．3番目の手法は，単一モデルで計算量が膨大となってしまう場合に問題を分割して解析するものであり，実用的な方針といえる．

❸解析事例

図3.3.4は最後の方法で実施したダブルスキンの温熱環境解析結果である[2]．フルハイトのダブルスキンではダブルスキン内の鉛直方向に大きな温度差が生じることがわかる．このため，特定階での温熱環境を対象とした場合でも，ダブルスキンについてはすべての階を対象とした解析が必要となることが理解できる．

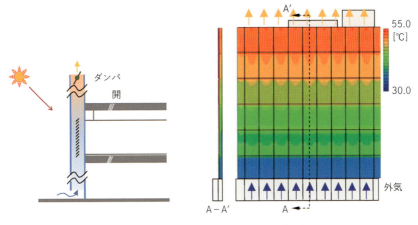

図3.3.4 ダブルスキン中空層内の鉛直温度分布

3-3-3 大空間(ホールなど)

❶特徴

　劇場やホールなどの大空間では，空間のスケールに対して吹出し口などの細部の形状が相対的に細かくなる．また階段状の客席をもつなど室形状が複雑な場合も多く，これらを再現できるよう格子分割に注意する必要がある．熱的にも舞台照明など特殊な照明負荷を使用することが多く，放射成分の分配に注意が必要となる．さらに天井が高いため，室内は成層的な温度分布となる傾向がある．特に置換換気を採用している場合はその傾向が顕著となる．

❷吹出し口のモデル化

　噴流の到達距離を正しく計算するため，吹出し口のモデル化を中心に格子分割する．吹出し口面積を正確にモデル化し，吹出し口の断面内に複数メッシュを確保するよう格子分割する (5×5メッシュ以上が望ましい)．空調気流の噴流到達距離は経験式からも予測できるので，試行計算で解析結果の噴流到達距離が正しく再現されることを確認し，噴流到達距離が良好に再現できない場合には，吹出し口およびその付近の格子分割数を増やすことで改善を行う．大空間の問題では，全体的なメッシュ数が大きくなるとともに，吹出し口の数も多いため，格子分割の変更のみで噴流の再現性を改善できないことも多い．このような場合には，次のような方法が適用されることも多い．

・風量を実際の条件に一致させたまま吹き出し開口面積を実際よりも若干小さくとり，吹出し風速を増大させる．ノズル吹出しの場合に有効である．

・ライン型吹出しの場合，**コアンダ効果**により噴流が壁面に付着してしまい，正しい気流分布が得られない場合がある．この現象は，計算初期において気流分布が確定しないままライン状の噴流が発達してしまうと，これを横断する流れが再現できないため生じるものである．このような問題を避けるには，実際の吹出し口が長い1本のラインであったとしても，短い複数本のライン吹出しに分割してモデル化する方法が有効である．隣り合う吹出し口の間は，気流が横断できるよう2～3メッシュ程度を確保する．

・標準k-εモデルを適用し，限られたメッシュ数で吹出し気流を再現しようとする場合には，吹出し境界条件として設定するkおよびεが大きな粘性効果を生じさせてしまい，噴流到達距離が再現できなくなる場合がある．このような場合，吹出し口におけるkおよびεにはできるだけ小さな値 (0ではない値で，例えば10^{-4}など) を与えると，噴流の再現性を向上させることがで

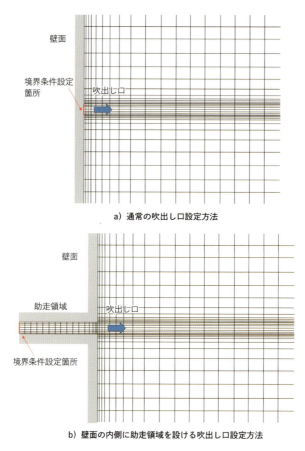

a) 通常の吹出し口設定方法

b) 壁面の内側に助走領域を設ける吹出し口設定方法

図3.3.5 壁面の内側に助走距離を設ける吹出し口設定方法

きる場合がある．これらの乱流統計量は，室内に気流が供給されてから発達するようになる．
・吹出し口の設定方法として，壁面に境界条件を設定する通常の方法ではなく，**図3.3.5**のように壁面の内側に助走領域を設ける形で作成するよう変更する．このようにモデルを変更すると噴流到達距離の再現性が大きく向上する場合がある．

ただし，これらの方法を適用した場合には，CFD以外の手段（実測や経験式）で得られた噴流到達距離との比較により，現象が正しく再現されたことを必ず確認することが重要である．

❸放射成分の分配

劇場やホールなどの用途で使用される**大空間**では，特にステージにスポットライトなどの特殊な照明を使用する場合が多く，可能であれば放射計算を行うことを勧める．放射計算を行わない場合には，可視光成分を床近傍に，残りを空間と天井面に配分し，発熱として与える方法がよく用いられる．先述したように，ステージに使用される照明には，演出効果を目的とした特殊な照明機器なども用いられ，通常の照明機器とは大きく仕様が異なる場合もある．また，これらの照明を同時に使用することは極めてまれである．このため各種照明の**発光効率，同時点灯率**をよく考慮して発熱条件を設定する必要がある．

❹成層的温度分布の再現

大空間では天井が高いため，室内は成層的な温度分布となる傾向がある．このような温度場の解析は十分な反復計算を必要とするので，収束判定値のみで判定することなく，反復計算の途中で温度分布を見て判断する必要がある（2-6節を参照）．

3-3-4 喫煙室

❶特徴

近年,受動喫煙の防止手段として**喫煙室**の設置数が大幅に増えている.喫煙室の設計では
- 効果的な分煙対策により煙を室外に出さないための条件
- 室内の**空気質**環境を確保するための換気性能の実現

が重要であり,前者に対しては開口面での風速の確認や喫煙室外への煙流出の有無,後者に対しては煙分布や空気齢分布によりよどみの有無を評価することなどがCFD解析を行う主な目的となる.

❷室空間のモデル化

喫煙室入口の開口面付近では,扉の開閉,温度差による対流,人の出入りの影響を受ける.しかし,扉の開閉や人の出入りの影響を考慮するには移動物体の扱いが必要であり,多くの市販ソフトではこのような解析機能を有していないため,このような検討を行うことは一般的ではない.実務計算では,機械換気,空気清浄機の効果および温度差による対流の影響のみ想定した検討を行うことが多い.喫煙室内がその外部に比べて高温である場合,喫煙室の開口部分では上部で喫煙室からの流出,下部で非喫煙室から喫煙室への流入を生じようとする.喫煙室には比較的高密度で在室者が存在することが多く,周辺の非喫煙室よりも大きな人体発熱が存在する.開口面での対流を考慮するには室外を含めた対象領域を設定する必要があるため,可能な限り喫煙室が設置される通路や事務室を含めた広い領域をモデル化する.

❸たばこのモデル化

人体発熱などに対して,たばこによる発熱は自然対流の駆動力として支配的な要因ではないと考えられるうえ,たばこのスケールは室空間に対して非常に小さくモデル化が困難なため,通常はこれをモデル化することはない.空気清浄機によるたばこ煙の除去性能も100%ではない.厳密にこれを扱うには,空気清浄機の吸込み口濃度に対して除去性能を考慮した吹出し濃度を設定する必要がある.特にたばこの匂いやガス成分を対象とする場合には,**エアフィルタ**による除去効果が期待できないため,吸込み口濃度に応じた吹出し濃度の設定が必須となる.しかし市販のソフトウェアではこのような設定が困難なことが多く,たばこの粒子成分に対しては100%に近い除去が可能なため,たばこ煙を粒子成分で代表させ,空気清浄機の吹出し口濃度を0とした解析を行うことが多い.

3-3-5 アトリウム・エントランス

❶特徴

アトリウム・エントランスは天井高が高く空間容積が大きいため,特に鉛直方向に成層的な温度分布が生じやすい.また広いガラス面が設けられていることが多いため,日射が室内の温熱環境に与える影響が大きい.特に吹抜け部分が各フロアにつながっているような場合,吹抜け上部の高温空気が上層階フロアの温熱環境に影響するほか,**トップライト**がある場合には,ここからの直達日射透過成分が各階のフロアに照射する場合があり,問題をさらに複雑にしている.また,特に冬期のエントランスでは,**煙突効果**により屋外の冷気が流入して温熱環境を悪化させる問題もある.

❷ガラス面の境界条件

ガラス面での日射熱の扱いについては前に述べたとおりであるが,**アトリウム**ではガラス面に**マリオン**などの比較的大きな遮へい物が組み込まれるため,ガラス部分と**サッシ**やマリオン

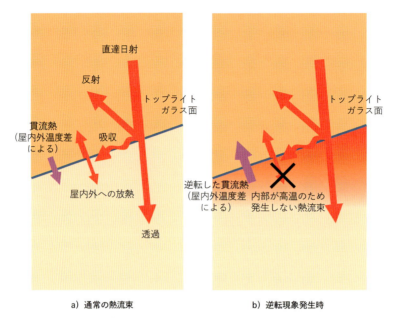

a) 通常の熱流束　　　　　b) 逆転現象発生時

図3.3.6 トップライトにおける熱流束方向の逆転現象と境界要件の設定

などの日射遮へい部分での日射吸収や熱抵抗の違いについて，それぞれの面積比に基づいて補正する．

　夏期のトップライトなどでは屋内側空気温度が外気温度を上回ってしまうことも多く，熱流の方向が内部から外部となることが起こり得る．熱通過率を想定し，不正確な室温を用いて求めた熱流を境界条件として与えてCFD解析を実施すると，実態と異なる結果となる場合がある．予備的な解析から求めた上部空間温度から熱流束の方向を判断し，境界条件を設定し直すなどの対応が必要となる (図3.3.6)．

　このような事態を回避するためには，以下の方法も有効である．簡単のためガラス面の熱抵抗は無視できるとして，ガラス面回りの熱収支はガラス面への日射吸収熱量をqと置いて

$$0 = h_o(T_o - T_g) + q + h_i(T_i - T_g) \tag{3.3.1}$$

　　h_o：外部〜ガラスの熱伝達率, h_i：建物内部〜ガラスの熱伝達率,
　　T_o：外部温度, T_g：ガラス温度, T_i：室内温度

により屋内外に分配される．これを変形して

$$T_g = \frac{h_o T_o + h_i T_i + q}{h_o + h_i} \tag{3.3.2}$$

一方，ガラスから屋内側への熱通過量$h_i(T_g - T_i)$に上式を代入して整理すると

$$h_i(T_g - T_i) = \frac{1}{1/h_o + 1/h_i}(T_o - T_i) + \frac{h_i}{h_i + h_o} \cdot q \tag{3.3.3}$$

となる．右辺第1項はガラス本体の熱抵抗を無視したガラス面の熱通過率に内外温度差を乗じた熱通過量を，第2項は吸収熱のうち室内側に再放出される成分を表している．したがって，図3.2.6のc) またはe) を適用して熱通過率を設定したうえで外部温度を規定し，さらに室内側

のガラス隣接メッシュに吸収再放出成分を発熱として与えれば，室温が上昇すると自動的に熱通過の方向は室内部から窓面へとなり，計算の手戻りは生じない．

・境界条件計算例：ガラス面積2 m^2，吸収日射量100 W/m^2，屋外総合熱伝達率23 W/(m^2・K)，室内総合熱伝達率9 W/(m^2・K)，外部温度36℃の場合．

$$\frac{1}{1/h_o + 1/h_i} = 6.5 \text{ W/(m}^2\cdot\text{K)}$$

$$\frac{h_i}{h_i + h_o} \cdot q \cdot 2 = 56.3 \text{ W}$$

したがって，外気温度36℃と熱通過率6.5 W/(m^2・K)を規定し，室内側のガラス隣接メッシュには発熱量として56.3 Wを規定することとなる．

なお，ガラス面に隣接するセルの室内温度が50℃のとき，ガラス内部温度は43.1℃となり，室内から窓面への熱通過が発生し，室内温度が26℃のとき，ガラス内部温度は36.3℃となり，窓面から室内への熱通過が発生することを再現することができる．

❸直達日射透過成分による取得熱の設定

吹抜け部分が各フロアにつながっている構造で**トップライト**からの直達日射がある場合，透過成分が各フロアの吹抜け付近に照射する．このような場合，各フロアのどの箇所に透過成分が照射するのかを求め，床面第一メッシュに発熱として与える必要がある．この透過成分の照射面を求めるには，複雑な三次元計算が必要となるうえ，太陽位置により刻々と変化するため，複数の時刻についてこれを計算することはかなり煩雑な作業となる．光環境シミュレーションソフトなどを流用して自然光の照射面を求め，その結果を用いて温熱計算を行うと便利かつ高

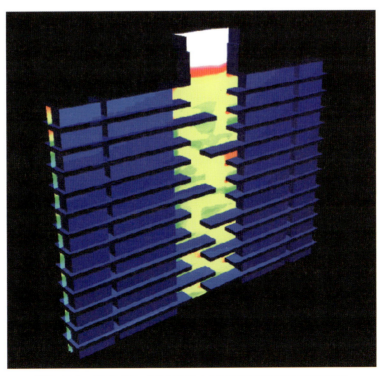

図3.3.7 トップライトからの日射を考慮した吹抜け空間内温度分布の解析事例

精度な条件設定が可能となる[3]．このようにして解析した吹抜け空間内温度分布の解析事例を**図3.3.7**に示す．

❹開口部の境界条件設定

　冬期のエントランスでは煙突効果による外気流入が問題となるが，流入境界条件として設定すべき流入風量は未知である．煙突効果の場合，建物内のさまざまな扉や隙間で連結された多数室の問題を解く必要がある．そこで，換気回路網計算ソフトを適用してあらかじめ煙突効果の問題を計算しておき，その結果から流入風量を求め，エントランスなどの境界条件として与える方法が考えられる．**換気回路網計算**ソフトの例としては，建築研究所が開発したVENTSIM[4]，米国NISTが管理するCOMTAM[5] などがフリーウェアとして利用できるが，COMTAMの最近のバージョンでは内部に簡単なCFD解析機能を有しているので，流入風量算定用の予備計算として利用するのに適している．

3-3-6 事務室

❶特徴

　事務室のCFD解析は，居住域の温度，気流が設計の意図どおりになっているかを確認する場合に用いられ，吹出し方式の検討，吹出し・吸込み口のレイアウト決定に利用される．事務室空調の特徴としては，吹出し口と居住域の距離が比較的短いことから拡散型の吹出し口が多く用いられる．熱負荷としては，熱通過負荷や，人体およびOA機器からの内部発熱が主であり，湿度が検討対象となる場合以外は，顕熱のみを扱う．本項では，事務室において，天井に吹出し口が設置されている場合を対象とし，**床吹出し空調**や**放射空調**などに関しては記述しない．なお，熱負荷に関しては床吹出し空調や放射空調（内部発熱のみ）とも同様に扱うことができる．

❷基本事項

　計算対象領域は事務室全体を対象とする．計算負荷削減のため，対称性を考慮したうえで1スパンのみの解析とすることも可能である．乱流モデルは標準k-εモデルが最も使用されている．また，PMVなどの温熱環境指標まで含めて検討する場合を除き，放射連成解析は行わない場合が多い．

❸境界条件の設定

吹出し・吸込み口……アネモ型の吹出し口や天井カセット型ビル用マルチユニットの吹出し口の設定は，前述のとおりである．またパッケージタイプの吹出し温度は，吸込み温度の影響を受けるため，吹出し温度を一定とせず，処理熱量から吹出し温度を決定すると能力不足による居住域環境の悪化を再現できる．なお，市販の商用ソフトウェアには吹出し温度以外に，機器能力を設定できるものもある．

熱通過負荷（外壁面，ガラス面）……外壁面には熱通過率と相当外気温度を，ガラス面には熱通過率と外気温度を与える．その際，冬期は熱通過率に方位係数を乗じた値を用いることで，方位別の補正を加味する．なお，熱負荷が大きい場合は熱伝達率を対流成分と放射成分に分離して，対流成分のみを壁面に与え，放射成分は空間全体に発熱として与える．さらに，ガラス面からの日射については，ガラスの透過率，標準日射熱取得を参考に，直達日射を透過率から日の当たる部分に与え，標準日射熱取得から透過率を差し引いた値を，ガラス吸収分の室内流入熱量として，ガラス面に接する第一メッシュ（空気側）に発熱として与える．ブラインドが閉の場合は，直達成分をブラインド表面（両側）から発熱させる．

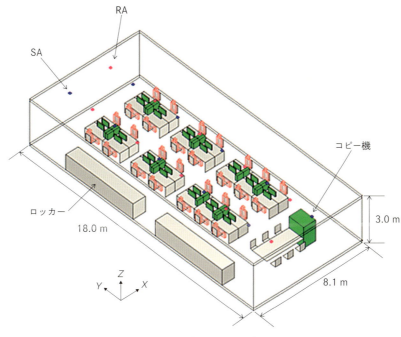

図3.3.8 事務室の解析対象

内部発熱負荷（人体，照明，OA機器）……それぞれの内部発熱は，対流成分と放射成分に分離し，対流成分はそれぞれの部位に，放射成分は空間全体に発熱として与えることで，放射連成解析をした場合に近づく結果となる．なお，什器レイアウトが決まっていない場合に，内部発熱負荷を床面に与えると，予期せぬ上昇気流を生じるため，同様に居住域の空間に与えるのが望ましい．

❹結果に対する考察

結果は主に居住域を中心に，温度分布，風速分布が許容範囲であるかを検討する．ペリメータ環境の温熱環境が知りたい場合は，放射の影響が無視できない場合が多く，放射連成解析を検討する．

❺事例

事務室における内部発熱の与え方に関するケーススタディを示す．解析対象は図3.3.8に示す約20 m×8 mの事務室である．ケーススタディは，発熱量すべてを発熱体に与えた場合（ケース1），発熱量を対流成分と放射成分に分離して与えた場合（ケース2），放射連成解析を行った場合（ケース3），什器がなく，内部発熱の照明を天井面にそれ以外を床面に与えた場合（ケース4），什器がなく，内部発熱の照明の対流成分を天井付近の空間に，それ以外を居住域の空間に与えた場合（ケース5）の5ケースとした．表3.3.1に各ケースの発熱に関する境界条件の詳細を示す．なお，放射成分の割合はASHRAE Handbookを参考とした．結果を図3.3.9に示す．放射連成解析を行ったケース3に対し，全発熱量を発熱体に与えたケース1は，発熱体上部に高温域が発生する．放射成分の熱量を空間全体に与えたケース2はケース1とケース3の中間の温度分布となっている．什器がなく，天井面と床面に内部発熱を与えたケース4は床面付近の温度が高くなることによる上昇気流が発生している．それに対し，空間に内部発熱を与えたケース5のほうが放射連成解析を行ったケース3により近い分布となっている．以上より，放射連成解析を行わない場合は，放射成分を空間に発熱させることで，改善が見られることがわかる．

表3.3.1 事務室の解析条件

共通	冷房	SA：アネモ×10個，RA×10個 吹出し条件：1 580m³/h，16℃	
ケース1	発熱量すべてを発熱体に与えた場合		発熱量〔W〕
人体	人体モデルに面積発熱	70W×28人	1 960
照明	天井面に体積発熱	145.8m²×10.5W/m²	1 530.9
PC本体	面積発熱	49W×28台	1 372
モニタ	面積発熱	36W×28台	1 008
コピー機	面積発熱	260W×1台	260
構造体負荷	断熱	―	―
		合計	6 130.9
ケース2	発熱量を対流と放射に分離して与えた場合		発熱量〔W〕
人体（放射）	領域全体に体積発熱	35W×28人	980
人体（対流）	人体モデルに面積発熱	35W×28人	980
照明（放射）	天井面に体積発熱	145.8m²×5.25W/m²	765.45
照明（対流）	床面に体積発熱	145.8m²×5.25W/m²	765.45
PC本体（放射）	体積発熱	44W×28台	1 232
PC本体（対流）	面積発熱	5W×28台	140
モニタ（放射）	体積発熱	22W×28台	616
モニタ（対流）	面積発熱	14W×28台	392
コピー機	面積発熱	260W×1台	260
構造体負荷	断熱	―	―
		合計	6 130.9
ケース3	放射連成（放射率0.9）		発熱量〔W〕
人体	物性：水	70W×28人	1 960
照明	物性：空気	382.725W×4か所	1 530.9
PC本体	本体の物性：空気	49W×28台	1 372
	面の物性：ポリカーボネイト樹脂	―	―
モニタ	本体の物性：ポリカーボネイト樹脂	36W×28台	1 008
コピー機	本体の物性：空気	260W×1台	260
	面の物性：ポリカーボネイト樹脂	―	―
天井	物性：天井（積層材）	―	―
	物性：ロックウール吸音板	―	―
床	物性：カーペット	―	―
	物性：床（積層材）	―	―
ロッカー	面の物性：スチール（内部：空気）	―	―
机	物性：合板	―	―
いす	物性：硬質ウレタンフォーム保温板	―	―
		合計	6 130.9
ケース4	什器なし：内部発熱の照明を天井面に，その他を床面に与えた場合		
ケース5	什器なし：内部発熱の照明の対流分を天井面に，その他を居住域（1.5mHまで）の空間に与えた場合		

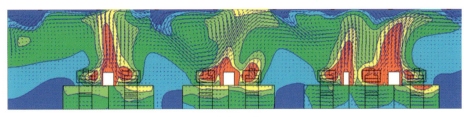
a) ケース1

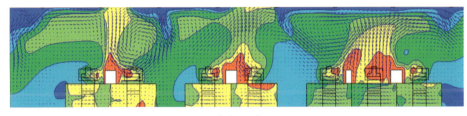
b) ケース2

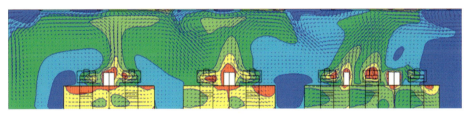
c) ケース3

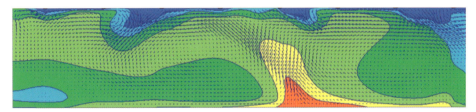
d) ケース4

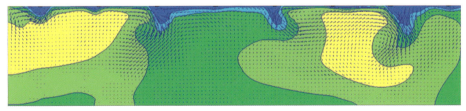
e) ケース5

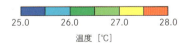

図3.3.9 事務室の解析結果

3-3-7 冷却塔・室外機

❶特徴

冷却塔や**室外機**は，複数台が密集した状態で設置される場合や，あるいは目隠しされたバルコニー内に設置される場合が多く，吹き出された空気がそのまま入口へと向かう**ショートサーキット**による機器能力低下の予測にCFDが用いられる．

❷基本事項

機器能力は外部風の影響を強く受け，外部風は躯体形状に左右されるため，周囲を含めた建物全体を計算対象とする．屋上とその周辺，バルコニーとその周辺のみなど，計算対象領域を不用意に狭めると思わぬ誤差を生じる．乱流モデルは，標準 k-ε モデルが多く使われているが，屋上や隅角部でのはく離を精度良く再現するためには，RNG k-ε など使用も検討するとよい．機器回りは複雑な流れとなるため，差分スキームは二次精度以上のものを使用する．

❸境界条件の設定

風向，風速……風向，風速は，16方位，0～15 m/sの範囲で検討するのが理想であるが，風速の値を5 m/sごとに検討したとしても50ケース近くに及ぶ．機器の能力は，風が強く，かつ壁面に当たる風向の場合に最も低下する傾向にあるため，必要最低限のケースとしては，壁に当たった風が跳ね返って機器へ向かうような風向で10～15 m/s程度の風速で行う．

次に，年間を通した能力に影響を及ぼす卓越風の条件で行う．無風の状態は，設置レイアウトの基本性能確認に用いる．なお，外部風速を0 m/sとして解析すると計算が発散する場合があるので，結果に影響を及ぼさない程度の弱い風（0.05 m/s程度）を与えると計算が安定する．

機器能力……定格の機器能力を与えたCFD解析により，入口空気の状態を求め，メーカーの線図から能力低下を予測する．冷却塔は，水の蒸発潜熱を利用して冷却水を冷却するため，湿度解析が必要となる．冷却塔，室外機ともにショートサーキットが生じると，出口空気の状態が変化するため，吹出し温度を固定とせず，定格能力（冷却塔は冷却水の蒸発量，室外機は発熱量）を与えたほうがよい．実際にはショートサーキットにより能力が低下するため，定格能力で計算を行ったとしても誤差を生じるが，能力の低下が20％以下であれば，結果に影響しないとの報告もある[6]．

❹結果に対する考察

入口空気の状態から能力低下を求め，設計能力以下となる場合は，湿球温度分布（冷却塔）あるいは乾球温度分布（室外機），風速ベクトルによる流れの可視化を行い，湿球温度あるいは乾球温度の高い場所がないか，ショートサーキットが生じていないかなどを検討する．

❺事例

図3.3.10は，バルコニーに室外機が設置されている場合のバルコニー位置での断面温度分布である．図手前の手すりは非表示としている．

図3.3.10a）ケース1は室外機をそのまま設置した場合で，バルコニー内部の高温空気が上階のバルコニーへと移動しているため，上階へ行くほどバルコニーの温度が上昇し，室外機の能力が低下する．これは室外機から真上に排気されて，バルコニー天井に衝突し，ショートサーキットが生じることが主な原因である．

図3.3.10b）ケース2は室外機の排気が水平となるようにダクトを設けた場合である．排気が速やかにバルコニー外へ放出されるため，各階とも均一なベランダ温度となり，室外機の能力低下を防止することができる．

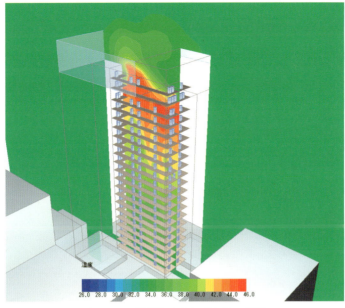

a) ケース1（室外機から上方に排気される場合）

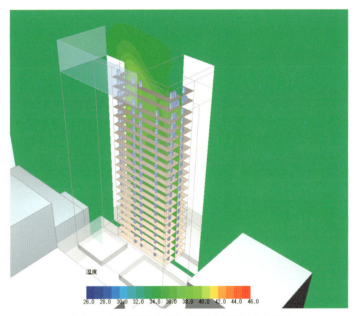

b) ケース2（室外機から水平に排気されるようにした場合）

図3.3.10 室外機のCFD解析事例

3-3-8 ちゅう房

❶特徴

調理に伴い発生する熱・調理生成物質・燃焼排ガス（ガス機器の場合）のフード捕集性状が悪い場合，これらがちゅう房内に移流・拡散することで，温熱・空気環境の悪化や冷房負荷の増大による空調エネルギーの多消費などの問題が生じる．このことから，適切な空調・換気計画をするには排気フードの捕集性状をCFD解析で確認する必要がある．ちゅう房では**パンカルーバ**

などの高風速の給気口が多く用いられている．また，ちゅう房内の熱負荷はほとんどが調理機器によるものである．なお，本項では機器からの熱負荷は顕熱のみとし，潜熱に関しては対象としないこととする．また，ちゅう房では上述する問題以外に人体への放射熱の問題もあるが，ここではこれを対象としない．

❷ 基本事項

設計図に基づきちゅう房内の**エアバランス**を確認し，計算領域を設定する．例えば，社員食堂ちゅう房などではエアバランスのズレなどにより，**ディッシュアップ**などの開口から食堂空間の空気がちゅう房内に流入することが多い．このような場合，計算領域を食堂まで拡大させる必要がある．

ちゅう房を対象としたCFD解析では標準k-εモデルが多く使われている．ちゅう房機器は表面温度が高温になることが多いことから，対流と放射の連成解析を実施する．例えば，置換換気・空調方式では放射を連成することで，静穏な環境形成が再現されフード捕集性状が良好となる．放射を連成しない場合，調理機器からの発熱は対流成分のみとなり，熱上昇流のほとんどがフードで捕集されることで，ちゅう房内の温度分布が小さくなる．このようなことから，冷房時の空調必要能力が過小評価されてしまう可能性がある．なお，実測などでちゅう房機器や壁，床などの表面温度が取得できた場合，これらを熱境界条件として規定すれば放射を連成させる必要はない．

❸ 境界条件の設定

給気口……設計図などに基づき，給気口の種類・個数および吹出し気流の特性を把握・理解し，気流速度，風向，乱流統計量，温度などを給気条件に設定する．給気口によっては特有の吹出し特性があるため，解析時にはこれらを再現する必要がある．一般的にパンカルーバの風向などは設計図には記載されていない．風向をフードに向けると捕集性状が悪くなるため，注意する必要がある．

排気口……給気口同様，設計図に基づき，**排気フードや排気口**の種類・個数を把握し，それぞれに気流速度などを排気条件として設定する．調理機器に対するフードの張出し（オーバハング），調理機器とフード下端までの離隔距離によって捕集性状が影響されるため，注意する必要がある．

調理機器からの発熱……各調理機器に設定する**発熱量**は潜熱量を差し引いた**顕熱量**を設定する．なお，運用時の機器の稼働率が明確な場合，顕熱量に稼働率を乗じた値を発熱量として設定する．定格値を発熱量として設定する場合，ちゅう房内の温度が実際より高くなる可能性があるので注意する必要がある．解析時では運用時の機器表面温度を想定し，その値になるよう各調理機器の対流熱伝達率を調整する．例えば，IHクッキングヒータで湯沸かしを想定する場合，鍋表面温度が沸騰状態となる100℃となるよう鍋表面の対流熱伝達率を調整しながら計算を進める必要がある．なお，外壁などの外皮負荷が大きく無視できない場合，事務室などと同様に外壁面に熱移動を考慮する必要がある．

調理機器からの排ガス発生……**ガスちゅう房機器**はガス消費量から以下の式に基づきCO_2発生量Mを算出し規定する．一方，燃焼排ガスの発生がない電化ちゅう房機器ではフード排気量で規準化した発生量を算出し規定する．

$$M = Q \times M_{CO_2} \qquad (3.2.1)$$

ここで，Q：ガス消費量 [kW]，M_{CO_2}：ガス消費量1 kW当たりのCO_2発生量 [$m^3/(h\cdot kW)$]
（ガス種が13Aの場合：0.094 $m^3/(h\cdot kW)$）

❹熱上昇流のモデル化と解析例

CFD解析を活用したちゅう房の解析例の多くは，調理機器などの発熱源部分の境界条件として発熱量を規定する場合が多い．しかし，この方法では**熱上昇流**の拡散幅が実態よりも小さくなる傾向が見られ，フードの捕集性状を過大評価してしまうことが既往研究[7]によって示唆されている．このようなことから，精度良くCFD解析を行うには調理機器ごとに熱上昇流をモデル化することが望ましい．同じ調理機器でも加熱方式がガスと電気では熱上昇流の強さに差異がある．CFD解析でこれらを考慮しないと，加熱方式による差異がなくなることを理解しておく必要がある．住宅ちゅう房のレンジに関しては近藤ら[8]によってモデル化データが整備されている．一方，業務ちゅう房機器ではモデル化データがほとんど整備されていないため，精度良くCFD解析を実施したい場合，実験などでモデル化データをあらかじめ取得しておく必要がある．ここでは，近藤らの熱上昇流のモデリング手法に基づきちゅう房内のCFD解析について例示する．すなわち，モデリングの有無によるちゅう房内温熱・空気環境の比較を行う．また，放射の有無による影響，フード排気量で規準化した濃度分布も併せて検討する．

解析概要……解析モデルは $6.5\,m \times 6.5\,m \times 2.5\,m^H$ の空間で，室中央部に調理機器を配置し，キャノピーフードのオーバハングは調理機器（0.6 m×0.45 m）に対して0 mとした（**図3.3.11**）．フード排気量は $291.6\,m^3/h$（フード面風速：0.3 m/s）とし，給気は室の隅4か所からおのおの $72.9\,m^3/h$ で供給する．鍋からの発熱量および熱上昇モデルは文献8)に基づき2.7 kWとし，**図3.3.12**に示すように鍋上部15 cmに熱上昇流の鉛直上向きの気流速度を規定する．解析条件を**表3.3.2**に示す．

解析ケース……**表3.3.3**に示すように，熱上昇流のモデリングなしのケースをCase A，モデリングありのケースをCase A-M，さらにCase A-Mに放射連成したケースをCase A-M-Rとし，計3ケースの解析を行う．

解析結果……熱上昇流のモデリングなしのCase AとモデリングありのCase A-Mの温度分布を**図3.3.13** a), b) に，また，濃度分布を**図3.3.14** a), b) に示す．モデル化なしのCase AはモデリングありのCase A-Mより，熱上昇流の拡散幅がやや小さくなっている．一方，モデリングした場合，熱上昇流がフードから溢流することで，空間上部の温度が高い，また，換気量で無次元化した空間濃度分布もフードから溢流することで高い結果となった．

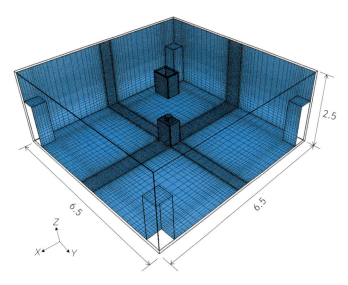

図3.3.11 ちゅう房の解析モデル（単位：m）

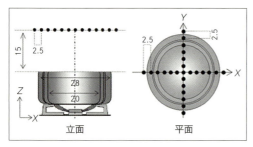

a) 風速測定値（単位：cm）

b) 平均化した熱上昇流分布

c) 鍋上15cmの風速規定面（単位：cm）

図3.3.12 鍋の熱上昇流モデル（23cmSUS鍋，発熱4.4kWの例）

表3.3.2 ちゅう房の解析条件

解析領域		6.5m×6.5m×2.5m^H
メッシュ		87(x)×93(y)×61(z)＝493 551メッシュ
乱流モデル		標準k-εモデル
差分スキーム		QUICK
壁面条件	速度	一般化対数則
	温度	【対流・放射連成解析】 h_c（対流熱伝達率）は鍋表面で100 W/(m^2・K)（鍋表面温度が200℃程度になるよう調整した値），その他壁面では4.6 W/(m^2・K) ε（放射率）は全壁面で0.9
流入条件		【4個（計8面）の給気口より流入】 U_{in}=0.02025 m/s（Q_{in}=36.45 m^3/h・面），T_{in}=25.0℃， K_{in}=9.0E-04 m^2/s^2，ε_{in}=8.873E-06 m^2/s^3 給気面：0.5 m×1.5 m
流出条件		【フードより排気】 U_{out}=0.3 m/s（Q_{out}=291.6 m^3/h）， フード形状：0.6 m×0.45 m×0.7 m^H（オーバハング：0 m） 排気面：0.6 m×0.45 m，調理機器との離隔距離：1.0 m
発熱条件		【鍋の発熱】 発熱量：2.7 kW（4.4kW・hの潜熱を差し引いた値） 23 cmの鍋モデル（0.25 m×0.25 m×0.15 m^H）の体積発熱 【熱上昇流】 鍋上15cmに以下の近似式により熱上昇流の風速（y）を規定 $y=0.7-8.62x+461.04x^2-6362.1x^3+23826x^4$ ここで，x：鍋中心からの水平距離 [m]

表3.3.3 ちゅう房の解析ケース

ケース名	熱上昇流のモデル化	放射連成
Case A	なし	なし
Case A-M	あり	なし
Case A-M-R	あり	あり

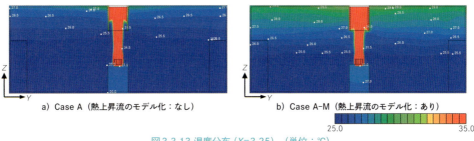

図3.3.13 温度分布（X=3.25）（単位：℃）

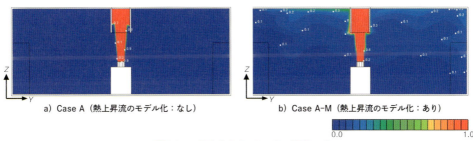

図3.3.14 濃度分布（X=3.25）（単位：-）

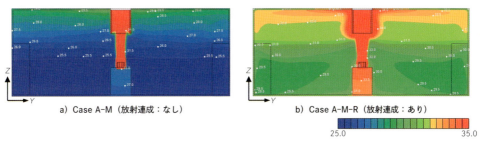

図3.3.15 温度分布（X=3.25）（単位：℃）

次に，放射連成の有無に関して比較を行う．放射連成なしのCase A-Mと連成ありのCase A-M-Rの温度分布を**図3.3.15** a), b)に示す．空間温度は放射連成なしのCase A-Mより放射連成ありのCase A-M-Rが全体的に4～6℃高い．これは放射熱伝達によって壁面などが温められたことによるものと考えられる．このことから，給気温度を低くするか，あるいは換気量を増加させて空間温度を目標値まで下げる必要がある．

3-3-9 地下駐車場

❶特徴

　<u>地下駐車場</u>内では内燃機関である自動車エンジンからCOなどの毒性をもったガスが放出される．通常は機械換気が行われるが，機械換気を行ううえで最も配慮すべき事項は新鮮外気を効率的に分配し，また汚染質を効率的に排除することであり，これらの設計にCFD解析が活用されることがある．地下駐車場のCFD解析では自動車からの汚染質排出状況をモデル化する．その際，地盤からの熱授受および自動車の発熱による浮力などの影響も考慮する必要がある．

❷基本事項

　地下駐車場では，外部風の影響により生じるエアバランスのズレや地盤からの熱の授受，自動車の発熱に伴う浮力の影響が予想されることから，単層階のみではなく多層階を計算対象領

域として実施する必要がある．外部風の影響や地盤からの熱の授受に関しては換気回路網や**質点系モデル**によって事前にCFD解析の境界条件を取得しておくことが有効である．地下駐車場を対象としたCFD解析の事例はあまり多くはないが，標準k-εモデルが使われている．

❸境界条件の設定

給気口……設計図などに基づき，給気口の種類・個数および吹出し気流の特性を把握・理解し，気流速度，風向，乱流統計量，温度などを給気条件に設定する．また，地下駐車場でよく用いられている誘引誘導ノズルの流れの特性を再現する必要がある．

自動車，地盤からの発熱……排気量が1 300～3 000 ccのガソリン車のアイドリング時における平均燃費（≒0.9l/h）[9]を参考にすると，車両1台当たりの発熱量は5.3 kWとなる．ガソリン車の場合，燃料が燃焼した場合の全エネルギー（46～48 MJ/kg）の約60％がエンジンの位置するボンネット部分からの放熱および高温の排気ガスとして排熱されると考えられている[10]．また，排熱に占める排気ガスの熱量の割合は2.1％[11]程度と小さいことから，ほとんどの発熱がボンネット部分に集中していると考えられる．東京の地下3層の駐車場において10回/hの換気回数を想定し，質点系モデルで地盤からの熱の授受を解くと，冬期で26.8 W/m^2，夏期では－26.6 W/m^{2}の熱流が地盤からある[9]．地域や土中深さによって地盤からの熱流に差があることが予想される場合，別途，質点系モデルで地盤からの熱の授受を検討する必要がある．

自動車からの排ガス発生……寒冷時のアイドリング状態ではエンジンへの燃料供給が多くなり，また空燃比が小さくなるためCOが多量に排出される．ガソリンエンジン自動車では，**表3.3.4**に示すようにエンジン始動直後のアイドリング時のように冷えた状態とエンジン始動から長時間経過した走行時のようにエンジンが暖まった状態とではCOの排出量が大きく異なる．地下駐車場排出ガス障害予防対策要項（労働安全衛生法）では，COの基準濃度は50 ppmとされている．ここでは，最も高負荷となっている状態，すなわち，地下駐車場のCO濃度が基準濃度に達している状態を想定し，エンジン稼働台数の上限を算定する．式(3.3.2)により場内のCO濃度が基準濃度となる場合のCO総発生量を求める．この際，換気量は法令による換気回数10回/hとする．

$$q_{\mathrm{CO}} = \frac{Q_{\mathrm{OA}} \times C_{\mathrm{level}} \times 10^{-6}}{V} \times M_{\mathrm{CO}} \tag{3.3.2}$$

ここで，q_{CO}：CO総発生量[g/min]，Q_{OA}：換気量[m^3/min]，C_{level}：CO基準濃度[ppm]，M_{CO}：1 mol当たりのCO質量（28 g），V：1 molの気体体積（0.0224 m^3）．

次に，式(3.3.3)に基づきCO総発生量を1台当たりの発生量で除し，エンジン稼働台数の上限を求める．

$$N = \frac{q_{\mathrm{CO}}}{q_{\mathrm{car}}} \tag{3.3.3}$$

ここで，q_{car}：CO排出量[g/(台・min)]

表3.3.4 ガソリンエンジン自動車からのCO排出量

排ガス測定モード	CO排出量 [g/(台・min)]
10モード（エンジン始動時：暖）	0.39
11モード（エンジン始動時：冷）	5.65

❹ 解析例

ここではCO濃度が基準濃度の50 ppmとなる発生量を換気量から算定し，これに基づき1台当たりのCO発生量からエンジン稼働台数を求め駐車場内のCO濃度分布を検討した例を示す．

解析概要……解析モデルは$42.0\,\mathrm{m} \times 21.0\,\mathrm{m} \times 4.0\,\mathrm{m^H}$の単層の地下駐車場で収容台数は24台を想定する（**図3.3.16**）．

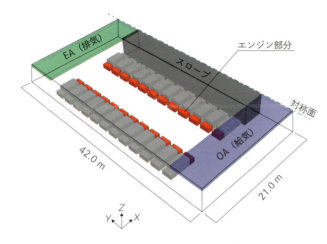

図3.3.16 地下駐車場の解析モデル

駐車場内に一方向的な流れ場を形成させるため，給排気口はおのおの長手方向の遠い位置に設置し，法令の10回/hで換気をする．自動車の発熱量は5.3 kW/台，地盤からは冬期を想定し$26.8\,\mathrm{W/m^2}$の熱流が床・壁にあるものとした．エンジン稼働台数の上限は換気量とCO濃度の基準濃度50 ppmからCO総発生量を算定し，1台当たりの発生量（5.65 g/(台・min)：11モード時）で除し6台とした．総収容台数24中6台のエンジンが稼働した場合，25%が常時エンジンを稼働していることになり，極めて高負荷な状況である．解析条件を**表3.3.5**に示す．

表3.3.5 地下駐車場の解析条件

解析領域		$42.0\,\mathrm{m} \times 21.0\,\mathrm{m} \times 4.0\,\mathrm{m^H}$
メッシュ		$52(x) \times 140(y) \times 33(z) = 240\,240$メッシュ
乱流モデル		標準k-εモデル
差分スキーム		QUICK
壁面条件	速度	対象面：free-slip その他：一般化対数則
	温度	断熱，または$26.8\,\mathrm{W/m^2}$の熱流が床・壁にある（冬期）
流入条件		【天井面の給気口より流入】 $U_{in}=0.0777\,\mathrm{m/s}$ ($Q_{in}=35\,245\,\mathrm{m^3/h}$)，$T_{in}=0.0℃$， $K_{in}=6.04\mathrm{E}{-}05\,\mathrm{m^2/s^2}$，$\varepsilon_{in}=6.68\mathrm{E}{-}18\,\mathrm{m^2/s^3}$ 給気面：$21.0\,\mathrm{m} \times 6.0\,\mathrm{m}$
流出条件		【天井面の排気口より排気】 $U_{out}=0.0777\,\mathrm{m/s}$ ($Q_{out}=35\,245\,\mathrm{m^3/h}$)， 排気面：$21.0\,\mathrm{m} \times 6.0\,\mathrm{m}$
発熱条件		【自動車からの発熱】 発熱量：5.3 kW 自動車：$5.0\,\mathrm{m} \times 1.8\,\mathrm{m} \times 1.4\,\mathrm{m^H}$（ボンネット：$1.5\,\mathrm{m} \times 1.8\,\mathrm{m} \times 0.8\,\mathrm{m^H}$）
発生条件		【自動車からのCO発生】 発生量：5.65 g/(台・min)×6台（11モード時）

解析ケース……図3.3.17に示すように，アイドリング状態の自動車の位置として5ケースを検討する．すなわち，アイドリング車が，給気口側に集中している場合（ケースA），排気口側に集中している場合（ケースB），平均に分散している場合（ケースC），給気口側ならびに排気口側に集中している場合（ケースD），また，片側の駐車スペースの給気口側に集中している場合（ケースE）である．

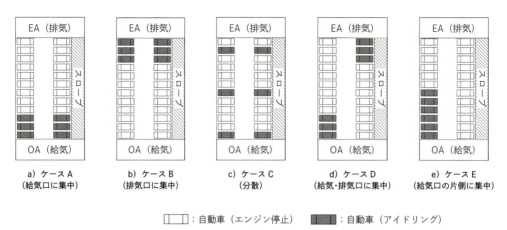

図3.3.17 駐車スペースで排気ガスが発生した場合のケース

解析結果……駐車スペースで汚染質が発生した場合の解析結果を図3.3.18に示す．濃度は，基準濃度（CO：50ppm）を基準に無次元化している．各ケースとも一方向的な流れにより，自動車から排出された汚染物質は，走行スペースにほとんど拡散することなく壁面に沿うように排気口へ向かう様子が確認できる．また，無次元化した基準濃度（1.0 [-]）を超える領域も，壁面近傍や，排気口付近の一部の領域に限られており，おおむね良好な換気性状である．ケースA（給気口側発生）の場合，発生した汚染質は，駐車スペースのほぼ全域に拡散している．

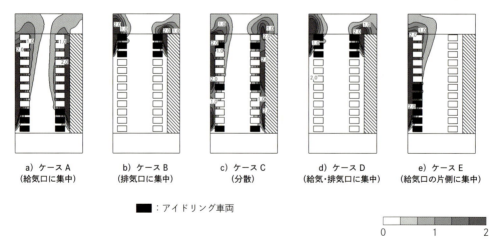

図3.3.18 駐車スペースで排気ガスが発生した場合の濃度分布（Z=1.6）（単位：-）

一方，ケースB（排気口側発生）の場合，一方向的な換気により，発生した汚染質の拡散は小さく，速やかに排気されている．ケースC（分散発生）の場合，ケースA（給気口側発生）とほとんど同様の濃度場となっているが，高濃度域はやや小さい．給気口側と排気口側にアイドリング車が集中したケースDでは，それぞれの領域で発生した汚染質は発生位置から排気口側へ向かう．すなわち，給気口側の駐車スペースから発生した汚染質は，ケースA（給気口側発生）の濃度分布と似ており，排気口側の駐車スペースから発生した汚染質は，ケースB（排気口側発生）の濃度分布と同様である．給気口側の片側の駐車スペースにアイドリング車が集中しているケースEの場合も，ケースA（給気口側発生）の場合と同様に発生した汚染質は，走行スペース側に拡散することなく排気口側に速やかに排気されており，基準濃度を超える領域も駐車スペースに限られる．

参考文献

【3-2】
1) ASHRAE：ASHRAE Handbook Fundamentals, pp.18.4-18.11 (2013)
2) http://www.shasej.org/base.html?iinkai/20170209CFDparts/CFDParts_report/CFDParts_report_H28.htm
3) Koestel, A.：Computing temperatures and velocities in vertical jets of hot and cold air, ASHVE Transactions, Vol.60, pp.385-410 (1954)
4) Koestel, A.：Jet velocities from radial flow outlets, ASHVE Transactions, Vol.63, pp.505-526 (1957)

【3-3】
1) 宿谷昌則：数値計算で学ぶ光と熱の建築環境学，丸善 (1993)
2) 土屋貴史，諏訪好英：空調排気を利用したダブルスキンの熱性能予測，日本建築学会大会学術講演梗概集，pp.1029-1030 (2012.9)
3) 尾関義一ほか：実験用実大アトリウム内の熱伝達・気流性状に関するCFD解析（第1報），空気調和・衛生工学会論文集，No.68, pp.65-74 (1998)
4) 西澤繁毅，繪内正道，羽山広文 ほか：流れの時間スケールを考慮した換気・通風空間のむらの評価指標とマクロモデルへの展開，建築学会環境系論文集，No.576, pp.29-36 (2004)
5) http://www.bfrl.nist.gov/IAQanalysis/CONTAM/
6) 植田俊克：屋上に設置された冷却塔のCFD解析（第1報）充てん材のモデル化，空気調和・衛生工学会学術講演会講演論文集，pp.581-583 (2003.9)
7) 近藤靖史，赤林伸一，川瀬貴晴，緒方憲，吉岡朝之：業務用厨房の高効率換気・空調システムに関する研究（その4）対流・放射連成解析による気流・温度分布および換気効率の検討，空気調和・衛生工学会学術講演会講演論文集，C-17, pp.201-204 (1994)
8) 近藤靖史，阿部有希子，宮藤章ほか：鍋上部の熱上昇流のCFDモデリングと暖房実験，住宅厨房と隣接するリビング空間の温熱・空気環境に関する研究（第2報），日本建築学会環境系論文集，Vol.73, No.634, pp.1383-1390 (2008.12)
9) 東京都環境保全局：自動車排出ガス調査結果 (1997)
10) 日本伝熱学会編：環境と省エネルギーのためのエネルギー新技術大系，pp.611 (1996)
11) 吉野一，近藤靖史，田所祐人：地下駐車場における換気性状・換気効率の研究（その2）多層階地下駐車場の換気性状の検討，日本建築学会計画系論文集，No.561, pp.53-60 (2002.11)

4 室内環境問題を対象としたベンチマークテスト

4-1 ベンチマークテスト

CFD解析により妥当な解を得るためには，解析ソフトの利用法に習熟することに加え，**乱流モデル**や**メッシュ設定**，**境界条件**，**収束条件**などを問題に応じて適切に設定する必要がある．正しい設定で，方程式が正確に解かれたことを確認する手続きは，**妥当性検証 (Verification)**[1] と呼ばれる．CFD解析で得られる結果は，**モデリング誤差**や**離散化誤差，収束誤差**を含む近似解であるため，正しい設定を行ったとしても，物理的に妥当な解が得られる保証はない[2]．そのため，計算により得られた解が実現象をどの程度正確に再現しているかを確認する必要があり，この手続きは，**精度検証 (Validation)**[1] と呼ばれる．これらの検証は，既往の計算例の追試や実験との比較で行われる．検証技術を習得するためには，過去の計算例を多く追試することが有益である．現在，さまざまな流れ場を対象とした**ベンチマークテスト**が世界的に実施され，計算結果が論文などで公表されている[1,3,4]．我が国の建築・空調分野では，1990年代にCFDの精度検証を目的とした実験および解析が多数実施されている．

本章では，空調分野における典型的な問題（等温室内気流，非等温室内気流，数値サーマルマネキン，通風，空調室内，火災）について，著者らが行ったベンチマークテストを紹介する[5]．

4-2 等温室内気流問題

本節では，等温室内気流問題を対象としたベンチマークテストとして，2種類を対象とする．4-2-1項では，東京大学生産技術研究所で整備された二次元居室をモデル化した流れ場計測結果を対象とし，4-2-2項では，IEA (International Energy Agency：国際エネルギー機関)のAnnex 20（第20分科会）で設定された二次元室内モデルを対象と

したベンチマークテスト結果を紹介する．

4-2-1 二次元居室モデル（東大生研ケース）

❶ベンチマークテストの概要

本項で対象とするベンチマークテストケースは流れ場に関してLDV(Laser Doppler Velocimeter: レーザ流速計)による詳細な測定データの存在する二次元居室モデル(1.5m×1.0m)である[1]～[3]．天井面に沿ってスロット型の吹出し口（L_0=0.02m），対向壁に同型の吸込み口が設置された単純モデル（Target Aと称する）のほか，居住域X＝0.45m，1.05mの位置に高さY＝0.5mのパーティションを設置することで複雑な流れ場をつくり出したモデル（以降，Target Bと称する）の2ケースを対象とする．吹出し風速は3.0m/s，吹出し気流の乱れは実験値より1.2%である．図4.2.1に解析対象空間を示す．図中にはLDVによる流れ場の測定結果（平均風速ベクトル）を併せて示している．また，本解析は等温を仮定している．

本項では，メッシュ依存性，乱流モデルによる流れ場予測精度のほか，同一条件で解析を実施した場合の各汎用CFDコードの予測精度に着目する．本解析には汎用CFDコードであるFluent，CFX，STREAMならびにSTAR-CDの4種を用いているが，以降はCode A，Code B，Code CならびにCode Dと表記する（記号と各商用CFDコード名は順不同であり，対応していない）．解析ケース一覧を表4.2.1に，計算条件を表4.2.2に示す．メッシュ依存性に関する検討では，構造系メッシュにて4ケース，非構造系メッシュにて1ケース設定する．Mesh A，Mesh Bは壁面第一セルの壁座標y^+が約30程度となるように設定した粗メッシュであり，Mesh Aは吹出し口を等間隔で5分割し，その他の部分は1.10倍の拡大率で不等間隔メッシュ生成を行ったもの，Mesh Bは吹出し口を含む解析領域全体を10mmの等間隔でメッシュ生成を行ったものである．Mesh Cは中程度のメッシュ（約10万メッシュ）であり，壁面第一セルの壁座標y^+はすべての領域で約1以下(0.1mm)となるように設定し，1.10倍の拡大率で不等間隔メッシュ生成を行ったものである．Mesh DはMesh Cと同様に壁面第一セルの壁座標y^+は約1以下（0.1mm）となるように設定し，1.05倍の拡大率で不等間隔メッシュ生成を行ったものである（約30万メッシュ）．また，Mesh Eは非構造系メッシュ生成を行ったものである．Mesh A～Mesh Eの吹出し口近傍のメッシュデザインを図4.2.2に示す．

乱流モデルの比較では，対象とした汎用CFDコードに標準で組み込まれている標準k-εモデル，低Re型k-εモデル（Abe-Kondoh-Naganoモデル），RNG k-εモデル，標準k-ωモデル，SST k-ωモデルの五つの乱流モデルを対象とする．移流項には打切り誤差の影響を緩和するため高次の

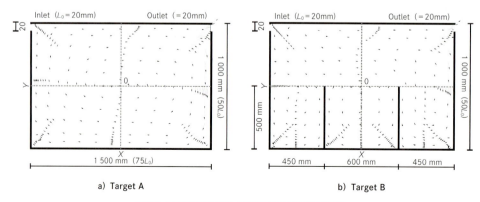

図4.2.1 解析対象空間とLDVによる流れ場測定結果

表4.2.1 解析ケース一覧

ケース名	CFDコード	対象空間	メッシュ	乱流モデル	計算アルゴリズム
A-A-A-1	Code A	Target A (障害物なし)	Mesh A	標準 $k\text{-}\varepsilon$	SIMPLE 定常解法
A-A-B-1	Code A	Target A (障害物なし)	Mesh B	標準 $k\text{-}\varepsilon$	SIMPLE 定常解法
A-A-C-1	Code A	Target A (障害物なし)	Mesh C	標準 $k\text{-}\varepsilon$	SIMPLE 定常解法
A-A-D-1	Code A	Target A (障害物なし)	Mesh D	標準 $k\text{-}\varepsilon$	SIMPLE 定常解法
A-A-D-2	Code A	Target A (障害物なし)	Mesh D	低 Re 型 $k\text{-}\varepsilon$	SIMPLE 定常解法
A-A-D-3	Code A	Target A (障害物なし)	Mesh D	RNG $k\text{-}\varepsilon$	SIMPLE 定常解法
A-A-D-4	Code A	Target A (障害物なし)	Mesh D	標準 $k\text{-}\omega$	SIMPLE 定常解法
A-A-D-5	Code A	Target A (障害物なし)	Mesh D	SST $k\text{-}\omega$	SIMPLE 定常解法
A-A-E-1	Code A	Target A (障害物なし)	Mesh E	標準 $k\text{-}\varepsilon$	SIMPLE 定常解法
A-B-D-1	Code A	Target A (障害物あり)	Mesh D	標準 $k\text{-}\varepsilon$	SIMPLE 定常解法
A-B-D-2	Code A	Target A (障害物あり)	Mesh D	低 Re 型 $k\text{-}\varepsilon$	SIMPLE 定常解法
A-B-D-3	Code A	Target A (障害物あり)	Mesh D	RNG $k\text{-}\varepsilon$	SIMPLE 定常解法
A-B-D-4	Code A	Target A (障害物あり)	Mesh D	標準 $k\text{-}\omega$	SIMPLE 定常解法
A-B-D-5	Code A	Target A (障害物あり)	Mesh D	SST $k\text{-}\omega$	SIMPLE 定常解法
B-A-D-1	Code B	Target A (障害物なし)	Mesh D	標準 $k\text{-}\varepsilon$	SIMPLE 定常解法
B-A-D-2	Code B	Target A (障害物なし)	Mesh D	SST $k\text{-}\omega$	SIMPLE 定常解法
B-B-D-1	Code B	Target A (障害物あり)	Mesh D	標準 $k\text{-}\varepsilon$	SIMPLE 定常解法
B-B-D-2	Code B	Target A (障害物あり)	Mesh D	SST $k\text{-}\omega$	SIMPLE 定常解法
C-A-D-1	Code A	Target A (障害物なし)	Mesh D	標準 $k\text{-}\varepsilon$	SIMPLE 定常解法
C-A-D-2	Code A	Target A (障害物なし)	Mesh D	低 Re 型 $k\text{-}\varepsilon$	SIMPLE 定常解法
C-B-D-1	Code A	Target A (障害物あり)	Mesh D	標準 $k\text{-}\varepsilon$	SIMPLE 定常解法
C-B-D-2	Code A	Target A (障害物あり)	Mesh D	低 Re 型 $k\text{-}\varepsilon$	SIMPLE 定常解法
D-A-D-1	Code A	Target A (障害物なし)	Mesh D	標準 $k\text{-}\varepsilon$	SIMPLE 定常解法
D-A-D-2	Code A	Target A (障害物なし)	Mesh D	低 Re 型 $k\text{-}\varepsilon$	SIMPLE 定常解法

表4.2.2 境界条件ならびに計算条件

内容	結果
解析領域	図4.1.1に示す二次元空間
メッシュ分割	(Mesh A) 94 (X) ×64 (Y)　6 016メッシュ,最小メッシュ幅4mm (Mesh B) 150 (X) ×100 (Y)　15 000メッシュ,最小メッシュ幅10mm (Mesh C) 348 (X) ×284 (Y)　98 832メッシュ,最小メッシュ幅0.1mm (Mesh D) 614 (X) ×474 (Y)　291 036メッシュ,最小メッシュ幅0.1mm (Mesh E)　212 372メッシュ
差分スキーム	全輸送方程式の移流項にQUICK
解法	SIMPLE法
流入境界	$U_{in}=3m/s$, $k_{in}=3/2\cdot(U_{in}\times 0.012)^2$, $\varepsilon_{in}=C_\mu\cdot k_{in}^{3/2}/l_{in}$, $l_{in}=1/7\cdot L_0$ 吹出し気流の乱れは実験結果と一致.
流出境界	諸量に関して勾配ゼロ
壁面条件	固体壁.本解析ではすべての解析にno-slip条件
その他	上記以外の境界条件に関しては汎用CFDコードのデフォルト値を使用

差分スキームQUICKスキームを用いる.計算アルゴリズムにはSIMPLE法を用いる.その他の条件は各汎用CFDコードのデフォルト値を使用している.また,収束判定による誤差を回避するため,いずれの解析においても無次元残差による収束判定条件を10^{-7}程度とし,厳密な収束判定を行う(今回の条件では2-6節に示したように,収束判定条件をこの程度に設定して初めて実験と対応する解を得ることができた).

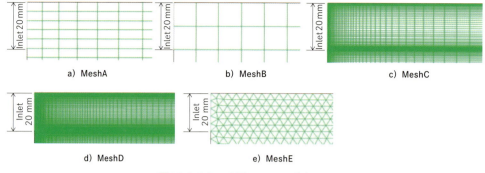

図4.2.2 吹出し口近傍のメッシュデザイン

❷ メッシュ依存性に関する検討結果

図4.2.3にTarget Aの中心位置鉛直ライン（$X=0.75\,\mathrm{m}$, $Y=0\sim1.0\,\mathrm{m}$）における水平方向平均風速 U，ノルマルストレス $\overline{u^2}$，シアストレス $\overline{uv}$ の計算結果，ならびに水平ライン（$X=0\sim1.5\,\mathrm{m}$, $Y=0.5\,\mathrm{m}$）における高さ方向平均風速 V, $\overline{u^2}$, $\overline{uv}$ の計算結果を示す．メッシュ依存性の解析は同一の汎用CFDコード（Code A）を用いて実施した．また，図中にはLDVによる風速測定結果も併せてプロットしている．なお，$\overline{u^2}$, $\overline{uv}$ の値は使用した乱流モデルの近似式に従い，付録の式（A.21）などを用いて算出した．平均流の再現精度に着目すると本解析対象では大きなメッシュ

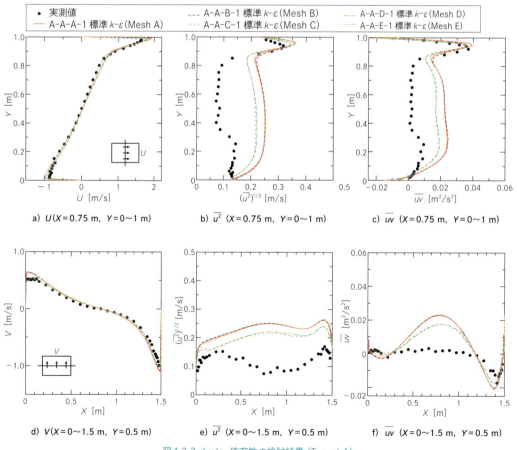

図4.2.3 メッシュ依存性の検討結果（Target A）

依存性は確認されず，Mesh A，B，C，D，Eのどのメッシュデザインを採用した場合においても実験結果とおおむね一致する結果となった（図4.2.3 a)，d)）．Mesh Bにおいては吹出し口に対し，鉛直方向に2メッシュのみの分割となっていることから噴流の到達距離を過少に評価することが予想されたが，本解析においてはそのような傾向は見られなかった．これは室内に強い循環流が形成される全体の流れ場の傾向に依存する可能性が考えられる．$\overline{u^2}$ならびに$\overline{uv}$に関しては，Mesh EはMesh C，Dの中間のメッシュ数を有するが，特に**滞留域**においてはMesh A，B（粗メッシュ）によるものとほぼ同程度の予測精度を示した（図4.2.3 b)，c)，e)，f)）．一般に標準k-εモデルを適用する場合には壁関数として一般化対数則などを用いるが，Mesh CならびにMesh Dを対象とした解析では壁座標を考慮して**no-slip**条件を適用しており，乱流モデルの観点からは壁付近のメッシュが細かすぎて，モデルの適用範囲を逸脱している．標準k-εモデルは，壁面近傍でのレイノルズ応力の予測精度維持のための**渦動粘性係数**ν_tの減衰に対する補正がないため，特に壁面に沿った噴流の到達域での解析精度の低下が予想されたが，本解析条件では平均流，乱流統計量に関しても実験結果と良い一致を示す結果となった．

❸乱流モデルの比較

図4.2.4にTarget Aにおける実験結果および各乱流モデルによる計算結果を示す．U，Vについては壁面近傍においてSST k-ωモデルの計算結果が実験値に比べやや大きな値を示すが，他のモデルは実験結果と十分な精度で一致する（図4.2.4 a)，d)）．また，$\overline{u^2}$，$\overline{uv}$では各モデルとも，壁面近傍で比較的実験結果と整合するものの，室中央の滞留域では実験結果に比べ過大評

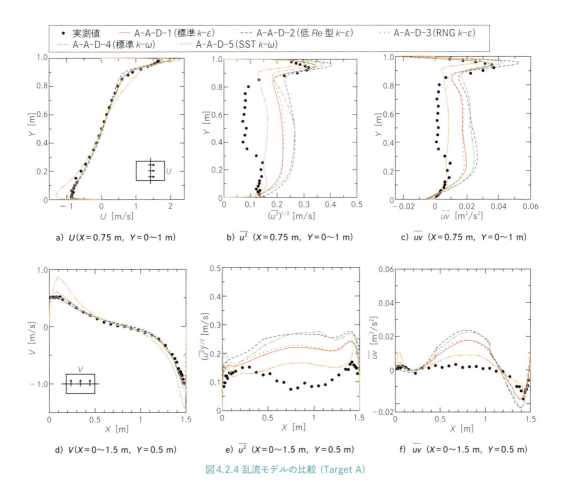

図4.2.4 乱流モデルの比較（Target A）

価する傾向となった（図4.2.4 b), c), e), f)）．

図4.2.5にTarget Bの結果を示す．パーティション上端のはく離領域では，鉛直方向の$\overline{u^2}$ならびに$\overline{uv}$についてはSST k-ωモデルの計算結果が最も実験結果と一致したが（図4.2.5 e), f)），Uに関しては実験結果および他のモデルによる計算結果と一定の差が生じる結果となった（図4.2.5 a)）．Target A，Target BともにSST k-ωモデルによる壁面近傍での平均風速の再現精度に問題が見られた．境界層内のk-ωモデルと境界層外の標準k-εモデルをスイッチングさせる**ブレンディングファンクション**の取扱いに一定の原因があると考えられる．

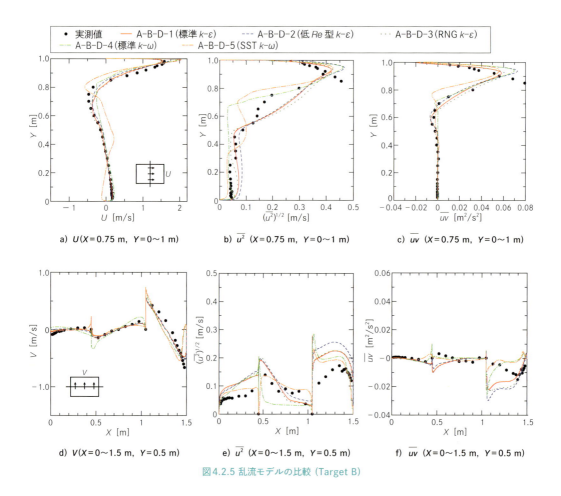

図4.2.5 乱流モデルの比較（Target B）

4-2-2 二次元室内モデル（IEA Annex 20ケース）

本項では，等温室内気流問題を対象としたベンチマークテストとして，IEAのAnnex 20で設定された二次元室内モデルを対象としたテストの結果を紹介する[4]．

❶ベンチマークテストの概要

本項で対象とするベンチマークテストケースは，1992年にIEA Annex 20で定義された，スロット型吹出し口を有する室内モデルであるベンチマークテストケースを対象として解析を行う[4]．テストケースの幾何形状の概要を**図4.2.6**に示す．このベンチマークテストケースは，IEAの2Dテストケースと称されるが，実験は三次元で実施されており，その中央断面（z=1.5 m）での測定データが公開されている．なお，このベンチマークテストケースは，等温二次元流れ

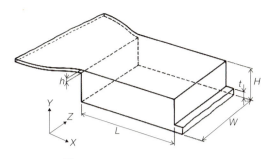

図4.2.6 IEA Annex 20 テストケース

のほか，床面に一定フラックスを与えた場合の非等温ケースの測定結果もあるが，本項では等温ケースのみに着目する．

対象空間の無次元スケールは$h/H=0.056$，$L/H=3.0$，$t/H=0.16$であり，詳細はウェブサイト経由で公開されている．室内流れ場に関する情報としては，LDVによる平均風速分布の測定結果に加え，標準偏差のデータが公開されている．このベンチマークテストケースを対象としたCFD解析例は，50編以上の論文として報告されている（http://www.cfd-benchmarks.com/）．計算条件・境界条件を**表4.2.3**にまとめて示す．

IEA Annex 20のベンチマークケースを対象とした解析（**図4.2.6**）では，乱流モデルの差異が流れ場の予測結果に与える影響を検討する目的で，標準k-εモデル，低Re型k-εモデル（Abe-Kondoh-Naganoモデル），標準k-ωモデル，SST k-ωモデルの4種の乱流モデルを対象として解析を実施した[5]．解析は二次元もしくは三次元，等温条件で実施している．メッシュ分割として，壁関数を使用する標準k-εモデル用と，no-slip条件で粘性底層内まで解像する低Re型k-εモデル，SST k-ωモデル用の2種類を設定した．二次元解析と三次元解析では，x-y平面のメッシュ分割数は同一条件としている（**図4.2.7**）．

表4.2.3 計算条件・境界条件

内容	結果
解析領域	H=3.0 m, L=9.0 m, W=3.0 m, h=0.168 m, t=0.48 m
流入境界（実験）	U_{in}=0.455 m/s, TI=4%, (Re=$U_{in}h/\nu$=5 000相当)
メッシュ	スタガードグリッド
アルゴリズム	SIMPLE法
移流項スキーム	QUICK スキーム
流入境界条件	U_{in}=0.455 m/s, k_{in}=3/2×$(U_{in}×0.1)^2$, ε_{in}=$C_\mu^{3/4}×k_{in}^{3/2}/l_{in}$, C_μ=0.09, l_{in}=(1/10)h
壁面境界条件	標準k-ε：一般化対数則 低Re型k-ε：no-slip
流出境界条件	U_{out}= free-slip, k_{out}= free-slip, ε_{out}= free-slip

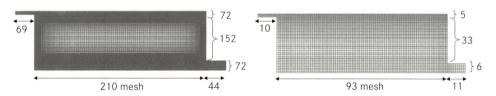

a) 低Re型k-εモデル用のメッシュ分割　　　b) 標準k-εモデル用のメッシュ分割

図4.2.7 メッシュ分割

❷ 乱流モデルの比較

本項では二次元解析の結果を中心として,特に乱流モデルの差異が流れ場予測に与える影響を検討した結果を紹介する.**図4.2.8**に標準k-εモデル,低Re型k-εモデル(Abe-Kondoh-Naganoモデル),標準k-ωモデル,SST k-ωモデルの4種の乱流モデルを対象として実施した,スカラー風速分布の予測結果を示す.

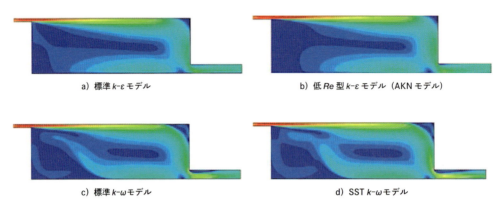

a) 標準k-εモデル　　　　　b) 低Re型k-εモデル(AKNモデル)

c) 標準k-ωモデル　　　　　d) SST k-ωモデル

図4.2.8 スカラー風速分布

モデル室内には吹出し口から壁面に沿った大循環流が形成され,室中央部が滞留域となる様子が確認できる.乱流モデルが異なる場合に,室内に形成される循環流の大きさが異なる結果となっており,特に標準k-ωモデルならびにSST k-ωモデルを用いた場合には,床面中央付近で循環流が壁面から離れる様子が確認され,この結果は標準k-εモデル,低Re型k-εモデルの予測結果とは様相が異なる.

図4.2.9にLDVによる風速測定値と各種の乱流モデルを適用した場合の風速分布解析結果を合わせてプロットした図を示す.モデル室内には4か所の風速測定ラインが設定されており,室内鉛直方向の風速分布を比較する2ラインと,吹出し口(天井面近傍)と吸込み口(床面近傍)を含む,水平方向の風速分布を比較する2ラインの計4種類の風速分布を比較する.本項での結果はすべて二次元解析の結果を示している.図4.2.9 a)に示す$x = H$ラインの風速分布比較の結果では,特に床面付近での風速分布予測結果に差異が確認される.これは,採用した乱流モデルによって室内に形成される大循環流のサイズが大きく異なることに起因しており,図4.2.8のスカラー風速分布の結果と対応している.本解析条件では,標準k-ωモデルならびにSST k-ωモデルの結果と比較して,標準k-εモデル,低Re型k-εモデルの風速分布予測結果が実験結果と良い対応を示している.

図4.2.10に三次元解析を実施した場合の風速分布予測結果を示す.標準k-εモデル,低Re型k-εモデルの風速分布予測結果は二次元解析と三次元解析で明確な差異は確認できないものの,SST k-ωモデルの予測結果は二次元解析と比較して,三次元解析を行うことで大きく変化し,特に三次元解析の結果は実験結果と良い対応を示している.

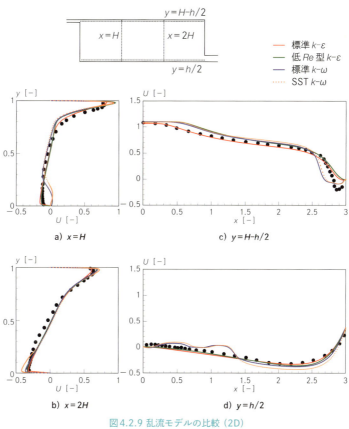

図 4.2.9 乱流モデルの比較（2D）

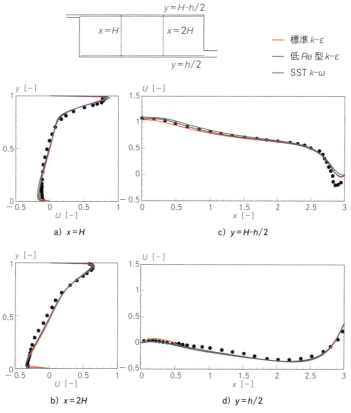

図 4.2.10 乱流モデルの比較（3D）

4-2 等温室内気流問題

4-3 非等温室内気流問題

本節では，非等温室内気流問題に関するベンチマークテストとして2種類を対象とする．4-3-1項では，東京大学生産技術研究所で整備された大空間の冷房空調を想定した模型実験結果を対象とし，4-3-2項では，明治大学で整備された床暖房室内の自然対流場の実大模型実験を対象としたベンチマークテスト結果を紹介する．

4-3-1 大空間の冷房噴流

本項では，水平非等温噴流を有する室内の温度場・流れ場に関するベンチマーク問題を紹介する．本例題(図4.3.1)は，日射の当たる大空間を水平吹出しノズルにより空調するケースをモデル化したもので，村上ら[1]により高精度の実験結果が提示されている．また，各種乱流モデルの精度検証用のベンチマーク問題として用いられており，解析結果が多く蓄積されている[2)~7)]．本例題は，**水平噴流**(冷風)が浮力の影響を受けて下降する様相と鉛直面の**自然対流**(熱上昇気流)を含んでいる．また，対象室上部には，**温度成層**が形成される．

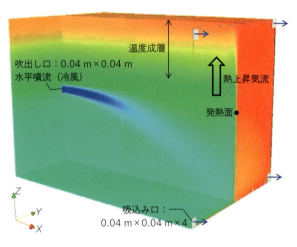

図4.3.1 水平非等温噴流流れ場

❶実験概要と既往の研究

このモデルは1980年代後半に村上ら[1]により高精度な実験が行われた．模型内の内壁表面はすべてアルミ箔を貼り，壁面間の放射熱伝達を抑制している．模型周辺の温度を模型室内の温度と等しくなるように制御し，壁面の熱貫流が生じないように配慮されている．一方，1990年代にはより精度の高いCFD解析手法の精度検証がなされており，1991年に加藤，村上ら[2]による代数応力モデル(ASM)の検証，その後，大岡ら[3]により応力方程式モデル(DSM)の検証がなされている．また，水谷ら[4]によりLES解析も行われており，2013年に遠藤ら[5]によりOpenFOAMを用いた検証，2014年には酒井ら[6]によりSST $k\text{-}\omega$ モデルの検証が行われている．

❷解析モデルの概要

解析モデルの概要を図4.3.2に示す．鉛直壁面(図左側)の中央に吹出し口を設置し，冷気流を吹き出す問題である．対向壁面を一様な発熱平板とし，その四隅に吸込み口が設置されている．壁面の境界条件は，熱流型で，発熱面以外の壁はすべて**完全断熱面**となっている．解析モデルは，左右対称であり，計算負荷軽減のため，対称境界を用いて半領域のみ計算することも可能である．実験データは**無次元**で提供されているが，使用するCFDコードによっては，有次元で解析を行う必要がある．有次元で解析を行う場合は，$L_0=0.04$ m，$U_0=1.0$ m/s であることから，吹出し風速 $U=1.0$ m/s，吹出し口サイズ 0.04 m × 0.04 m などとする必要がある．また，発熱面には，空気の流量 V [m³/s]，吹出し口と吸込み口の温度差 $(\theta_{\text{out}}-\theta_{\text{in}})$ [K]，空気の体積熱容

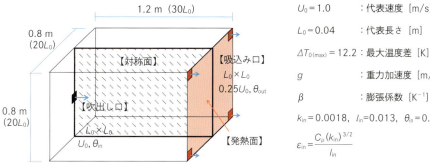

図4.3.2 解析モデルの概要

量$c_p\rho\,[\mathrm{J/(m^3\cdot K)}]$より損失熱量を算出し、その損失熱量と同等の発熱量を与えればよい．

表4.3.1に有次元化する場合の算出手順を示す．

表4.3.1 発熱量の算出

内容	算出過程
流量	$V = U_0 \times L_0 \times L_0 = 1\,\mathrm{m/s} \times 0.04^2\,\mathrm{m^2} = 0.0016\,\mathrm{m^3/s}$
熱損失量	$Q = V \times (\theta_o - \theta_i) \times c_p\rho = 0.0016\,\mathrm{m^3/s} \times 12.2\,\mathrm{K} \times 1\,207.2\,\mathrm{J/(m^3\cdot K)} = 23.564\,\mathrm{W}$
発熱面積	$A = 20L_0 \times 20L_0 - L_0 \times L_0 \times 4 = (20 \times 0.04)^2 - 0.04^2 \times 4 = 0.6336\,\mathrm{m^2}$
発熱量	$q = Q \div A = 23.564\,\mathrm{W} / 0.6336\,\mathrm{m^2} = 37.19\,\mathrm{W/m^2}$

❸CFD解析

解析概要[7]……吹出し温度を$T_\mathrm{in}=27℃$として解析を行った．計算アルゴリズムにSIMPLE法，各方程式の移流項の離散化には二次精度TVDスキーム（Minmod）を使用している．壁面境界は壁面第一セルの壁座標y^+に応じて対数則と線形則を切り替える2層モデルを適用した．CFDコードはOpenFOAM 4.xを使用し，乱流モデルには各種RANS二方程式モデル（標準k-ε, RNG k-ε, Realizable k-ε, SST k-ω）を用いた解析を行い，結果の比較を行った[7]．また，各乱流モデルのk, ε, ω方程式には浮力生産項を追加し，ε, ω方程式の浮力モデルには付録A-3❶項および4-3-2❸a項に記述されるViollet型を用いた．

解析結果……図4.3.3にスカラー風速のプロファイルを示す．各ケースで吹出し噴流が浮力の影響で下降する様相が確認できる．本解析結果は，既往の解析結果と一致し，実験をおおむね再現している．一方，乱流モデルごとに結果を比較すると，下降の様相が若干異なることが確

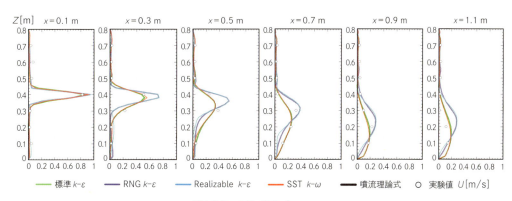

図4.3.3 スカラー風速プロファイル

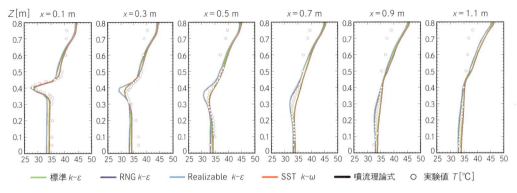

図4.3.4 温度プロフィール

認でき，RNG k-ε, Realizable k-εを使用したケースでは噴流が下降しにくいのに対し，標準k-ε, SST k-ωを使用したケースでは，より吹出し口に近い領域で下降する．

図4.3.4に温度プロフィールを示す．各ケースで噴流の下降の様相が異なるため，吹出し噴流による低温領域に若干の差異が見られるが，実験値と比較するとおおむね一致している．本解析結果では，上部の温度成層域で実験値との差異が大きい．この領域は乱れが少ないことが指摘されており，高Re型モデルの適用が困難なことが不一致の原因と思われる．

4-3-2 床暖房室内の自然対流

床暖房に代表される不安定成層となる室内流れ場において，CFDの計算精度を確認するため，実大床暖房模型にて測定された温度分布データベース[8]を用いて検討を行った．

❶床暖房室内の温度分布データベースの概要

この実験[8]では，約6℃に制御された簡易恒温室内に床面積3.24 m², 天井高さ2.1 mで床面に電気式床暖房パネルを備えた室模型（図4.3.5）を設置し，室内の温度分布および投入熱量が測定された．窓面は単板フロートガラスで，その他の面は断熱されているため，窓面からのコールドドラフトと床面からの上昇気流によって室内には弱い**循環流**が形成される．温度測定には熱電対を用いて，壁面温度を合計314点，空気温度を合計592点測定した（図4.3.6）．また，室内への投入熱量は発熱パネルの消費電力と室内外への熱移動比率から算出されており，さらに壁面の温度分布を用いて放射・対流の各成分の値が求められている．

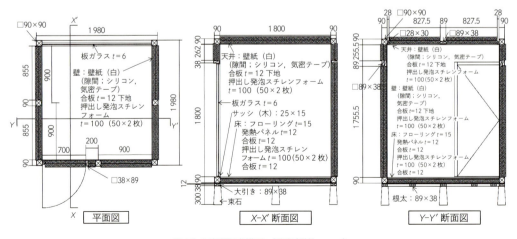

図4.3.5 床暖房室模型の概要（単位：mm）

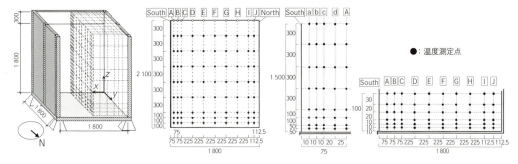

図4.3.6 温度測定点（単位：mm）

❷CFD計算モデル

計算モデルの概要を**図4.3.7**に示す．計算領域は実験模型の対称性を考慮して図4.3.5の右側半分のみとし，室中央断面は対称境界とした．この計算では実測によって得られた壁面温度を境界条件として与えたため，放射連成は行っていない．壁面温度の分布を**表4.3.2**に示す．

計算格子は構造格子であり，室中央の格子は立方体で壁面に近づくにつれて薄くなる．ここでは，室中央部の格子幅は50 mm，隣接する格子の最大拡大率は1.5とした．

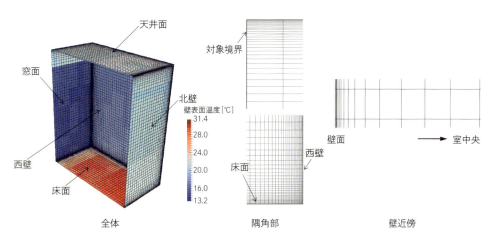

図4.3.7 計算格子の概要

表4.3.2 各壁面の温度分布

西壁		原点からのy方向距離 [mm]									
		0〜112.5	112.5〜187.5	187.5〜337.5	337.5〜562.5	562.5〜855	855〜945	945〜1237.5	1237.5〜1462.5	1462.5〜1631.25	1631.25〜1800
原点からのz方向距離 [mm]	1845〜2100	17.6	17.8	18.2	18.6	18.6	18.0	18.9	19.0	19.0	18.9
	1755〜1845	17.6	17.8	17.7	18.1	18.1	17.6	18.3	18.2	18.3	18.1
	1350〜1755	17.6	17.8	18.2	18.6	18.6	18.0	18.9	19.0	19.0	18.9
	1050〜1350	17.6	17.9	18.2	18.5	18.7	18.1	19.0	19.2	19.2	19.2
	750〜1050	17.5	17.9	18.3	18.6	18.9	18.4	19.3	19.4	19.5	19.5
	450〜750	17.8	18.3	18.5	19.0	19.3	18.9	19.8	19.9	19.9	20.1
	250〜450	17.8	18.3	18.7	19.4	19.9	19.5	20.4	20.4	20.2	20.0
	150〜250	17.7	18.3	18.7	19.6	19.9	19.5	20.3	20.6	20.3	20.0
	0〜150	17.3	17.9	18.5	19.3	19.7	19.3	19.9	20.2	20.2	19.7

表4.3.2 各壁面の温度分布（つづき）

窓面・南壁	原点からのx方向距離 [mm]					
	0 ~ 112.5	112.5 ~ 187.5	187.5 ~ 337.5	337.5 ~ 562.5	562.5 ~ 787.5	787.5 ~ 900
1 800 ~ 2 100	18.3	18.8	19.0	18.7	18.8	18.5
1 350 ~ 1 800	14.4	14.3	13.8	14.1	14.3	14.2
1 050 ~ 1 350	14.0	13.8	13.9	13.9	14.1	13.6
750 ~ 1 050	13.7	13.5	13.7	14.3	13.8	13.8
450 ~ 750	13.7	14.0	13.8	14.1	14.0	13.8
250 ~ 450	13.6	14.0	13.8	14.0	14.3	14.0
150 ~ 250	13.5	13.5	13.7	13.7	13.7	13.5
0 ~ 150	13.2	13.4	13.5	14.2	13.7	13.7

原点からのz方向距離 [mm]

北壁	原点からのx方向距離 [mm]					
	0 ~ 112.5	112.5 ~ 187.5	187.5 ~ 337.5	337.5 ~ 562.5	562.5 ~ 855	855 ~ 900
1 845 ~ 2 100	18.4	18.6	18.7	18.7	18.6	18.3
1 755 ~ 1 845	17.7	18.1	18.0	18.2	18.4	18.1
1 350 ~ 1 755	18.4	18.6	18.7	18.7	18.6	18.3
1 050 ~ 1 350	18.7	18.9	18.9	18.9	18.8	18.3
750 ~ 1 050	18.9	19.2	19.3	19.3	19.3	18.9
450 ~ 750	19.3	19.6	19.8	19.9	19.9	19.3
250 ~ 450	19.5	20.0	20.1	20.3	20.5	19.6
150 ~ 250	19.5	19.9	20.1	20.2	20.5	19.5
0 ~ 150	19.2	19.4	19.4	19.3	19.9	19.1

原点からのz方向距離 [mm]

天井面	原点からのx方向距離 [mm]					
	0 ~ 112.5	112.5 ~ 187.5	187.5 ~ 337.5	337.5 ~ 562.5	562.5 ~ 787.5	787.5 ~ 900
1 631.25 ~ 1 800	18.7	19.5	19.5	20.0	19.4	17.7
1 462.5 ~ 1 631.25	19.0	19.7	19.7	19.5	19.6	18.0
1 237.5 ~ 1 462.5	19.1	19.7	19.7	19.5	19.6	18.1
1 012.5 ~ 1 237.5	19.3	19.6	19.7	19.8	19.6	17.5
787.5 ~ 1 012.5	19.0	19.5	19.5	19.3	19.4	17.5
562.5 ~ 787.5	19.0	19.4	19.4	19.2	19.5	17.2
337.5 ~ 562.5	19.1	19.2	19.3	19.1	19.4	17.5
187.5 ~ 337.5	19.3	19.1	19.2	19.3	19.2	17.6
112.5 ~ 187.5	18.5	18.9	19.1	19.0	19.2	17.5
0 ~ 112.5	18.2	19.4	18.8	18.8	19.2	17.5

原点からのy方向距離 [mm]

床面	原点からのx方向距離 [mm]					
	0 ~ 112.5	112.5 ~ 187.5	187.5 ~ 337.5	337.5 ~ 562.5	562.5 ~ 787.5	787.5 ~ 900
1 631.25 ~ 1 800	24.6	27.7	28.6	29.5	31.4	30.2
1 462.5 ~ 1 631.25	26.4	29.3	30.5	31.0	31.1	29.8
1 237.5 ~ 1 462.5	25.5	29.8	30.8	30.8	31.0	30.0
1 012.5 ~ 1 237.5	26.0	29.7	30.5	31.0	30.1	29.3
787.5 ~ 1 012.5	24.7	28.2	28.5	29.2	29.3	28.8
562.5 ~ 787.5	25.0	28.0	28.6	30.4	29.4	30.1
337.5 ~ 562.5	24.8	28.9	28.7	29.7	29.8	28.5
187.5 ~ 337.5	24.2	26.0	26.5	27.5	27.7	26.9
112.5 ~ 187.5	23.0	25.1	25.2	25.8	26.2	25.8
0 ~ 112.5	20.9	22.0	22.2	22.6	22.8	22.2

原点からのy方向距離 [mm]

速度・乱流エネルギーの境界条件はすべての壁面でno-slipとした．移流項の離散化は，速度・温度については二次精度TVDスキームとし，乱流量については計算安定性の確保のため一次精度風上差分とした．PISOアルゴリズムによる非定常計算(Δt = 0.01s)を行い，モニタリングポイント（図4.3.8，表4.3.3）における時間平均空気温度の変動が十分に小さくなるまで計算を行った．浮力の取扱いにはブシネスク近似を用いた．格子作成・計算ともにOpenFOAM 2.1.xを使用した．ただし，乱流エネルギーの浮力生産項を追加する改良が行われている．

乱流モデルは，低Re型k-εモデルとして多くの商用ソフトにも採用されているLienらのモデルを用いた[9]．

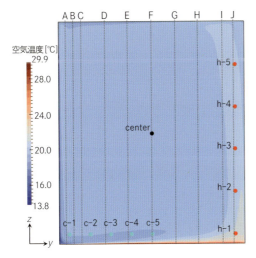

図4.3.8 実測の測定ラインとモニタリングポイント

表4.3.3 モニタリングポイントの位置

ポイント	y [m]	z [m]
c-1	0.1	0.1
c-2	0.3	0.1
c-3	0.5	0.1
c-4	0.7	0.1
c-5	0.9	0.1
h-1	1.7	0.1
h-2	1.7	0.5
h-3	1.7	0.9
h-4	1.7	1.3
h-5	1.7	1.7
center	0.9	1.05

❸ 散逸率εの浮力生産項の取扱いの影響

浮力が散逸率εの移流・拡散に及ぼす影響は明確になっておらず，その取扱いに決定的な方法はなく，いくつかの手法が提案されている（詳細は付録A-3❶項を参照）．そこで，ここでは3種類の**散逸率εの浮力生産項**の取扱い手法を比較し，計算結果への影響を検討した．

検討したεの浮力生産項の取扱いは以下のとおりで，すべて係数C_{ε_3}を変更するものである．

a. $C_{\varepsilon_3} = 1\ (G_k > 0)$, $C_{\varepsilon_3} = 0\ (G_k < 0)$
b. $C_{\varepsilon_3} = 0$
c. $C_{\varepsilon_3} = \tanh|W/U|$

室内中央断面における風速・温度・乱流エネルギーの分布を図4.3.9に示す．aでは風速のピークは壁の極近傍に薄く存在していたが，b，cではaに比べて室中央方向に拡散している様子が確認できる．温度分布を見ると，aに比べてb，cでは**コールドドラフト**の到達距離が短くなった．乱流エネルギーの分布形状はa，b，cで大きな変化はないものの，b，cでは全体的に乱流エネルギーをaに比べて大きく評価した．対流熱伝達量（表4.3.4）では，aは実測結果に比べて2割程度過小評価していたが，b，cではaに比べて大きくなり，実測結果と比べて1割弱の過小評価まで予測精度が改善された．

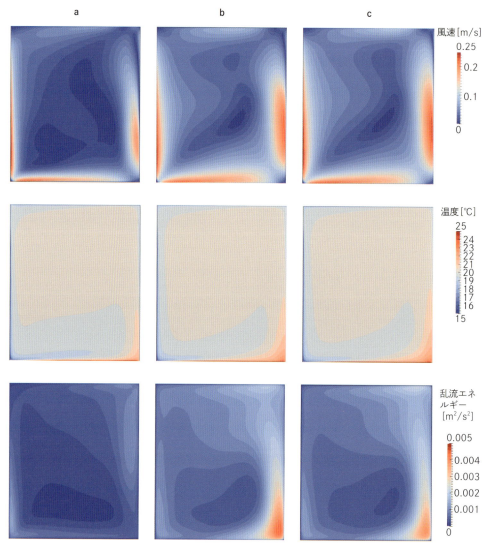

図4.3.9 散逸率εの浮力生産項の違いによる中央断面（X = 900 mm）の諸量の分布の比較

表4.3.4 散逸率εの浮力生産項の違いが対流熱伝達量の計算精度に及ぼす影響

実測結果	a	b	c
93.6 W	73.28 W	87.53 W	86.72 W

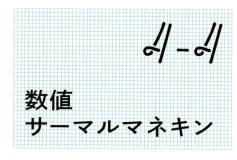

4-4 数値サーマルマネキン

建物内や車室内に形成される温熱環境を人体の快適性や温冷感の面から評価するために**サーマルマネキン**が広く使用されるようになってきた[1]．サーマルマネキンをモデル化して，暖冷房している空間と一体で数値シミュレーションを実施し，室内温熱環境を予測することも広く行われている．シミュレーション検証用のサーマルマネキン実験データはいくつかのケースが

提案・公表されており[2),3)]，これらを対象とした検証結果も報告されている[4)]．ここでは，静穏室中に置かれたサーマルマネキン[5)]，および対向流中に置かれたサーマルマネキン[6)]の二例を対象とした数値サーマルマネキンのベンチマークテストの結果を紹介する．

4-4-1 静穏室中に置かれたサーマルマネキン[5)]

❶実験の概要

図4.4.1に示すような幅3 m，奥行3.5 m，高さ2.5 mの床全面吹出し・天井全面吸込み換気方式の部屋の中央に，図4.4.2に示す女性形状のサーマルマネキンを立位裸体状態で設置した．サーマルマネキンは，18個の部位に分割されている．両膝を除く16個の部位には，部位ごとに0.3 mmのニッケル線が約2 mm間隔で巻かれており，これにパルス的に通電することにより発熱させる．非通電時に電気抵抗値を測定することによりその温度が測定される．ニッケ

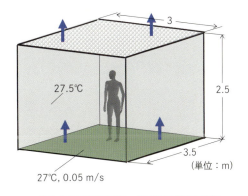

図4.4.1 床全面吹出し・天井全面吸込み換気

ル線の上には，0.1 mm程度の厚さの塗料が塗られて皮膚表面を形成している．サーマルマネキン表面の熱流束q[W/m^2]と皮膚温t_s[℃]は，熱的に中立の場合に成り立つとされる式(4.4.1)の関係を満たすように，両膝を除く16部位で部位ごとに制御される[7)]．

$$q = \frac{36.4 - t_s}{0.054} \tag{4.4.1}$$

床面は，グレーチングの上に多孔質のカーペットが敷かれており，ここから27℃の空気が吹き出される．部屋中央の床上1.2 mの高さにおいて，サーマルマネキンを設置していない状態で，超音波風速計を用いて測定した速度は0.05m/s，乱流強度は0.33であった．天井面はアルミニウム合金製パンチングメタル面とし均一に排気している．壁面の近くにカーテンを垂らし，空気温度とカーテンの表面温度がほぼ一致するようにした．実験を開始してから約4時間

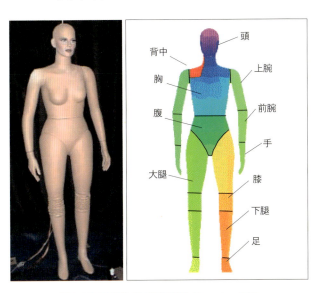

図4.4.2 18分割（16部位制御）サーマルマネキン

経過して，空気温度，マネキン表面温度，放熱量に変化がなくなったことを確認後，室内壁と空気温度，およびサーマルマネキンの部位ごとの温度と全熱流束を10秒間隔で1時間10分にわたって測定した．温度変動はいずれも±0.1℃以内であった．サーマルマネキンの各部位ごとの平均値を測定値とした．室内壁（カーテン），空気の平均温度はそれぞれ27.5℃，27.6℃であり，空間的分布はいずれも±0.1℃以内であった．

❷解析の概要

人体形状モデル……サーマルマネキンと形状・寸法ができるだけ一致するように立位裸体女性形状の精密人体モデルを作成した．この人体モデルは，**図4.4.3**に示すように合計6 080個の固体面要素で構成されている．特に形状の変化が激しい顔面は，641個の固体面要素を配置した．耳はメッシュ作成が過度に煩雑になるため省略している．

境界条件……実験室と同寸法の部屋の中央に人体モデルを位置させるものとして，付録Cの図C.4に示す対流・放射連成解析により人体周りの温熱環境を解析する．

床から吹き出される空気は，温度27℃，吹出し速度0.05m/s，乱流強度0.33，乱れの長さスケール0.007mとした．天井排気面では，変数の勾配が天井面で0を仮定する流出境界条件を与えた．

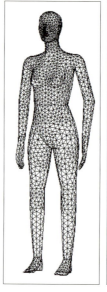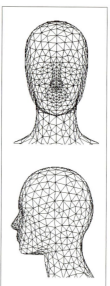

図4.4.3 人体モデルのメッシュ構成

人体モデルの表面温度は，放射計算ルーチンで式（4.4.1）を満たすように算出される皮膚温分布を境界条件として設定した．放射計算では，床・天井を固体面として扱い，放射率は床・壁で0.9，天井で0.3，人体モデル表面で0.9とし，床・壁の温度は27.5℃一定，天井の温度は流出空気温度に等しいとした．人体モデル表面温度を計算するうえで必要な対流熱流束は流体計算によって求められる対流熱流束分布を与えた．

解析方法……乱流モデルは，二次非線形k-εモデル（Shih-Zhu-Lumley[8]）に低Re型k-εモデル[9]を組み合わせたモデル[10]を用いた．温度による密度変化の影響は圧力を一定と仮定した理想気体の式を用いて評価した．計算アルゴリズムはSIMPLE法，差分スキームは一次精度風上差分スキームを用いて定常解析した．人体モデル，室内壁などの固体表面は三角メッシュで分割した．固体面のメッシュ総数は人体モデルを含め8 942個である．周囲の空間のメッシュ分割状況を**図4.4.4**に示す．人体モデ

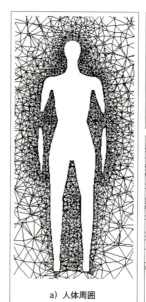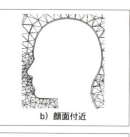

図4.4.4 人体モデル周囲のセル分割

ル表面から流体側への第一セルおよび第二セルは，**プリズム型セル**，第二セル上端から部屋の内壁までは，**テトラ型セル**を用いた．セル分割数は128 064個である．第一セル中心点の固体壁からの無次元法線方向距離(壁座標)y^+は，腋下部，胸部，股間部の一部で4～5の値であるが，その他の大部分で1.5以下である．放射解析は**モンテカルロ法**と**ゾーン法**を組み合わせた解法を用いた[11]．

❸解析結果

速度分布……図4.4.5に示すように，床全面から0.05m/sで吹き出された空気は，人体モデルの発熱によりその周囲の比較的狭い領域に上昇流を生じ，足元から頭部に向かってしだいに増速する．上昇流は，股間部，腋下部，顎でさえぎられ，それらの周囲に迂回する．背面では，滑らかに風速が増加し，頭上で最大値0.27 m/sとなる．人体近傍を除くと，室内に吹き出された気流はほとんど変化することなく天井全面の吸込み口に至る．

温度分布……図4.4.6に示すように，人体モデル周囲の上昇気流の温度は足元から頭部にかけて上昇する．肩上，頭上で32℃程度である．人体近傍を除く大部分の空間で，27.0～27.2℃である．

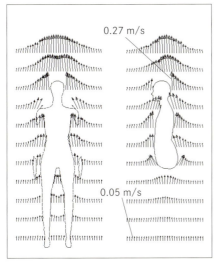

図4.4.5 速度分布

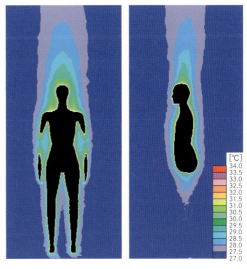

図4.4.6 温度分布

皮膚温分布……図4.4.7に示すように，皮膚温は31.6～34.5℃に分布し，平均値は33.6℃である．鼻の先端が31.6℃と最も低い．唇，顎は32.6℃，額で33.4℃，その他の顔面で33.2℃程度と計算された．胸は33.2℃，手先では32.9℃である．股間部が最も高く34.2℃，次いで，腕と胸部，および大腿部内側の互いに向き合う部位で34℃と高い．その他の部位では平均値にほぼ等しい．熱的中立の条件下で，皮膚温は熱流束と式(4.4.1)で関係付けられているため，熱流束の大きいところで低くなる．

熱流束分布……図4.4.8 a)，b)，c)に全熱流束，**対流熱流束**および**放射熱流束**の分布をそれぞれ示す．全熱流束は36～85 W/m^{2}に分布し，平均値は52.1 W/m^{2}である．鼻で85 W/m^{2}と最も大きく，次いで唇，顎で74 W/m^{2}である．眼窩では51 W/m^{2}と小さい．これらを除く顔面で59～64 W/m^{2}と計算された．胸，手の先では64 W/m^{2}程度，後頭部，腕部・大腿部・下腿部の外側で55 W/m^{2}程度である．肩，腋下部，腕部・大腿部の内側では，46 W/m^{2}程度と小さい．股間部で最も小さく40 W/m^{2}程度である．腹部，背中，臀(でん)部は，ほぼ平均値に等しい．対流熱流束は12～70 W/m^{2}に分布し，平均値は21 W/m^{2}である．鼻の先端で70 W/m^{2}と最も

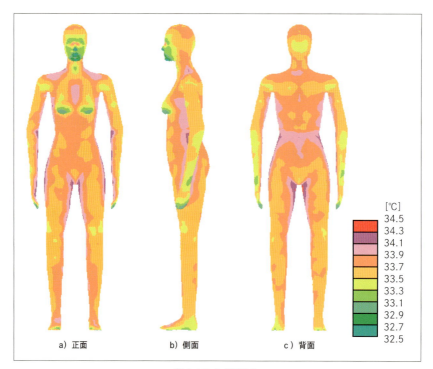

図4.4.7 皮膚温分布

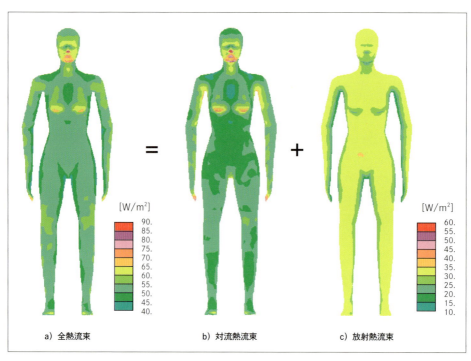

図4.4.8 全熱流束分布

大きく，次いで唇，顎，腋下部，乳房，指の先端など，人体自身がつくり出す上昇気流がぶつかる部位で大きい．放射熱流束は10～35 W/m²に分布し，平均値は31.5 W/m²である．顎，腕の内側，脚の内側など人体部位同士が向き合うところで小さく，その他の部位は33 W/m²程度である．人体モデルからの全放熱量は77 Wで，放射58%，対流42%の割合である．

❹実験結果との比較

図4.4.7，4.4.8に示したように，皮膚温と全熱流束の計算値は，6 080個の固体面要素ごとに詳細な表面分布が示されるが，16個の部位についてのみ得られている測定値と比較するために，人体モデルの部位ごとにメッシュの面積重み付け平均をした皮膚温と全熱流束に関して比較する．

皮膚温……人体の部位別平均皮膚温を，図4.4.9に示す．計算値は折れ線グラフ，測定値は棒グラフで表示されている．計算値は33.4～33.7℃，測定値は33.3～34.1℃の範囲に分布しており，計算値は測定値に比べてかなり平均化している．図4.4.7で示したように，局所皮膚温の計算値は31.6～34.5℃に分布しているが，人体部位ごとの平均値をとった結果一様化したものである．全身の平均温度は，測定値33.8℃に対して計算値は33.6℃で0.2℃低い．部位ごとの皮膚温は，測定値に比べて，頭部で0.1℃高く，足部ではほぼ一致するものの，他の部位ではいずれも低く計算された．足部から下腿部，大腿部にかけて，および手から前腕部にかけて皮膚温が上昇する傾向は測定値と一致している．上腕部，腹部，背中では，測定値に比べて0.3～0.5℃程度低く計算された．なお，左手の皮膚温の測定値が高いのは，実験で用いたサーマルマネキンの制御エラーと思われる．

人体モデルがつくる上昇気流の外側の空気温度の計算値は27.2℃程度であるが，測定値は27.6℃である．空気温度が高いほど人体からの対流による放熱量は減少するので，空気温度の計算値が，測定値に比べて0.4℃低いことが皮膚温の計算値を測定値に比べて低下させていることの原因の一つである．空気温度の差異の原因として，実験で用いたカーテンを平面として解析したこと，天井面に設定した境界条件の妥当性，温度測定・速度測定の誤差の可能性があげられる．

全熱流束……全熱流束を図4.4.10に示す．計算値は51～56 W/m^2，測定値は43～57 W/m^{2}の範囲に分布しており，計算値は測定値に比べて平均化している．全熱流束は，頭部で最も大きく，計算値で56 W/m^2，測定値で57 W/m^{2}である．皮膚温が最も高い腹部，背中，胸では，計算値は約51 W/m^{2}で測定値の約44 W/m^{2}より大きい．全身の平均値は，測定値48 W/m^{2}に対して計算値は52 W/m^{2}と大きい．全熱流束は，皮膚温と式(4.4.1)の関係で結ばれている．したがって，皮膚温に関する考察は，全熱流束についても当てはまる．

対流熱流束・対流熱伝達率……対流熱流束の計算値を図4.4.10に折れ線(破線)グラフで示す．対流熱流束は19～28 W/m^{2}の範囲に分布している．全身の平均値は，21 W/m^{2}である．参照温度

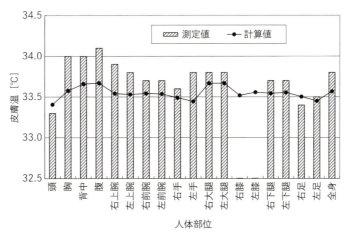

図4.4.9 皮膚温

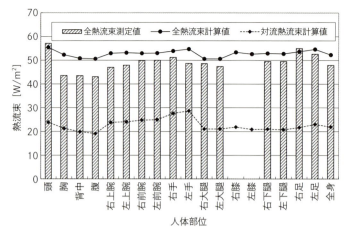

図4.4.10 全熱流束と対流熱流束

を吹出し空気温度27.0℃とした場合の対流熱伝達率の計算値を**図4.4.11**に示す．対流熱伝達率は，2.9〜4.4 W/(m²·K)の範囲に分布している．全身の平均値は，3.3 W/m²である．手が約4.3 W/(m²·K)と最も大きく，頭部は3.7 W/(m²·K)程度である．腹部は，2.9 W/(m²·K)程度と低く計算された．

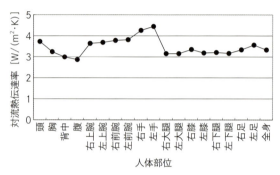

図4.4.11 対流熱伝達率（計算値）

4-4-2 対向流中に置かれたサーマルマネキン[6]

❶実験の概要

図4.4.12に実験装置の概要を示す．幅1.2 m×奥行2.44 m×高さ2.46 mの直方体チャンバの後方の壁の，天井から0.6 m，床から0.6 mの各位置にそれぞれ直径0.25 mの排気口が設置

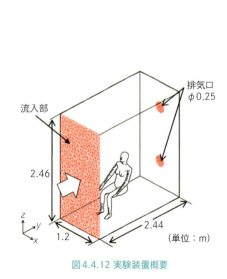

図4.4.12 実験装置概要

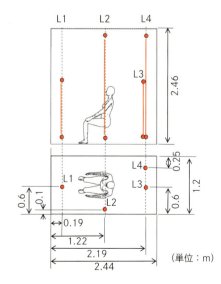

図4.4.13 温度，速度測定位置

されている．これらの排気口はダクトを介して排気ファンに接続されている．前方の流入部から温度20.4℃，速度0.27 m/sで一様に空気が流入するように意図した実験が行われた．サーマルマネキンは$x=0.6$ m（中央），$y=1.22$ m（臀部中心）に裸体で設置され，表面温度34℃一定に制御された．

図4.4.13に示す各位置（L1～L4）で温度と速度の分布，およびチャンバ内各点の表面温度が測定された．サーマルマネキン各部位の放熱量を含む測定結果はエクセル表にまとめられ公表されている[3]．

❷解析の概要

解析条件……できるだけ実験条件と一致するように表4.4.1に示す境界条件を設定した．チャンバは厚さ12 mmの合板で作成され，熱伝導率0.15 W/(m·K)，室外の熱伝達率10 W/(m²·K)として室内壁表面から外気までの熱抵抗を算出した．チャンバ前面の流入部から図4.4.14に示す温度の空気が平均風速$V=0.27$ m/sで一様に流入するものとした．流入空気の乱流強度は0.05，乱れの長さスケールは0.16 mとした．流出口には圧力境界を設定した．壁面はno-slip条件を設定した．室内壁から外気までの熱抵抗は0.18 m²·K/W，外気温度は20.4℃とし

表4.4.1 境界条件

		流出口	流入口	流出口
流入出境界条件	流体計算ルーチン	速度	0.27 m/s	圧力境界
		温度	測定値	
		乱流強度	0.05	
		乱れの長さスケール	0.16 m	
壁面境界条件		速度	no-slip	
		温度	放射計算ルーチンによって求められる温度	
		固体面	人体モデル	壁体
放射計算ルーチン		温度	34℃	室内壁から外気までの熱抵抗0.18 m²·K/W，外気温は20.4℃
		放射率	0.9	0.9
		対流熱流束	流体計算ルーチンによって求められる対流熱流束	

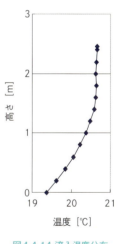

図4.4.14 流入温度分布

表4.4.2 計算メッシュの分割状況

Mesh	対象	部位	格子幅[mm]	表面セル数	空間セル数
mesh 1 (標準メッシュ)	人体	顔・手	5～20	9 304	300 496
		足	30		
		上記以外	35		
	チャンバ	排気口	50	9 696	
		足付近	30		
		上記以外	100		
		(合計)		19 000	
mesh2 (高精細メッシュ)	人体	顔・手	3～10	58 264	1 219 813
		上記以外	10		
	チャンバ	排気口	50	18 138	
		足付近	10		
		上記以外	100		
		(合計)		76 402	

た．サーマルマネキンの表面温度は34℃一定とした．室内壁およびサーマルマネキン表面の放射率は0.9とした．付録Cの図C.4に従って対流・放射連成解析を実施した．差分スキームはTVDスキームの一種であるMARS法，計算アルゴリズムはSIMPLE法を採用した．乱流モデルはSST k-ω 乱流モデルを標準とし，比較のため，Realizable，低Re型k-εモデル[9]（4-4-1項と同一），V2fの各乱流モデルによる解析も行った．

計算メッシュ……メッシュ依存性を把握するため，実用的な解析に多く用いられるレベルの標準メッシュ（mesh1）と人体表面をさらに細分化した高精細メッシュ（mesh2）を用いた．**表4.4.2**にメッシュ分割状況を示す．壁面第一セルの厚さは，人体表面で0.5 mm，チャンバで1 mmとし，拡大率1.1で5層の境界層メッシュを作成した．SST k-ωでは2種類のメッシュによる結果を比較したが，それ以外のモデルではmesh2のみを適用した．

❸解析結果

乱流強度……測定位置L1とL3における計算値と測定値を**図4.4.15**に示す．SST k-ωモデルではmesh1とmesh2の差異はほとんどなく，測定値とおおむね一致している．V2fモデルは測定値とよく一致しているが，低Re型k-εモデルでは人体背後のL3における乱流強度の値が全般的に大きい．

速度分布……測定位置L1とL3におけるSST k-ωモデルの計算値と測定値を**図4.4.16**に示す．mesh1とmesh2の差異はほとんどなく，測定値ともおおむね一致している．

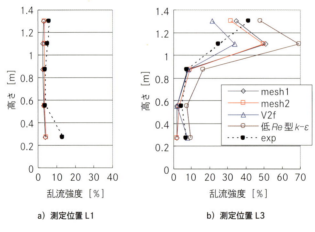

図4.4.15 乱流強度分布の測定値との比較

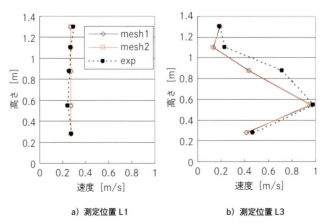

図4.4.16 速度分布の測定値との比較

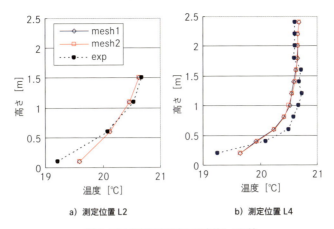

a) 測定位置 L2   b) 測定位置 L4

図 4.4.17 空気温度分布の測定値との比較

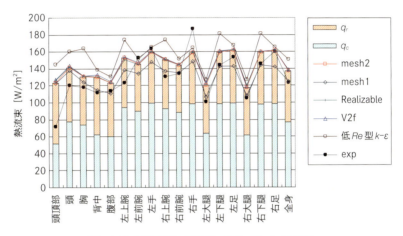

図 4.4.18 人体各部位の熱流束の乱流モデルによる比較

空気温度……測定位置 L2 と L4 における計算値と測定値を図 4.4.17 に示す．mesh1 と mesh2 の差異はほとんどなく，測定値ともおおむね一致している．

人体熱流束の乱流モデルによる比較……各種乱流モデルの解析結果と測定結果を図 4.4.18 に示す．棒グラフの q_r と q_c は SST k-ω モデルを用いた場合の放射熱流束と対流熱流束である．SST k-ω，Realizable および V2f の解析結果はほとんど一致し，頭頂部を除いて測定値ともおおむね一致している．低 Re 型 k-ε モデルはいずれの部位でも大きめの熱流束となった．

4-4-3 まとめ

　数値サーマルマネキンのベンチマークテストの結果を二例紹介した．空気温度，風速および人体各部位の熱流束の解析結果は，測定結果とおおむね一致していることが確かめられた．サーマルマネキンは，全身等価温度のほかに部位等価温度を測定することができる[12]ので不均一温熱環境評価に適するが，高額なため広く使用されるまでには至っていない．数値シミュレーション技術の普及に伴い数値サーマルマネキンを用いた詳細な温熱環境解析を実施する機会が増えるものと予想される．その際，実人体形状モデルをいかに作成するかという難問に直面する．幸いに，学術的な目的に限定されるが，ダウンロード可能な**グリッドライブラリー**がウェブ上に公開されている[13]．小児，成人男性および成人女性についてそれぞれ立位と椅座位が用意されているので参考にするとよいであろう．

4-5 通風気流

環境配慮型オフィスやパッシブハウスの普及に伴い，自然換気・通風による室内気流場の予測にCFDを用いることが一般的になりつつあり，実務における設計段階での適用例も増加している．CFDによる通風気流解析では格子生成や差分スキーム，乱流モデルの選定によって解析結果が異なるが，これらの決定は経験則によるものが多いのが現状である．また，CFDの結果の精度が低い場合，**風圧係数**などのCFDの結果を計算条件として使用する換気回路網ソフトウェアなどの結果にも影響を与えることが懸念される．そこで，本節では通風気流・建物周辺気流解析における乱流モデルの違いが結果に及ぼす影響について検討を行う．

4-5-1 計算概要

❶ベンチマークテストの概要

解析領域となる数値風洞を**図4.5.1**，解析対象建物を**図4.5.2**に示す．解析領域の格子分割は$X:Y:Z = 58:48:60$とした．解析対象建物は建物幅：奥行き：高さが$2:2:1$の単純形状の建物である．風圧係数と乱流エネルギーの計算時には側壁に開口部はなく，通風の計算時には側壁中央に0.2×0.4の横長開口を設けたものとする．CFDソフトウェアにはOpenFOAM 2.0.1を用いた．流入気流は風洞実験の気流分布に基づくものとし[1]，風向角は0度（開口部正面から気流が接近）とした．流入気流の平均風速U，乱流エネルギーk，粘性散逸率εの分布を**図4.5.3**に示す（それぞれ速度，長さの基準をU_0，L_0として，$U:U_0$，$k:U_0^2$，$\varepsilon:U_0^3/L_0$で無次元化して表している．有次元値とするためには，基準量を無次元値に乗ずればよい）．解析領域床面の境界条件には対称境界条件，一般化対数則による壁関数，Z_0型壁関数[2]による壁面境界条件を使用した．解析に用いた乱流モデルは標準k-ε，RNG k-ε，Realizable k-ε，SST k-ωの4種類とした．その他の解析条件を**表4.5.1**に示す．なお，通風気流のベンチマークテストに用いられている長さ，風速はそれぞれ，建物軒高（建物高さ）と建物軒高における風速で**無次元化**されており，比較対象となる風洞実験結果は，建物軒高$L_0 = 0.15$ m，建物軒高における風速$U_0 = 7$ m/sで行われたものである．

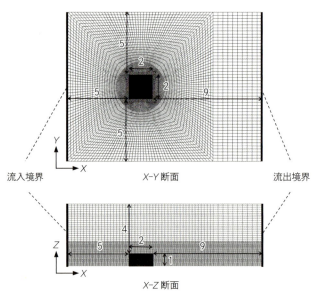

図4.5.1 解析領域（数値風洞）

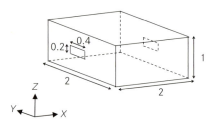

図4.5.2 解析対象建物

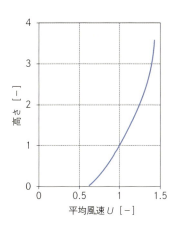
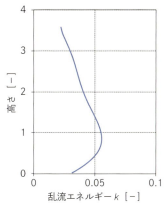
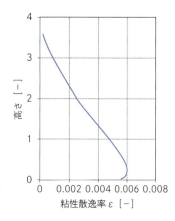

高さ[−]	平均風速 U[−]	乱流エネルギー k[−]	粘性散逸率 ε[−]	高さ[−]	平均風速 U[−]	乱流エネルギー k[−]	粘性散逸率 ε[−]
0.025	0.6252	0.03171	0.005609	1.325	1.0898	0.05113	0.004025
0.075	0.6534	0.03455	0.005843	1.375	1.1027	0.05032	0.003909
0.125	0.6800	0.03724	0.005943	1.425	1.1155	0.04950	0.003792
0.175	0.7051	0.03977	0.006002	1.475	1.1281	0.04865	0.003676
0.225	0.7290	0.04213	0.006026	1.525	1.1405	0.04780	0.003561
0.275	0.7516	0.04431	0.006022	1.575	1.1527	0.04696	0.003446
0.325	0.7732	0.04629	0.005995	1.625	1.1648	0.04612	0.003332
0.375	0.7938	0.04807	0.005949	1.675	1.1766	0.04529	0.003220
0.425	0.8136	0.04966	0.005888	1.725	1.1882	0.04448	0.003109
0.475	0.8326	0.05105	0.005815	1.775	1.1997	0.04370	0.002999
0.525	0.8509	0.05225	0.005733	1.825	1.2109	0.04294	0.002891
0.575	0.8685	0.05326	0.005644	1.875	1.2219	0.04221	0.002786
0.625	0.8856	0.05407	0.005550	1.925	1.2327	0.04151	0.002682
0.675	0.9022	0.05471	0.005452	1.975	1.2432	0.04085	0.002580
0.725	0.9184	0.05518	0.005351	2.075	1.2635	0.03960	0.002413
0.775	0.9342	0.05548	0.005248	2.225	1.2920	0.03795	0.002163
0.825	0.9458	0.05563	0.005142	2.375	1.3180	0.03648	0.001898
0.875	0.9647	0.05564	0.005036	2.525	1.3414	0.03508	0.001643
0.925	0.9795	0.05552	0.004928	2.675	1.3622	0.03362	0.001396
0.975	0.9940	0.05527	0.004819	2.825	1.3803	0.03198	0.001158
1.025	1.0083	0.05492	0.004708	2.975	1.3958	0.03009	0.000931
1.075	1.0223	0.05446	0.004597	3.125	1.4086	0.02796	0.000719
1.125	1.0362	0.05392	0.004484	3.275	1.4189	0.02570	0.000528
1.175	1.0499	0.05331	0.004370	3.425	1.4266	0.02363	0.000361
1.225	1.0633	0.05263	0.004256	3.575	1.4314	0.02228	0.000218
1.275	1.0766	0.05190	0.004140				

図4.5.3 風洞入口部に設定する気流データ（平均風速 U，乱流エネルギー k，粘性散逸率 ε）

表4.5.1 解析条件

内　容	詳　細
ソフトウェア	OpenFOAM Ver. 2.0.1
解析領域	図4.5.1に示す三次元の領域
流入境界条件	図4.5.3に示す気流データ
流出境界条件	流出境界面における勾配0
壁面条件	床　面　：対称境界条件 　　　　　一般化対数則による壁関数に基づく壁面境界条件 　　　　　Z_0型壁関数に基づく壁面境界条件 対象建物：一般化対数則による壁関数に基づく壁面境界条件 その他　：対称境界条件
差分スキーム	QUICK
計算アルゴリズム	SIMPLE法

4-5-2 アプローチフローの検証

通風気流の解析には建物に接近する屋外気流(アプローチフロー)を流入条件として設定する必要がある．一般的に風洞実験で取得されるアプローチフローは模型設置位置におけるものであるが，CFDでは風洞実験で得られたアプローチフローの風速などを数値風洞入口部に境界条件として設定するのが一般的である．そのため，数値風洞床面の境界条件によっては，建物位置におけるアプローチフローが設定条件と大きく異なる可能性があるため，アプローチフローの作成法について検討する．解析領域床面の境界条件の違いによるアプローチフローの風速分布の違いを**図4.5.4**に示す．**Z_0型壁関数**とはZ_0**(粗度係数)**の大きさにより，数値風洞床面に作用する摩擦力をコントロールする境界条件であり，以下の式で表せる．

$$\frac{\langle u \rangle_p}{u_*} = \frac{1}{\kappa} \ln \frac{h_p}{Z_0} \tag{4.5.1}$$

式(4.5.1)中のZ_0には任意の数字を与え，床面第一メッシュの接線方向の風速$\langle u \rangle_p$と床面から壁面第一メッシュまでの距離h_pを用いて摩擦速度u_*を求め(カルマン定数κは0.4)，以下の式で得られる壁面応力τ_wを運動方程式に与えるものである．

$$\tau_w = \rho u_*^2$$

数値風洞床面の境界条件については文献2)に詳しいので，参照されたい．

本検討では，図4.5.1の解析領域において，建物がない状態での計算を実施し，数値風洞入口に設定した流入条件の風速分布(模型設置位置で模型がない状態で測定した風速分布)と解析対象建物中心位置における風速分布の差の二乗和が最小となるZ_0を検討し，Z_0 = 0.0026を採用した．図4.5.4より，解析領域床面付近における流入条件と建物設置位置の風速差は対称境界条件を用いた場合に最も大きくなることがわかる．**一般化対数則**による壁関数を用いた場合，対称境界条件に比べると風速差が小さいが，Z_0型壁関数を用いた場合に，最も風速差が小さい結果となった．

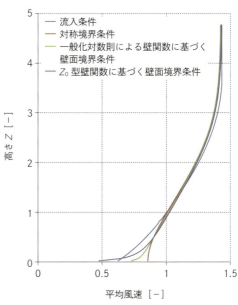

図4.5.4 床面境界条件の違いによるアプローチフローの比較 (X方向平均風速)

4-5-3 乱流モデルの違いによる比較

乱流モデルの違いによる計算結果の比較を行う．計算条件は表4.5.1によるものとし，アプローチフローを流入境界条件として設定し，数値風洞床面にZ_0型壁関数を適用した．

❶風圧係数分布の比較

図4.5.5に風圧係数の解析結果を風洞実験結果とともに示す．風上側壁面の風圧係数を見ると，風洞実験でのよどみ点付近の最大値は0.8前後となっているが，標準k-εの結果のみ，それを大きく上回る数値となっている．風下側壁面ではおおむね一様な負圧となっており，モデル

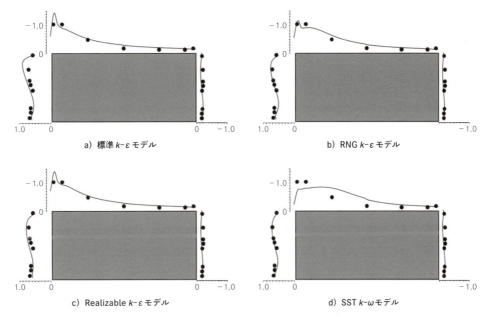

図4.5.5 XY断面（Y=6）風圧係数分布図（黒丸：風洞実験結果[1]，実線：CFD結果）

による差は見られない．屋根面においては，**はく離**の影響で前縁部に大きな**負圧**が風洞実験で発生している．各モデルともその傾向は見られるが，モデルにより数値に差が表れている．

❷乱流エネルギー分布図による比較

図4.5.6に風洞実験結果[1]，図4.5.7に解析結果の乱流エネルギー分布図を示す．SST k-ω 以外の三つの結果では，乱流エネルギーのピーク位置が建物前面側に寄っている．SST k-ω モデルではピーク値とその発生場所が風洞実験結果に近くなっている．

❸風速ベクトル図による比較

図4.5.8に風洞実験結果[1]，図4.5.9に通風気流解析の風速ベクトル図（XZ断面）を示す．SST k-ω モデルが風上側壁面下部で生じる循環渦の再現精度が高い．Realizable k-ε モデルでは風洞実験に見られる室内での流入気流の下降が再現できていない．

❹通風量による比較（風向角あり）

図4.5.10に風洞実験結果[3]と解析結果の通風量を示す．通風量の計算は七つの風向角で実施した．すべての乱流モデルにおいて，風向角0°のときには風洞実験値と近い値となった．風向角がある場合に通風量が過小評価となったが，風洞実験同様に風向角が増加するにつれて，通風量が減少する傾向は見られている．このような場合，風向角ありの場合の計算メッシュの精度に問題がある可能性が考えられる．

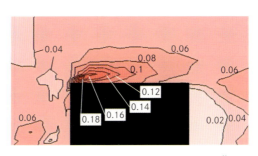

図4.5.6 乱流エネルギー分布図（風洞実験結果[1]）

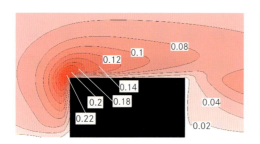
a) 標準 k-ε モデル

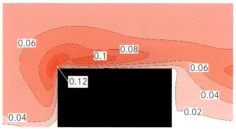
b) RNG k-ε モデル

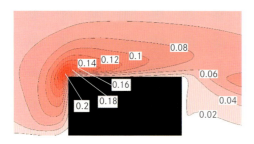
c) Realizable k-ε モデル

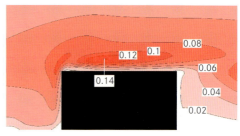
d) SST k-ω モデル

図4.5.7 XY断面（Y=6）乱流エネルギー分布図（CFD結果）

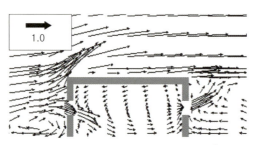

図4.5.8 風速ベクトル分布図（風洞実験結果[1]）

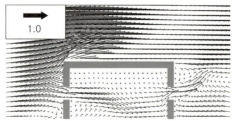

a) 標準 k-ε モデル　　　　　　　　　b) RNG k-ε モデル

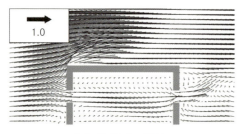
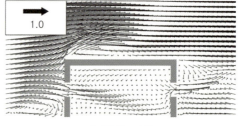

c) Realizable k-ε モデル　　　　　　d) SST k-ω モデル

図4.5.9 XZ断面（Y=6）風速ベクトル分布図（風向角0°）

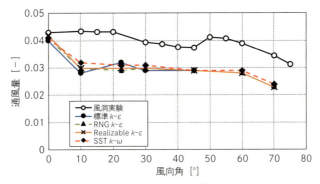

図4.5.10 通風量（風洞実験結果[3]とCFD結果）

4-5-4 まとめ

本検討においては，解析領域床面境界条件にZ_0型壁関数，乱流モデルにSST k-ωモデルを用いた解析結果が最も風洞実験結果に対して高い再現性を示した．

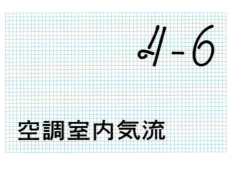

4-6 空調室内気流

事務室に代表される空調室内は，壁・ガラス窓からの熱通過や日射などの外皮負荷，人体・照明・OA機器などの**内部発熱負荷**による自然対流と空調吹出し気流による強制対流により室内の流れが形成される．そこで，CFDを用いて空調室内の流れ・温度場を予測する際，アネモスタット型吹出し口に代表される，複雑な形状を有する吹出し口からの気流を再現することが課題となる．室内全体をCFD解析する際，吹出し口の形状を忠実に再現するにはコンピュータ能力が依然不足しており，何らかの簡略化が必要となるからである．

本節では，パーソナルコンピュータで室内気流をCFD解析することを前提に，特に冷房時の吹出し気流の再現性に着目し，最小限のメッシュ数で実用的な精度を有する丸形アネモスタット型吹出し口の境界条件の与え方（**Box法とP.V.法**）とメッシュ依存性について紹介する（Box法とP.V.法の詳細な説明は付録B-5 ❼項を参照）．

4-6-1 アネモスタット型吹出し口の境界条件

丸形アネモスタット型吹出し口の境界条件は文献1）に従うこととする．ネック径125 mm，ネック風速2.0 m/s（風量：88.3 m³/h），仮想領域を60，80，100 cmとしたときのBox法，P.V.法それぞれの風速定義位置を**図4.6.1**に，流入境界条件を**表4.6.1**に示す．自由場を再現するために，計算領域を十分広く設定し，境界となる側面および底面の流出条件は圧力規定とした．なお，P.V.法では流入境界を30 cm×30 cm×2.5 cmの直方体の側面に設定し，各側面から水平方向に放射状の分布となるよう総流入量を各メッシュの面積および吹出し方向を考慮し調整した風速を規定した．

図4.6.2に示す解析領域にて，仮想領域を60 cm，80 cm，100 cmとしたときのBox法，P.V.法による解析結果の比較を行う．風速分布の解析結果を**図4.6.3**に示す．本流入境界条件では，Box法，P.V.法ともに仮想領域が大きくなるほど同心円状に拡散する気流分布となり，同じ大きさの仮想領域であれば，Box法よりもP.V.法が良い結果となっている．

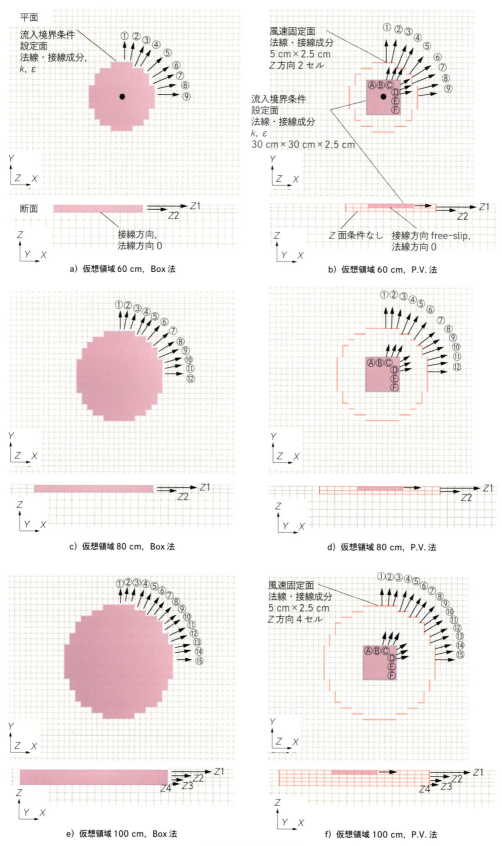

図 4.6.1 風速の定義位置

表 4.6.1 流入境界条件と風速固定条件

a), b) 仮想領域 60 cm (k, ε の入力は，Box法のみ)

Z方向 No.	YX方向 No.	法線成分 [m/s]	接線成分 [m/s]	k [m²/s²]	ε [m²/s³]	A [m²]	個数 [個]	風量 [m³/h] 1個当たり	計
Z1	①	1.007771	0.070470	1.0156E-02	1.9220E-02	1.25E-03	4	4.53497	18.1
	②	0.984340	0.227253	9.6892E-03	1.7911E-02	1.25E-03	4	4.42953	17.7
	③	0.915581	0.426942	8.3829E-03	1.4413E-02	1.25E-03	4	4.12012	16.5
	④	0.847252	0.550212	7.1784E-03	1.1421E-02	1.25E-03	4	3.81263	15.3
	⑤	0.714342	0.714342	5.1028E-03	6.8453E-03	1.25E-03	4	3.21454	12.9
	⑥	0.856725	0.535341	7.3398E-03	1.1809E-02	1.25E-03	4	3.85526	15.4
	⑦	0.922893	0.410898	8.5173E-03	1.4761E-02	1.25E-03	4	4.15302	16.6
	⑧	0.988156	0.210039	9.7645E-03	1.8120E-02	1.25E-03	4	4.44670	17.8
	⑨	1.007771	0.070470	1.0156E-02	1.9220E-02	1.25E-03	4	4.53497	18.1
Z2	①	0.335924	0.023490	1.1284E-03	7.1186E-04	1.25E-03	4	1.51166	6.0
	②	0.328113	0.075751	1.0766E-03	6.6335E-04	1.25E-03	4	1.47651	5.9
	③	0.305194	0.142314	9.3143E-04	5.3383E-04	1.25E-03	4	1.37337	5.5
	④	0.282417	0.183404	7.9760E-04	4.2301E-04	1.25E-03	4	1.27088	5.1
	⑤	0.238114	0.238114	5.6698E-04	2.5353E-04	1.25E-03	4	1.07151	4.3
	⑥	0.285575	0.178447	8.1553E-04	4.3736E-04	1.25E-03	4	1.28509	5.1
	⑦	0.307631	0.136966	9.4637E-04	5.4672E-04	1.25E-03	4	1.38434	5.5
	⑧	0.329385	0.070013	1.0849E-03	6.7110E-04	1.25E-03	4	1.48223	5.9
	⑨	0.335924	0.023490	1.1284E-03	7.1186E-04	1.25E-03	4	1.51166	6.0
								合計	197.9

c), d) 仮想領域 80 cm (k, ε の入力は，Box法のみ)

Z方向 No.	YX方向 No.	法線成分 [m/s]	接線成分 [m/s]	k [m²/s²]	ε [m²/s³]	A [m²]	個数 [個]	風量 [m³/h] 1個当たり	計
Z1	①	0.796171	0.041726	6.3389E-03	9.4775E-03	1.25E-03	4	3.58277	14.3
	②	0.785152	0.138443	6.1646E-03	9.0894E-03	1.25E-03	4	3.53318	14.1
	③	0.762427	0.233097	5.8130E-03	8.3228E-03	1.25E-03	4	3.43092	13.7
	④	0.722567	0.336938	5.2210E-03	7.0845E-03	1.25E-03	4	3.25155	13.0
	⑤	0.683389	0.410621	4.6702E-03	5.9935E-03	1.25E-03	4	3.07525	12.3
	⑥	0.601703	0.523052	3.6205E-03	4.0909E-03	1.25E-03	4	2.70766	10.8
	⑦	0.512471	0.610740	3.7300E-03	4.2780E-03	1.25E-03	4	2.30612	9.2
	⑧	0.690451	0.398632	4.7672E-03	6.1812E-03	1.25E-03	4	3.10703	12.4
	⑨	0.728337	0.324276	5.3047E-03	7.2556E-03	1.25E-03	4	3.27752	13.1
	⑩	0.766379	0.219756	5.8734E-03	8.4529E-03	1.25E-03	4	3.44871	13.8
	⑪	0.787448	0.124720	6.2007E-03	9.1694E-03	1.25E-03	4	3.54352	14.2
	⑫	0.796171	0.041726	6.3389E-03	9.4775E-03	1.25E-03	4	3.58277	14.3
Z2	①	0.398086	0.020863	1.5847E-03	1.1847E-03	1.25E-03	4	1.79139	7.2
	②	0.392576	0.069222	1.5412E-03	1.1362E-03	1.25E-03	4	1.76659	7.1
	③	0.381214	0.116549	1.4532E-03	1.0403E-03	1.25E-03	4	1.71546	6.9
	④	0.361283	0.168469	1.3053E-03	8.8556E-04	1.25E-03	4	1.62577	6.5
	⑤	0.341694	0.205311	1.1676E-03	7.4918E-04	1.25E-03	4	1.53762	6.2
	⑥	0.300851	0.261526	9.0512E-04	5.1136E-04	1.25E-03	4	1.35383	5.4
	⑦	0.256236	0.305370	9.3251E-04	5.3475E-04	1.25E-03	4	1.15306	4.6
	⑧	0.345225	0.199316	1.1918E-03	7.7265E-04	1.25E-03	4	1.55351	6.2
	⑨	0.364168	0.162138	1.3262E-03	9.0694E-04	1.25E-03	4	1.63876	6.6
	⑩	0.383190	0.109878	1.4683E-03	1.0566E-03	1.25E-03	4	1.72435	6.9
	⑪	0.393724	0.062360	1.5502E-03	1.1462E-03	1.25E-03	4	1.77176	7.1
	⑫	0.398086	0.020863	1.5847E-03	1.1847E-03	1.25E-03	4	1.79139	7.2
								合計	233.1

表4.6.1 流入境界条件と風速固定条件（つづき）

e), f) 仮想領域100 cm （k, εの入力は，Box法のみ）

Z方向 No.	YX方向 No.	法線成分 [m/s]	接線成分 [m/s]	k [m²/s²]	ε [m²/s³]	A [m²]	個数 [個]	風量 [m³/h] 1個当たり	風量 [m³/h] 計
Z1	①	0.627039	0.032862	3.9318E-03	4.6298E-03	1.25E-03	4	2.82168	11.3
Z1	②	0.621789	0.087387	3.8662E-03	4.5144E-03	1.25E-03	4	2.79805	11.2
Z1	③	0.611807	0.141247	3.7431E-03	4.3005E-03	1.25E-03	4	2.75313	11.0
Z1	④	0.590033	0.214754	3.4814E-03	3.8575E-03	1.25E-03	4	2.65515	10.6
Z1	⑤	0.569071	0.265362	3.2384E-03	3.4608E-03	1.25E-03	4	2.56082	10.2
Z1	⑥	0.526601	0.341979	2.7731E-03	2.7423E-03	1.25E-03	4	2.36971	9.5
Z1	⑦	0.494792	0.386574	2.4482E-03	2.2748E-03	1.25E-03	4	2.22656	8.9
Z1	⑧	0.443992	0.443992	1.9713E-03	1.6436E-03	1.25E-03	4	1.99797	8.0
Z1	⑨	0.501463	0.377880	2.5147E-03	2.3681E-03	1.25E-03	4	2.25658	9.0
Z1	⑩	0.532489	0.332736	2.8354E-03	2.8354E-03	1.25E-03	4	2.39620	9.6
Z1	⑪	0.569071	0.265362	3.2384E-03	3.4608E-03	1.25E-03	4	2.56082	10.2
Z1	⑫	0.590033	0.214754	3.4814E-03	3.8575E-03	1.25E-03	4	2.65515	10.6
Z1	⑬	0.614179	0.130548	3.7722E-03	4.3507E-03	1.25E-03	4	2.76380	11.1
Z1	⑭	0.623220	0.076522	3.8840E-03	4.5457E-03	1.25E-03	4	2.80449	11.2
Z1	⑮	0.627518	0.021913	3.9378E-03	4.6404E-03	1.25E-03	4	2.82383	11.3
Z2	①	0.313520	0.016431	9.8295E-04	5.7872E-04	1.25E-03	4	1.41084	5.6
Z2	②	0.310895	0.043693	9.6655E-04	5.6430E-04	1.25E-03	4	1.39903	5.6
Z2	③	0.305903	0.070623	9.3577E-04	5.3756E-04	1.25E-03	4	1.37657	5.5
Z2	④	0.295016	0.107377	8.7035E-04	4.8218E-04	1.25E-03	4	1.32757	5.3
Z2	⑤	0.284535	0.132681	8.0960E-04	4.3260E-04	1.25E-03	4	1.28041	5.1
Z2	⑥	0.263301	0.170989	6.9327E-04	3.4279E-04	1.25E-03	4	1.18485	4.7
Z2	⑦	0.247396	0.193287	6.1205E-04	2.8435E-04	1.25E-03	4	1.11328	4.5
Z2	⑧	0.221996	0.221996	4.9282E-04	2.0545E-04	1.25E-03	4	0.99898	4.0
Z2	⑨	0.250732	0.188940	6.2866E-04	2.9601E-04	1.25E-03	4	1.12829	4.5
Z2	⑩	0.266245	0.166368	7.0886E-04	3.5442E-04	1.25E-03	4	1.19810	4.8
Z2	⑪	0.284535	0.132681	8.0960E-04	4.3260E-04	1.25E-03	4	1.28041	5.1
Z2	⑫	0.295016	0.107377	8.7035E-04	4.8218E-04	1.25E-03	4	1.32757	5.3
Z2	⑬	0.307089	0.065274	9.4304E-04	5.4384E-04	1.25E-03	4	1.38190	5.5
Z2	⑭	0.311610	0.038261	9.7101E-04	5.6821E-04	1.25E-03	4	1.40224	5.6
Z2	⑮	0.313759	0.010957	9.8445E-04	5.8004E-04	1.25E-03	4	1.41191	5.6
Z3	①	0.156760	0.008215	2.4574E-04	7.2340E-05	1.25E-03	4	0.70542	2.8
Z3	②	0.155447	0.021847	2.4164E-04	7.0538E-05	1.25E-03	4	0.69951	2.8
Z3	③	0.152952	0.035312	2.3394E-04	6.7195E-05	1.25E-03	4	0.68828	2.8
Z3	④	0.147508	0.053689	2.1759E-04	6.0273E-05	1.25E-03	4	0.66379	2.7
Z3	⑤	0.142268	0.066341	2.0240E-04	5.4074E-05	1.25E-03	4	0.64020	2.6
Z3	⑥	0.131650	0.085495	1.7332E-04	4.2849E-05	1.25E-03	4	0.59243	2.4
Z3	⑦	0.123698	0.096643	1.5301E-04	3.5544E-05	1.25E-03	4	0.55664	2.2
Z3	⑧	0.110998	0.110998	1.2321E-04	2.5681E-05	1.25E-03	4	0.49949	2.0
Z3	⑨	0.125366	0.094470	1.5717E-04	3.7001E-05	1.25E-03	4	0.56415	2.3
Z3	⑩	0.133122	0.083184	1.7722E-04	4.4302E-05	1.25E-03	4	0.59905	2.4
Z3	⑪	0.142268	0.066341	2.0240E-04	5.4074E-05	1.25E-03	4	0.64020	2.6
Z3	⑫	0.147508	0.053689	2.1759E-04	6.0273E-05	1.25E-03	4	0.66379	2.7
Z3	⑬	0.153545	0.032637	2.3576E-04	6.7980E-05	1.25E-03	4	0.69095	2.8
Z3	⑭	0.155805	0.019130	2.4275E-04	7.1026E-05	1.25E-03	4	0.70112	2.8
Z3	⑮	0.156879	0.005478	2.4611E-04	7.2506E-05	1.25E-03	4	0.70596	2.8
Z4	①	0.078380	0.004108	6.1434E-05	9.0425E-06	1.25E-03	4	0.35271	1.4
Z4	②	0.077724	0.010923	6.0410E-05	8.8173E-06	1.25E-03	4	0.34976	1.4
Z4	③	0.076476	0.017656	5.8486E-05	8.3994E-06	1.25E-03	4	0.34414	1.4
Z4	④	0.073754	0.026844	5.4397E-05	7.5341E-06	1.25E-03	4	0.33189	1.3
Z4	⑤	0.071134	0.033170	5.0600E-05	6.7593E-06	1.25E-03	4	0.32010	1.3
Z4	⑥	0.065825	0.042747	4.3330E-05	5.3561E-06	1.25E-03	4	0.29621	1.2
Z4	⑦	0.061849	0.048322	3.8253E-05	4.4430E-06	1.25E-03	4	0.27832	1.1
Z4	⑧	0.055499	0.055499	3.0801E-05	3.2102E-06	1.25E-03	4	0.24975	1.0
Z4	⑨	0.062683	0.047235	3.9291E-05	4.6251E-06	1.25E-03	4	0.28207	1.1
Z4	⑩	0.066561	0.041592	4.4304E-05	5.5378E-06	1.25E-03	4	0.29953	1.2
Z4	⑪	0.071134	0.033170	5.0600E-05	6.7593E-06	1.25E-03	4	0.32010	1.3
Z4	⑫	0.073754	0.026844	5.4397E-05	7.5341E-06	1.25E-03	4	0.33189	1.3
Z4	⑬	0.076772	0.016318	5.8940E-05	8.4974E-06	1.25E-03	4	0.34548	1.4
Z4	⑭	0.077902	0.009565	6.0688E-05	8.8783E-06	1.25E-03	4	0.35056	1.4
Z4	⑮	0.078440	0.002739	6.1528E-05	9.0632E-06	1.25E-03	4	0.35298	1.4
								合計	288.3

b), d), f) P.V.法流入境界条件

YX方向 No.	法線成分 [m/s]	接線成分 [m/s]	k [m²/s²]	ε [m²/s³]	A [m²]	個所数 [個]	風量 [m³/h] 1個当たり	計
Ⓐ	0.817592	0.141974	6.6846E-03	1.0263E-02	1.25E-03	4	3.67916	14.7
Ⓑ	0.817592	0.345529	6.6846E-03	1.0263E-02	1.25E-03	4	3.67916	14.7
Ⓒ	0.817592	0.525538	6.6846E-03	1.0263E-02	1.25E-03	4	3.67916	14.7
Ⓓ	0.817592	0.525538	6.6846E-03	1.0263E-02	1.25E-03	4	3.67916	14.7
Ⓔ	0.817592	0.345529	6.6846E-03	1.0263E-02	1.25E-03	4	3.67916	14.7
Ⓕ	0.817592	0.141974	6.6846E-03	1.0263E-02	1.25E-03	4	3.67916	14.7
							合計	88.3

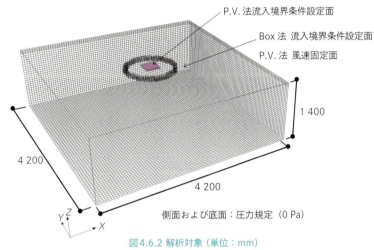

図4.6.2 解析対象（単位：mm）

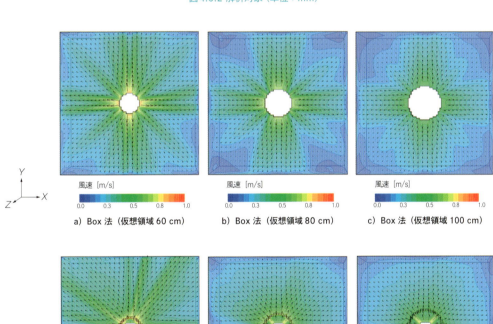

a) Box法（仮想領域 60 cm）   b) Box法（仮想領域 80 cm）   c) Box法（仮想領域 100 cm）

d) P.V.法（仮想領域 60 cm）   e) P.V.法（仮想領域 80 cm）   f) P.V.法（仮想領域 100 cm）

図4.6.3 風速分布

4-6 空調室内気流

4-6-2 非等温実験との比較

図4.6.4に示す実験室内にて行った実験結果と比較する．実験室は天井チャンバ方式であり，CFDでは天井裏はレターンダクトのみ再現し，ブリーズラインや丸形アネモスタット型吹出し口は吹出し口のみ再現した．室中央上部の天井に丸形アネモスタット型吹出し口 (型番：C2♯15, 風量：196 m³/h, 吹出し温度：12.0℃) を設置し，模擬負荷として室温が24℃になるように照明とブリーズライン (図中，BL, 風量：350 m³/h×8個，吹出し温度：26.8℃) から熱を与え，周囲の部屋を24℃に空調することで各面からの熱通過は考えないものとした．吹出し気流は，スリットを経由して吸込み口に吸い込まれる設定とした．

なお，Box法，P.V.法での流入境界条件と風速固定条件はネック部での風量に比例するとして，表4.6.1より算出した．Box法の吹出し温度は，誘引気流による吹出し温度の変化を考慮し，仮想領域内の熱量収支より算出した (表4.6.2内の式を参照)．流入境界条件を表4.6.2に，解析条件を表4.6.3に示す．図4.6.5に実験で得られた風速分布，温度分布を，図4.6.6に風速分布の解析結果を，図4.6.7，図4.6.8に温度分布の解析結果を示す．風速分布 (図4.6.6) は前項と同様，仮想領域が大きいほど同心円状に拡散する分布となり，同じ大きさの仮想領域であればBox法よりもP.V.法が良い結果となっている．残風速0.25 m/sの拡散半径はBox法で仮想領域100 cmの場合が最も実験に近いが，残風速0.5 m/sの拡散半径はP.V.法で仮想領域100 cmが最も実験に近い．XY面の温度分布 (図4.6.7) は風速の速い領域で温度が低く，逆に風速の遅い領域で温度が高い傾向を示している．実験結果 (図4.6.5b)) では，コンターラインは

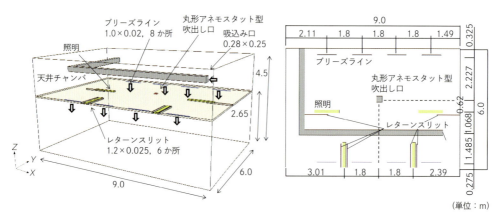

図4.6.4 実験室（左：透視図　右：天井伏図）

表4.6.2 流入境界条件

種類	個数	風量[m³/h] / 吹出し温度[℃]			
		Box法a)	Box法c)	Box法e)	P.V.法b), d), f)
アネモ	1	447.7/18.75	527.9/19.54	652.3/20.39	196.0/12.0
ブリーズライン	8	350/26.8			

Box法の吹出し温度 T_b 算出式： $T_b = \dfrac{T_i \times Q_i + T_n \times Q_n}{Q_b}$　例） $\dfrac{24 \times 251.7 + 12 \times 196.0}{447.7} = 18.75℃$

T_i：仮想領域内への誘引気流温度（本計算では，簡易的に室内設計温度と同等とした）
Q_i：仮想領域内への誘引風量（$Q_i = Q_b - Q_n$）
T_n：ネック部の温度，Q_n：ネック部の風量，Q_b：Box法の流入風量

仮想領域各面の各風速成分は，表4.6.1の合計風量との比から算出する．

表4.6.3 解析条件

内容	詳細
流出条件	天井裏ダクトより流入分吸込み
熱負荷条件	照明発熱：床面　　59.5 W
	壁面　　59.5 W
	天井裏　178.5 W
壁面境界	対数則，断熱条件
乱流モデル	k-ε型二方程式モデル
差分スキーム	運動方程式の移流項のみQUICK
メッシュ数	116(X)×93(Y)×65(Z)

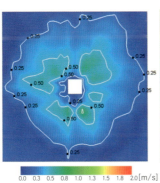 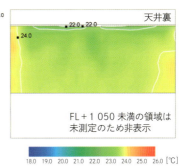

a) 風速分布　　　　b) 温度分布　　　　c) 温度分布
(XY面，高さ 2.6 m)　(XY面，高さ 2.6m)　(YZ面，吹出し口中央)

図4.6.5 実験結果

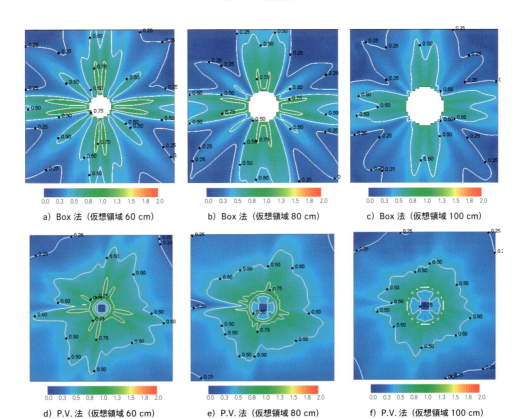

a) Box法（仮想領域 60 cm）　b) Box法（仮想領域 80 cm）　c) Box法（仮想領域 100 cm）

d) P.V.法（仮想領域 60 cm）　e) P.V.法（仮想領域 80 cm）　f) P.V.法（仮想領域 100 cm）

図4.6.6 風速分布（XY面，高さ 2.6 m）（単位：m/s）

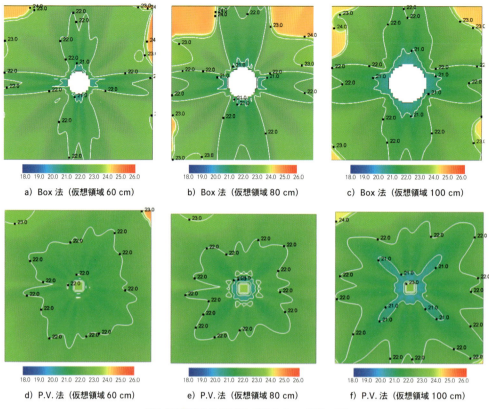

図4.6.7 温度分布（XY面，高さ2.6m，単位：℃）

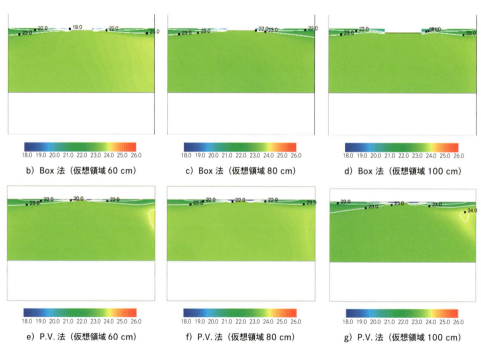

図4.6.8 温度分布（YZ面，吹出し口中央，単位：℃）
（天井裏とFL+1 050mm未満の領域は実験結果との比較用に非表示にしている）

22℃から一部24℃も存在し，ほぼ同心円状の分布となっている．CFDは温度帯ではBox法が，分布形状ではP.V.法が近くなっており，Box法，P.V.法とも投入熱量は同一であることから，周囲からの誘引量はBox法が，拡散形状はP.V.法が実験に近いと考えられ，風速分布に比べて温度分布は実現象の再現が難しいことがわかる．YZ面, 吹出し口中央断面の温度分布（図4.6.8）は，実験値に比べて，Box法，P.V.法ともにやや低い傾向を示し，いずれも1℃未満である．

4-6-3 まとめ

空調室内を対象としたCFD解析を行う場合に，最も再現が困難なアネモスタット型吹出し口の境界条件の与え方について，Box法とP.V.法それぞれについて仮想領域の大きさをパラメータとしたケーススタディを行った．

外乱の生じない等温空間，実験室空間，事務室を対象とした空間について検討したところ，P.V.法による仮想領域100 cmのケースが最も良好な結果となったことから，P.V.法を用いて仮想領域を大きく設定することが精度向上に寄与することがわかった．

非等温空間における実験との比較においては，空間の温度分布を左右するであろう吹出し気流の誘引量と拡散半径の両方が良好に一致するケースはなかったが，いずれのケースも空間の温度分布が実験に比べて誤差1℃以内で予測可能であることが確認できた．

4-7 火災気流

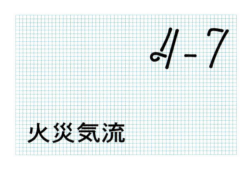

近年，屋内環境の設計にCFDが適用されるようになったが，その多くは非圧縮性粘性流体を仮定して行われている．実用計算では，しばしば**ブシネスク近似**の適用範囲を超える温度差の問題があるが，非圧縮性気流シミュレーションで大まかな現象予測を行うことも多い．そこで以下では，さまざまな解析条件での**非圧縮性**気流シミュレーションを大温度差熱対流問題に適用し，実験結果との比較により現象の再現性を検討する．

火災現象は燃焼が非常に大きな温度変化や熱放射（以下，単に放射と表す）を引き起こし，激しい対流現象を伴う非定常現象であり，非常に複雑である．このため想定すべき条件が多岐にわたり，また境界条件などが明確でないことも多いため，CFDの検証に適した実験結果は極めて少ない．

義江らは，CFDとの比較を目的として，実際の火を使用せず境界条件を明確に設定した高温自然対流実験を実施している．そこで義江らが行った実験[1],[2]を対象として，汎用熱流体解析コードによるベンチマークテストを行う．

4-7-1 ブシネスク近似の適用範囲

浮力は熱による空気密度の変化が原因となって生じる．このため本来は圧縮性流体として扱う必要があるが，温度差に比例した浮力が体積力として作用する非圧縮性流体として線形化する方法がブシネスク近似である．密度変化が大きくなると非圧縮性流体の仮定が成り立たなくなるので，ブシネスク近似の適用は温度差があまり大きくない場合に限定される[3]．ブシネスク近似が適用可能な範囲は，解析対象条件や求められる解析精度によっても違ってくるが，一般に温度差30℃程度までといわれており，これを超えるような温度差の場合には解析精度が

低下する可能性があるので，そのことを十分に認識して適用する必要がある．以下では，火災気流という温度差の大きな現象に対して，ブシネスク近似を適用した場合，および圧縮性流体として扱った場合の比較も行っている．

4-7-2 解析対象および設定条件

❶解析対象

解析対象は図4.7.1に示す単室火災モデル（1 200^W × 1 800^L × 1 200 mm^H）である．この室には出入り口に見立てた開口部（900^W × 1 200 mm^H）が1か所あり，室外と空間的につながっている．解析モデルでは火災室の開口部より300 mmの箇所に仮想隣室（1 200^W × 2 200^L × 2 800 mm^H）を連結し，火災室外部の現象をここで模擬することとした．解析モデルの格子分割数は46（i）× 169（j）× 104（k），壁近傍第一セルの格子幅は20〜30 mmである．屋内には義江らの実験と同様，燃焼面を想定して3か所の発熱面を設け，これらのうちいずれか1か所を加熱したときの室内の気流分布，温度分布を比較した．それぞれの発熱条件は以下のとおりである．

- ・発熱源1：室中央床面（発熱量1.1 kW）
- ・発熱源2：室奥中央の床面および隣接壁面（発熱量5.4 kW）
- ・発熱源3：隅角部床面および隣接2壁面（発熱量9.1 kW）

各発熱源は，図4.7.1，**図4.7.2**に示すような床面300 × 300 mmの領域としたが，発熱源2については近傍の壁面，発熱源3については隅角部の2壁面に接するので，これらの壁面にも発熱を想定する．

❷評価点

各方向の風速成分および温度の評価点は図4.7.2に示す各位置（水平方向7か所）に設定した鉛直線上にそれぞれ14点ずつ設定した．これらの評価点は義江らの実験で設定された評価点と一致させてある．

❸解析条件

以下の解析条件を設定してシミュレーションを実施した．実施した全ケースの解析条件を**表4.7.1**に示す．

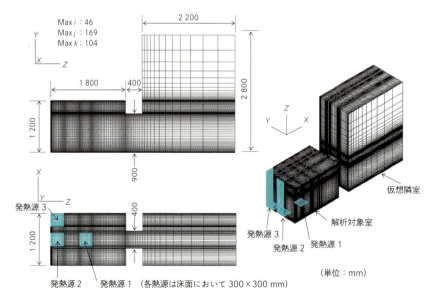

図4.7.1 解析対象モデル

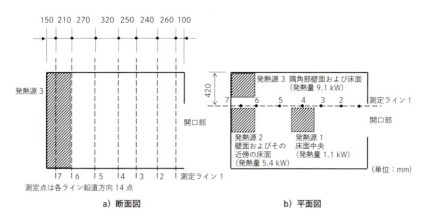

a) 断面図　　　b) 平面図

図4.7.2 発熱源および評価ライン位置

表4.7.1 実施した全ケースの解析条件

CASE	解析コード	基礎方程式	発熱箇所	発熱条件	仮想隣室境界*	放射解析の連成
CASE-1	コードD	非圧縮	発熱源1	熱流束	境界条件2	あり
CASE-2					境界条件1	
CASE-3			発熱源2		境界条件2	
CASE-4						なし
CASE-5		圧縮				
CASE-6				温度固定		あり
CASE-7			発熱源3			
CASE-8	コードC	非圧縮	発熱源1	熱流束		
CASE-9			発熱源2			
CASE-10			発熱源3			

* 図4.7.3参照

解析コード……本解析には汎用CFDコードであるSTREAM, STAR-CDの2種類を使用した．以降は，コードC，コードDと表記する（記号と各商用CFDコード名は順不同であり，必ずしも対応していない）．検討は，コードDによる計算を基本とした．

基礎方程式……圧縮性流体の基礎方程式（低マッハ数近似）および非圧縮性粘性流体の基礎方程式に浮力効果をブシネスク近似により表す方法の2種類によるシミュレーションを実施した．

壁面境界条件……火災室の壁面には対数則壁関数を適用した．また義江ら[1]が実験に用いた火災室はセラミックボード100 mm（50 mm×2枚の貼合せ）＋断熱材200 mmなので，内壁表面から外部空気温度までの間については，空気との熱伝達を考慮した熱通過率0.22 W/(m²·K)を設定した．断熱材外側の周囲温度は15℃としたので，すべての火災室壁面は熱としては流出となる．

発熱箇所……先述した発熱源1〜3を想定したシミュレーションを実施した．

発熱源の設定……発熱源は，発熱箇所における境界第一セルに所定の発熱量を与えることで設定した．また発熱量による設定のほか，実験で計測された発熱源表面温度の詳細データ（図4.7.2参照）を用い，表面温度固定（対数則壁関数）によるシミュレーションを実施した．

仮想隣室の境界条件……仮想隣室の境界には流入，流出が共存するため，計算が安定しにくい．現象的には床以外の仮想境界面のすべてを自由流入・流出境界とする（境界条件1とする）ことが望ましいが，自由流入・流出境界の範囲を限定する方法（境界条件2とする）も考えられる．そこで，これら2種類の境界条件設定方法（図4.7.3）について比較した．なお流入境界では，外気温度

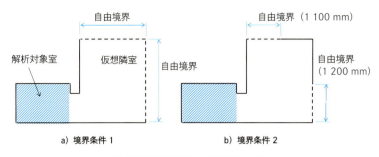

図4.7.3 境界条件1，境界条件2の違い

(25℃)，kおよびεは10^{-4}程度（十分小さい値）とした．境界条件2における自由流入・流出境界以外の仮想隣室内の壁面は滑り壁，断熱条件とした．

放射解析連成の有無……火災現象では，解析領域内の温度差が非常に大きくなるため，放射解析を連成する必要がある．これによる効果を検証するため，放射解析を連成した場合，しなかった場合を比較した．

乱流モデル……乱流モデルとして，主として標準k-εモデルを適用した．ただし，CASE-6についてはLienら[4]の低Re型k-εモデルを適用した．

4-7-3 シミュレーション結果

各ケースについてのシミュレーション結果を，評価点のある鉛直断面内での気流分布，温度分布図，および各数値の測定ライン上鉛直方向の分布としてまとめた．以下比較項目ごとに結果を示す．

❶仮想隣室の境界条件による違い

図4.7.4に境界条件1，境界条件2を適用した結果を，また測定ライン上の温度およびx方向平均速度の鉛直分布を図4.7.5に示す．境界条件によって仮想隣室内の状況が大きく異なるが，特に火災室から流出して仮想隣室で上昇する高温気流の分布が大きく異なる．また火災室内では，床付近で流入する低温気流の流入状態に違いが認められ，境界条件2を適用した場合のほうが室内の奥まで低温空気が流入する傾向であった．

図4.7.5を見ると，シミュレーション結果は実験の傾向をある程度再現しているものの，細部では多くの点で違いが認められる．火災室内で見る限り，境界条件による影響は比較的少ないが，先述した流入気流の違いにより，測定ラインA-1における床付近の速度に違いが認められ，境界条件1では火災室奥の床面付近における風速が過小評価される傾向となった．なお，境界条件1を適用した場合，収束の安定性を得ることが極めて難しいが，境界条件2では計算の安定性はかなり改善された．

❷計算コードによる違い

一連の検討では，基本として計算コードDを使用している．計算コードCにより同様のシミュレーション（仮想隣室には境界条件2を適用）を実施した結果を図4.7.6，図4.7.7に示す．

計算コードDでは，火災室内にかなり乱れた分布が見られたのに対し，計算コードCでは温度場，速度場とも非常に滑らかな分布を示しており，シミュレーション結果には定性的に大きな違いが認められた．特に計算コードCによる結果では，火災室への低温気流の流入が室の奥まで達しており，火災室内における低温領域の範囲が計算コードDの結果に比べ，大きくなっている．

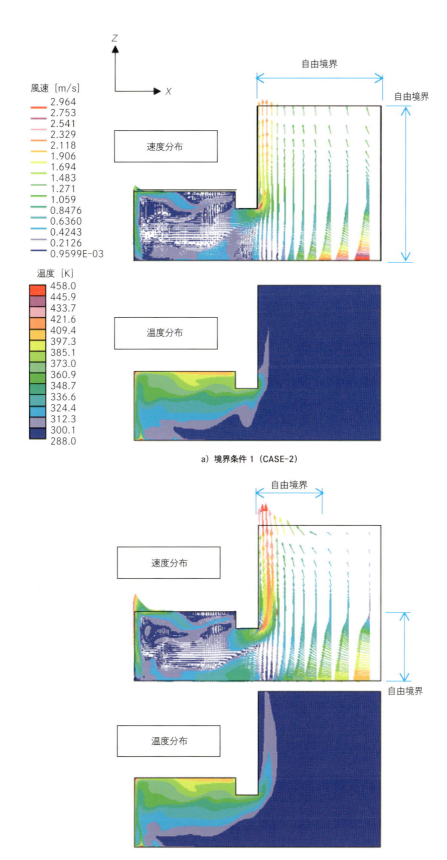

図4.7.4 仮想隣室の境界条件による計算結果の比較

4-7 火災気流

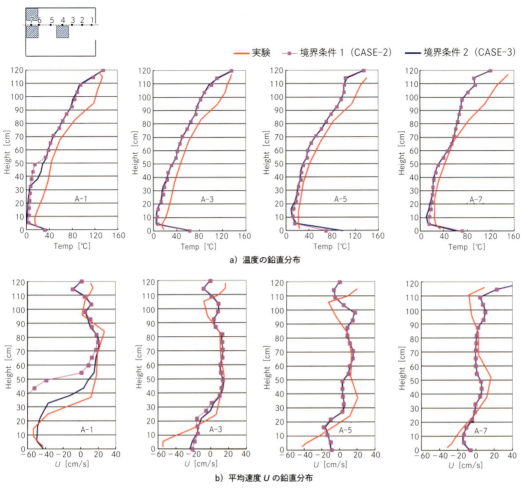

a) 温度の鉛直分布

b) 平均速度 U の鉛直分布

図4.7.5 仮想隣室の境界条件による計算結果の比較（温度，速度の鉛直分布）

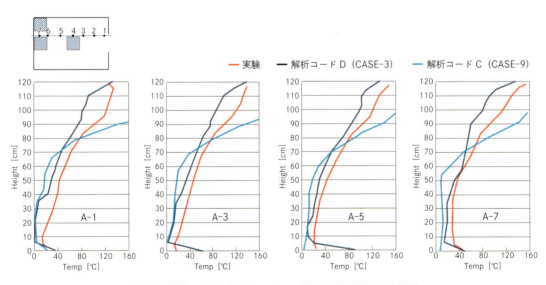

図4.7.7 計算コードによるシミュレーション結果の比較（温度の鉛直分布）

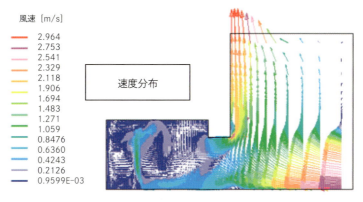

i) 発熱源1（CASE-1）

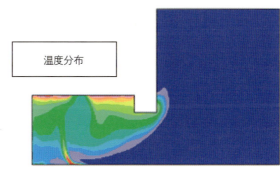

ii) 発熱源1（CASE-1）

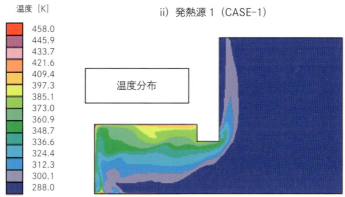

iii) 発熱源2（CASE-3）

a) 計算コードDによるシミュレーション結果

図4.7.6 計算コードによるシミュレーション結果の比較（つづく）

4-7 火災気流

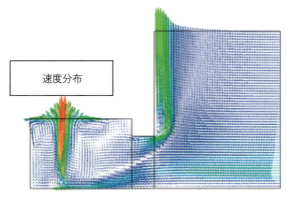

i) 発熱源1 (CASE-8)

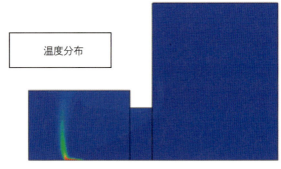

ii) 発熱源1 (CASE-8)

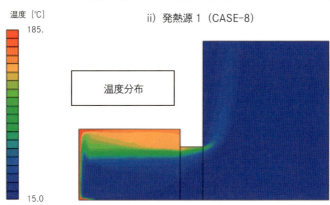

iii) 発熱源2 (CASE-9)

b) 計算コードCによるシミュレーション結果

図4.7.6 計算コードによるシミュレーション結果の比較 (つづき)

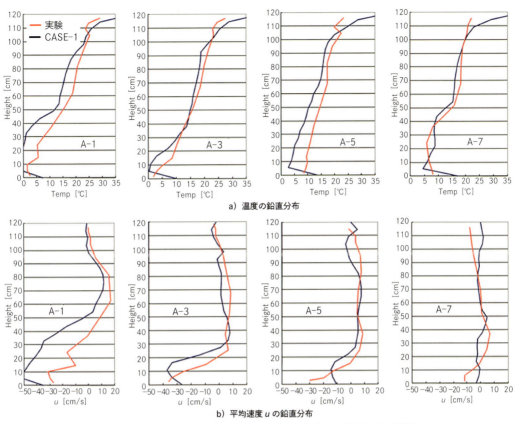

a) 温度の鉛直分布

b) 平均速度 u の鉛直分布

図4.7.8 発熱源1を想定したシミュレーション結果（温度および速度の鉛直分布）

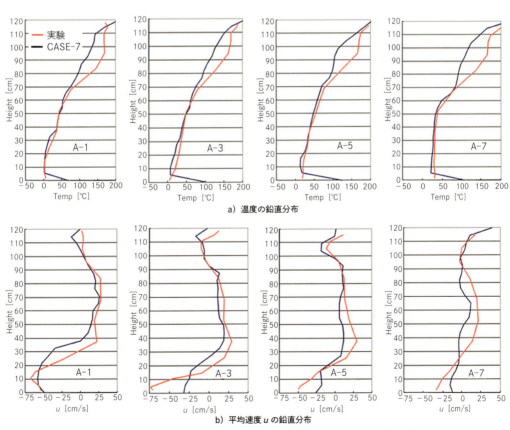

a) 温度の鉛直分布

b) 平均速度 u の鉛直分布

図4.7.9 発熱源3を想定したシミュレーション結果（温度および速度の鉛直分布）

4-7 火災気流

図4.7.7の鉛直分布を比較すると，計算コードCによる結果は，室内上部の温度が過大に，また下部の温度が過小に評価される傾向が認められた．

❸発熱箇所による違い

ここまでのシミュレーションでは，発熱箇所として主として発熱源2を想定してきた．そこで，発熱源1および発熱源3を想定した場合についてのシミュレーションを実施した．結果の一部は図4.7.6にも示されている．

図4.7.8および**図4.7.9**に計算コードDの結果を代表して温度の鉛直分布を示す．シミュレーション結果は傾向的に実験を再現できているものの，床付けや天井付近の細部の分布に実験結果との違いが認められた．また発熱源1では特に室内奥の温度分布について実験値との差が顕著に見られた．

❹放射連成解析の有無による違い

放射連成解析の有無によるシミュレーション結果の比較を**図4.7.10**，**図4.7.11**に示す．放射解析を行わなかった場合，火災室の上部天井付近における温度上昇が過大となった．これは，放射により高温表面の熱が分配されなくなるためと考えられる．図4.7.11においてもその傾向が認められ，放射解析を連成しない場合，天井面付近の温度は放射解析を連成した場合の2倍に近い値となることがわかる．

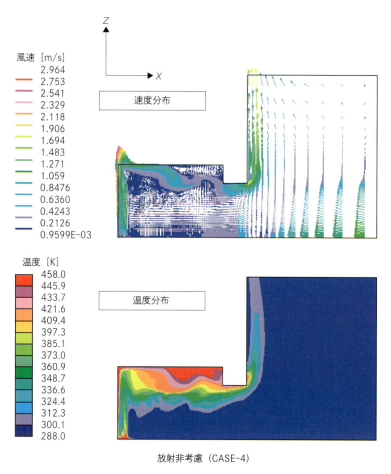

図4.7.10 放射を考慮しなかった場合のシミュレーション結果

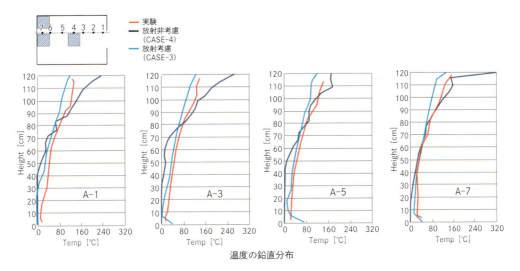

図4.7.11 放射を考慮した場合／しなかった場合の比較（温度の鉛直分布）

❺圧縮性／非圧縮性流体シミュレーションの違い

　ここまでのシミュレーションでは，すべて非圧縮性粘性流体を仮定し，ブシネスク近似により浮力を再現する方法を適用してきた．本来，火災現象のように大きな温度差を伴う問題ではブシネスク近似は破綻すると考えられ，圧縮性流体の扱いが必要となる．そこで，低マッハ数近似による圧縮性流体として同様のシミュレーションを実施した．結果を**図4.7.12**，**図4.7.13**に示す．

　図4.7.12を見ると，圧縮性流体としてシミュレーションした結果では，仮想隣室に流出した高温気流の流れが大きく外側に張り出す現象が認められた．ブシネスク近似では温度差に対して浮力が線形的に増加すると近似している．一方，圧縮性流体を仮定した場合には状態方程式により密度分布も同時に計算され，これによって浮力効果を再現するため，温度差と浮力との関係が必ずしも線形とはならないことが相違の原因と考えられる．

　圧縮性流体としてシミュレーションした場合，火災室内における温度場，速度場の再現性は大幅に改善されることがわかる．特に天井や床付近における温度，速度の分布状況は実験とよく一致した．

❻発熱条件の設定方法による違い

　ここまでのすべてのシミュレーションでは，発熱条件の設定方法として，発熱面に熱流束を与える方法を適用した．義江らの実験では，発熱面の各部における表面温度も詳細に計測されているので，このデータを使用して発熱面に各部表面温度を固定値として与えた場合のシミュレーションを実施した．結果を**図4.7.14**，**図4.7.15**に示す．温度固定によるシミュレーション結果においても，仮想隣室に流出した高温気流の流れは壁面に付着せず，圧縮性流体シミュレーション（図4.7.12）とよく似た結果が得られた．火災室内における温度，速度の分布は，今回検討したシミュレーションのうち最もよく実験値と一致した．

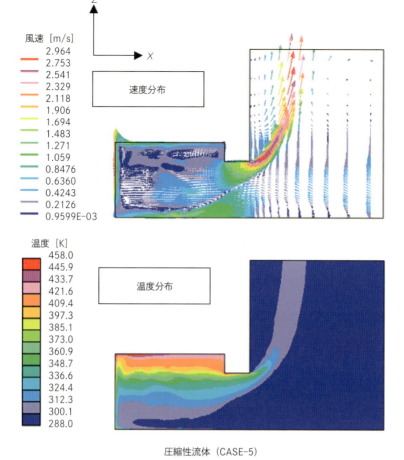

圧縮性流体（CASE-5）

図4.7.12 圧縮性を考慮した場合のシミュレーション結果

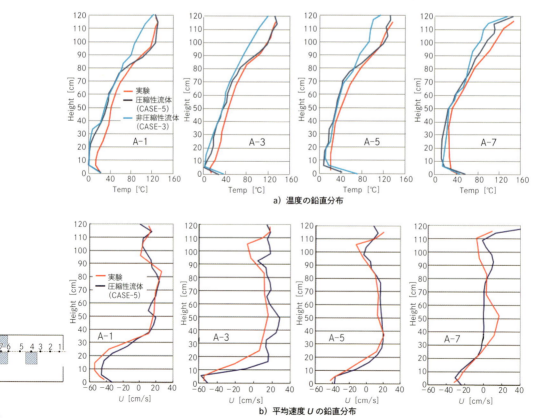

a）温度の鉛直分布

b）平均速度 U の鉛直分布

図4.7.13 圧縮性／非圧縮性の比較（温度および速度の鉛直分布）

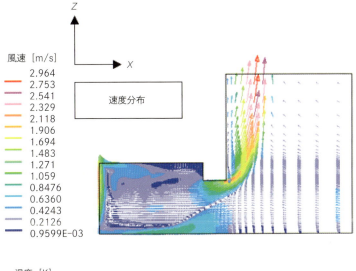
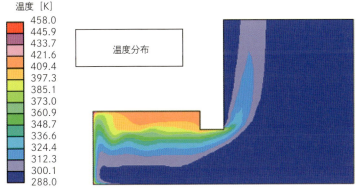

温度固定による温度境界条件（CASE-6）

図4.7.14 温度固定境界条件によるシミュレーション結果

4-7-4 まとめ

　火災気流を対象としたシミュレーションを10種類の解析条件で実施し，結果を実験値と比較した．その結果，圧縮性流体シミュレーションを実施した場合（CASE-5），非圧縮性流体シミュレーションにおいて実験で求めた発熱表面温度を与えた場合（CASE-6）に，最もよく火災室内の現象が再現できた．いずれの場合も，仮想隣室における自由流入・流出境界の範囲を限定して計算を安定化させた．

　なお，仮想隣室へ流出する高温気流の流れについても，解析条件による違いが認められた．火災室内の現象に対する再現性が良かったCASE-5，CASE-6では，この高温気流が外側に大きく張り出す結果が得られたが，ブシネスク近似を適用したシミュレーションでは，高温気流は壁面に付着する結果が得られた．これは温度差が大きな場合の浮力の再現が線形のブシネスク近似により過大に評価されるためと考えられる．しかし，実際の火災では，窓から噴出した火炎が壁に張り付くようにして上昇し，上層階への延焼が進むことが知られている．シミュレーションの目的によっては，浮力について過大な評価を与えるブシネスク近似の適用がかえって有効な場合も考えられ，今後さらに検討していく必要があると思われる．

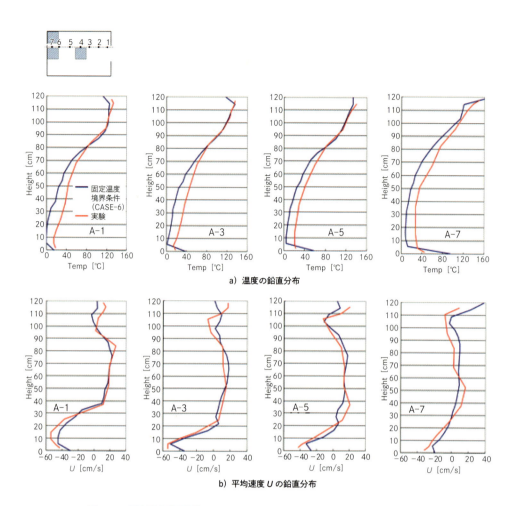

a) 温度の鉛直分布

b) 平均速度 U の鉛直分布

図4.7.15 温度固定境界条件によるシミュレーション結果（温度および速度の鉛直分布）

参考文献

【4-1】
1) REHVA：換気設計のための数値流体力学CFD，丸善出版（2011）
2) ファーツィガー, J. H., ペリッチ, M. 著，小林敏雄，谷口伸行，坪倉誠 訳：コンピュータによる流体力学，pp.24-35，Springer（2003.12）
3) http://www.cfd-benchmarks.com
4) 日本建築学会：市街地風環境予測のための流体数値解析ガイドブック―ガイドラインと検証用データベース―（2007）
5) Ito, K., Inthavong, K., Kurabuchi, T., Ueda, T., Endo, T., Omori, T., Ono, H., Kato, S., Sakai, K., Suwa, Y., Matsumoto, H., Yoshino, H., Zhang, W. and Tu, J.：CFD benchmark tests for indoor environmental problems: Part 1. Isothermal/non-isothermal flow in 2D and 3D room model, Part 2. Cross-ventilation airflows and floor heating systems, Part 3. Numerical thermal manikins, Part 4. Air-conditioning airflows, residential kitchen airflows and fire-induced flow, International Journal of Architectural Engineering Technology, Vol.2, No.1, pp.1-102（2015）

【4-2】
1) 伊藤一秀，加藤信介，村上周三：換気効率指標の数値解析検証用の2次元室内気流実験 不完全混合室内の居住域換気効率の評価に関する研究，日本建築学会計画系論文集，No.534，pp.49-56（2000）
2) Ito, K., Inthavong, K., Kurabuchi, T., Ueda, T., Endo, T., Omori, T., Ono, H., Kato, S., Sakai, K., Suwa, Y., Matsumoto, H., Yoshino, H., Zhang, W. and Tu, J.：CFD Benchmark tests for indoor environmental problems: Part 1. Isothermal/non-isothermal flow in 2D and 3D room model, International Journal of Architectural Engineering Technology, Vol.2, No.1, pp.1-22（2015）
3) 好村純一，伊藤一秀，長澤康弘，金泰延，林徹夫：各種汎用CFDコードによる2次元室内流れ場を対象としたベンチマークテスト，空気調和・衛生工学会論文集，No.144，pp.53-62（2009）
4) Lemaire, A. D., Chen, Q., Ewert, M., Heikkinen, J., Inard, C., Moser, A., Nielsen, P. V. and Whittle, G.：Room air and contaminant flow, evaluation of computational methods. Subtask-1 Summary Report, International Energy Agency, Annex 20, TNO Building and Construction Research, Delft, The Netherlands（1993）
5) Inoguchi, T. and Ito, K.：Analysis of airflow pattern and particle dispersion in enclosed environment using traditional CFD and Lattice Boltzmann method., International Journal of High-Rise Buildings, Vol.1, No.2, pp.87-97（2012）

【4-3】
1) 村上周三，加藤信介，中川浩之：水平非等温噴流を有する室内の流れ場・温度場の数値解析，日本建築学会計画系論文報告集，No.423，pp.11-21（1991）
2) 加藤信介，村上周三，近藤靖史：代数応力モデルによる3次元非等温流れ場の解析―代数応力方程式モデルによる室内気流解析第四報―，日本建築学会計画系論文報告集，pp.15-20（1993）
3) 大岡龍三，村上周三，加藤信介：DSMによる室内気流解析（その2）3次元非等温流れ場に関するASMとDSMの比較，日本建築学会学術講演梗概集，pp.519-520（1992）
4) 水谷国男，村上周三，持田灯，富永禎秀：LESによる非等温室内気流解析，空気調和・衛生工学会学術講演論文集，pp.625-628（1992）

5) 井上英明, 遠藤智行, 酒井孝司, 小野浩己, 倉渕隆：オープンソースCFDコードによる非等温噴流解析精度に関する研究, 日本建築学会学術講演梗概集, 環境II, pp.567-568 (2013.8)
6) 酒井孝司, 小野浩己, 今野雅：水平非等温噴流流れ場におけるCFDの解析精度検証に関する研究, 標準k-εとSST k-ωの比較と浮力生産項モデルの検討, 空気調和・衛生工学会学術講演論文集, pp.133-136 (2014)
7) 後藤和恭, 酒井孝司, 小野浩己：浮力生産項を追加した各RANS乱流モデルの予測精度の検証, 空気調和・衛生工学会学術講演論文集, Vol.5, pp.165-168 (2017)
8) 小野浩己, 酒井孝司, 加治屋亮一, 青木亮一：床暖房室内の自然対流れにおけるCFDに精度検証第1報—実大模型を用いた温度測定, 空気調和・衛生工学会論文集, No.178, pp.21-27 (2012.1)
9) Lien, F. S., Chen, W. L. and Leschziner, M. A.：Low-Reynolds-number eddy-viscosity modeling based on non-linear stress-strain/vorticesrelations, Proc. 3rd Symp. Engineering Turbulence Modeling and Measurements, pp.91-100 (1996)

【4-4】
1) ISO-14505-2：Ergonomics of the thermal environment – Evaluation of thermal environments in vehicles, Part2. Determination of equivalent temperature (2006)
2) Nielsen, P. V., Murakami, S., Kato, S., Topp, C. and Yang, J. H.：Benchmark Tests for a Computer Simulated Person, ISSN 1395-7953 R0307 (2003)
3) Håkan, O., Nilsson, H. B. and Nielsen, P. V.：www.cfd-benchmarks.com/
4) Martinho, N., Lopes, A. and Silva, N.：CFD Modelling of benchmark tests for flow around a detailed computer simulated person, 7th Int. Thermal Manikin and Modelling Meeting (2008)
5) 大森敏明, 梁禎訓, 加藤信介, 村上周三：大規模・複雑形状に対応する対流・放射連成シミュレーション用放射伝熱解析法の開発, 第3報—サーマルマネキンによる実験値と計算値との比較, 空気調和・衛生工学会論文集, No.95, pp.45-52 (2004.10)
6) 大森敏明, 倉渕隆：汎用CFDコードによる数値サーマルマネキンのベンチマークテスト, 日本建築学会大会学術講演梗概集, pp.609-610 (2012)
7) Tanabe, S., Arens, E., Bauman, F., Zhang, H. and Madsen, T.：Evaluating thermal environments by using a thermal manikin with controlled skin surface temperature, ASHRAE Transactions, Vol.100, No.1, pp.39-48 (1994)
8) Shih, T. H. Zhu, J. and Lumley, J. L.：A realisable Reynolds stress algebraic equation model, NASA TM-105993 (1993)
9) Norris, L. H. and Reynolds, W. C.：Turbulence channel flow with a moving wavy boundary, Rep.FM-10, Dept. of Mech. Eng., Stanford University (1975)
10) Lien, F. S., Chen, W. L. and Leschziner, M. A.：Low-Reynolds-number eddy-viscosity modelling based on non-linear stress-strain/vorticity relations, Proc. 3rd Symp. Engineering Turbulence Modelling and Measurements, pp.1-10 (1996)
11) 大森敏明, 梁禎訓, 加藤信介, 村上周三：大規模・複雑形状に対応する対流・放射連成シミュレーション用放射伝熱解析法の開発, 第1報—モンテカルロ法をベースとした高精度放射伝熱解析法, 空気調和・衛生工学会論文集, No.88, pp.103-113 (2003)
12) 日本建築学会環境標準 AIJES-H0005-2015：サーマルマネキンを用いた室内温熱環境評価法規準・同解説 (2015)
13) Virtual Manikin (Computer Simulated Person) Grid Library: http://www.phe-kyudai.jp/research_01.html

【4-5】
1) 倉渕隆, 大場正昭, 岩渕拓志, 島田朋裕：風向正面の場合の通風気流に関する予測精度継承と流管分析, LESと風洞実験による建物通風気流構造の解明に関する研究（第1報）, 日本建築学会計画系論文集, No.561, pp.47-52 (2002.11)
2) 日本建築学会：市街地風環境予測のための流体数値解析ガイドブック—ガイドラインと検証用データベース—, 日本建築学会 (2007.7)
3) 大場正昭, 倉渕隆, 入江謙治：通風開口部の流入気流と圧力損失に関する実験的研究, 日本建築学会計画系論文集, No.552, pp.21-27 (2002.2)

【4-6】
1) 澤田昌江, 甲谷寿史, 桃井良尚, 相良和伸, 山中俊夫, 安本浩江：複雑な形状の吹出し口を有する室内気流のCFDに関する研究（その6）吹出し気流のモデル化における境界条件の検討, 空気調和・衛生工学会近畿支部学術研究発表会論文集 (2013.3)

【4-7】
1) 加藤信介, 村上周三, 義江龍一郎：モデル火災室における高温自然対流に関する実験 —乱流量の測定結果— 密度変化を伴う高浮力流れの数値シミュレーションに関する研究 第5報, 日本建築学会計画系論文集, No.521, pp.55-62 (1999)
2) 義江龍一郎, 村上周三, 加藤信介：モデル火災室における高温自然対流に関する実験 —平均量の測定結果— 密度変化を伴う高浮力流れの数値シミュレーションに関する研究 第4報, 日本建築学会計画系論文集, No.510, pp.45-52 (1998)
3) 竹光信正：数値流体力学におけるいくつかの基礎的事項 生産研究, Vol.41, No.6, pp.515-523 (1989)
4) Lien, F. S., Chen, W. L. and Leschziner, M. A.：Low-Reynolds-number eddy-viscosity modelling based on non-linear stress-strain/vorticity relations, Proc. 3rd Symp. Engineering Turbulence Modelling and Measurements, pp.1-10 (1996)

付録
数値流体解析技術による
室内環境解析の基礎

A 流れの基礎式と乱流モデル

室内気流は言うまでもなく空気の流れであり，壁のごく近傍領域を除く大部分の領域で十分乱れた乱流場である．したがって，室内気流は乱流の運動を表す基礎方程式によって記述される．特に，その速度は音速（〜340m/s）に比べて十分小さく，また室内で通常観測される温度差は30K程度である．このような条件の流体の運動は密度の影響を浮力のみに考慮した**ブシネスク近似**による非圧縮性流体の方程式で適切に表されることが知られている．以下では，流れの基礎方程式から出発し，コンピュータを利用した数値シミュレーションを実施することを前提に，乱流効果を乱流モデルとしていかに解くべき方程式に反映させるかについて，現状で広く採用されている手法を中心に概説する．

A-1 基礎方程式

浮力の影響を含めた流れの基礎方程式は連続式，運動量保存式（ナビエ・ストークス（N-S）方程式），エネルギー方程式から構成される．座標として直交座標系 (x, y, z) を用い（z は鉛直上向きを正とする），時刻を t で表し，各方向の速度成分を $(\tilde{u}, \tilde{v}, \tilde{w})$，圧力を $\tilde{p}$，温度を $\tilde{\theta}$ とすれば，次のように表される（なお，ここで従属変数に付けられたチルダ記号は後述するアンサンブル平均，変動値と変数の瞬時値を区別するためのものである）．

$$\frac{\partial \tilde{u}}{\partial x} + \frac{\partial \tilde{v}}{\partial y} + \frac{\partial \tilde{w}}{\partial z} = 0 \tag{A.1}$$

$$\frac{\partial \tilde{u}}{\partial t} + \frac{\partial \tilde{u}\tilde{u}}{\partial x} + \frac{\partial \tilde{u}\tilde{v}}{\partial y} + \frac{\partial \tilde{u}\tilde{w}}{\partial z} = -\frac{1}{\rho}\frac{\partial \tilde{p}}{\partial x} + \frac{\partial}{\partial x}\left[2\nu\left(\frac{\partial \tilde{u}}{\partial x}\right)\right] + \frac{\partial}{\partial y}\left[\nu\left(\frac{\partial \tilde{v}}{\partial x} + \frac{\partial \tilde{u}}{\partial y}\right)\right] + \frac{\partial}{\partial z}\left[\nu\left(\frac{\partial \tilde{w}}{\partial x} + \frac{\partial \tilde{u}}{\partial z}\right)\right] \tag{A.2}$$

$$\frac{\partial \tilde{v}}{\partial t} + \frac{\partial \tilde{v}\tilde{u}}{\partial x} + \frac{\partial \tilde{v}\tilde{v}}{\partial y} + \frac{\partial \tilde{v}\tilde{w}}{\partial z} = -\frac{1}{\rho}\frac{\partial \tilde{p}}{\partial y} + \frac{\partial}{\partial x}\left[\nu\left(\frac{\partial \tilde{u}}{\partial y} + \frac{\partial \tilde{v}}{\partial x}\right)\right] + \frac{\partial}{\partial y}\left[2\nu\left(\frac{\partial \tilde{v}}{\partial y}\right)\right] + \frac{\partial}{\partial z}\left[\nu\left(\frac{\partial \tilde{w}}{\partial y} + \frac{\partial \tilde{v}}{\partial z}\right)\right] \tag{A.3}$$

$$\frac{\partial \tilde{w}}{\partial t} + \frac{\partial \tilde{w}\tilde{u}}{\partial x} + \frac{\partial \tilde{w}\tilde{v}}{\partial y} + \frac{\partial \tilde{w}\tilde{w}}{\partial z} = -\frac{1}{\rho}\frac{\partial \tilde{p}}{\partial y} + \frac{\partial}{\partial x}\left[\nu\left(\frac{\partial \tilde{u}}{\partial z} + \frac{\partial \tilde{w}}{\partial x}\right)\right] + \frac{\partial}{\partial y}\left[\nu\left(\frac{\partial \tilde{v}}{\partial z} + \frac{\partial \tilde{w}}{\partial y}\right)\right] + \frac{\partial}{\partial z}\left[2\nu\left(\frac{\partial \tilde{w}}{\partial z}\right)\right]$$

$$+ \beta g (\tilde{\theta} - \theta_0) \tag{A.4}$$

$$\frac{\partial \tilde{\theta}}{\partial t} + \frac{\partial \tilde{\theta}\tilde{u}}{\partial x} + \frac{\partial \tilde{\theta}\tilde{v}}{\partial y} + \frac{\partial \tilde{\theta}\tilde{w}}{\partial z} = \frac{\partial}{\partial x}\left[a\left(\frac{\partial \tilde{\theta}}{\partial x}\right)\right] + \frac{\partial}{\partial y}\left[a\left(\frac{\partial \tilde{\theta}}{\partial y}\right)\right] + \frac{\partial}{\partial z}\left[a\left(\frac{\partial \tilde{\theta}}{\partial z}\right)\right] \tag{A.5}$$

ここに，ρ：空気の密度，ν：空気の動粘性係数，β：空気の体積膨張率，g：重力加速度（9.8m/s^2），a：**温度拡散係数**，θ_0：基準温度を表す．

未知数は $\tilde{u}, \tilde{v}, \tilde{w}, \tilde{p}, \tilde{\theta}$ の5変数であり，方程式は式 (A.1) 〜 (A.5) の5方程式となるので，原理的には解を得ることができる．このように各項を書き下すと式が煩雑になるので，**テンソル表記**を導入する．テンソル表記では添字は $i = 1, 2, 3$ を表し，同じ添字が現れる項については，添字の総和をとるものである．$(x, y, z) = (x_1, x_2, x_3)$，$(\tilde{u}, \tilde{v}, \tilde{w}) = (\tilde{u}_1, \tilde{u}_2, \tilde{u}_3)$ であるとすれば，例えば次のようになる．

$$\frac{\partial \tilde{u}_j}{\partial x_j} = \frac{\partial \tilde{u}_1}{\partial x_1} + \frac{\partial \tilde{u}_2}{\partial x_2} + \frac{\partial \tilde{u}_3}{\partial x_3} = \frac{\partial \tilde{u}}{\partial x} + \frac{\partial \tilde{v}}{\partial y} + \frac{\partial \tilde{w}}{\partial z}$$

$$\tilde{u}_j \tilde{u}_j = \tilde{u}_1 \tilde{u}_1 + \tilde{u}_2 \tilde{u}_2 + \tilde{u}_3 \tilde{u}_3 = \tilde{u}\tilde{u} + \tilde{v}\tilde{v} + \tilde{w}\tilde{w}$$

テンソル表記を用いて式 (A.1) ～ (A.5) を書き換えると，以下のように方程式を簡潔に表すことができる．

$$\frac{\partial \tilde{u}_j}{\partial x_j} = 0 \tag{A.6}$$

$$\frac{\partial \tilde{u}_i}{\partial t} + \frac{\partial \tilde{u}_i \tilde{u}_j}{\partial x_j} = -\frac{1}{\rho}\frac{\partial \tilde{p}}{\partial x_i} + \frac{\partial}{\partial x_j}\left[2\nu \tilde{S}_{ij}\right] - \beta g_i(\tilde{\theta} - \theta_0) \tag{A.7}$$

$$\frac{\partial \tilde{\theta}}{\partial t} + \frac{\partial \tilde{\theta} \tilde{u}_j}{\partial x_j} = \frac{\partial}{\partial x_j}\left[a\frac{\partial \tilde{\theta}}{\partial x_j}\right] \tag{A.8}$$

ここに，$\tilde{S}_{ij} = \frac{1}{2}\left(\frac{\partial \tilde{u}_i}{\partial x_j} + \frac{\partial \tilde{u}_j}{\partial x_i}\right)$, $g_1 = g_2 = 0$, $g_3 = -9.8$

A-2 乱流モデリングとRANSモデル

乱流はさまざまなスケールの渦が不規則に生成，消滅することによる気流変動によって特徴づけられるが，流れのスケールに対応した気流変動のもつエネルギーに基づいて整理すると，組織的な構造があることが知られている．**図A.1**は横軸に波数をとり，縦軸に波数に対応するエネルギーを表す**乱流のエネルギースペクトル**を模式的に表したものである．波数κとは流れのスケールをlと置いた場合に式 (A.9) で表されるものであるため，波数の小さい領域は大スケール渦の変動，大きい領域は小スケール渦による変動に対応する．

$$l = \frac{2\pi}{\kappa} \tag{A.9}$$

外部から気流変動に供給されたエネルギーはまず大きな渦に引き渡される．大きな渦は流れの非線形作用により順次小さな渦に分裂するため，エネルギーは大きな渦から小さな渦へと伝達していく．最終的には粘性によって渦は消失し，熱となって散逸することとなるが，このエネルギー伝達プロセスのことを，**乱流のエネルギーカスケード**と呼ぶ．エネルギーが消失する変動の最小スケールのことを**コルモゴロフの長さスケール**と呼び，これをηと表せば，その波数は$\kappa_d = 2\pi/\eta$となる．

粘性によるエネルギー散逸率εは，もともと系に外部から供給されたエネルギーに等しいので，流れ場の代表長さをL，代表速度をUとすると，エネルギーはU^2に，時間はL/Uに比例することから，式 (A.10) のように見積もることができる．一方，粘性νによってスケールηでエネルギー散逸が起こることから，粘性散逸率は次元的に式 (A.11) のように表すことができる．以下では〜はオーダーが等しいことを表している．

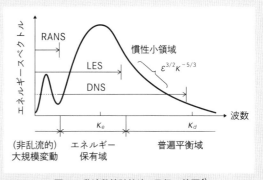

図A.1 乱流数値計算法の取扱い範囲[1]

$$\varepsilon \sim \frac{U^3}{L} \tag{A.10}$$

$$\varepsilon \sim \frac{\nu^3}{\eta^4} \tag{A.11}$$

両者を等しいとして整理すれば，**流れの代表長さスケール**とコルモゴロフの長さスケールの比は式 (A.12)

のように見積もることができる．

$$\frac{L}{\eta} \sim Re^{3/4} \tag{A.12}$$

ここに，$Re=UL/\nu$ は流れの**レイノルズ数**を表す．

変動の最小スケールを分離できる分解能の計算格子を用いて式 (A.6) ～ (A.8) を解けば乱流の完全なシミュレーションが可能となるが，典型的な室内気流として吹出し速度：$U=5$ m/s，室寸法：$L=3$ m，常温空気の動粘性係数：$\nu = 1.5 \times 10^{-5}$ m^2/s を用いて，式 (A.12) を見積もると約 30 000 となる．したがって，必要な最小空間分解能は 0.1 mm となり，現実的な計算規模とはならない．そこで，レイノルズ数がもっと小さい計算可能規模となる問題を設定して実施する計算のことを，**流れの直接数値シミュレーション**（Direct Numerical Simulation:**DNS**）と呼ぶ．これは乱流現象そのものの研究や乱流モデルの妥当性検証などの特殊な目的のために利用されるものである．

一方，先のエネルギーカスケードに関し，波数 κ_d 付近ではエネルギーが散逸される領域であるが，これよりも低波数側の波数 κ_e 付近に，外部から供給されたエネルギーを保有する領域があることが知られている．両者の間ではエネルギーの損失も外部からのエネルギー供給もないため，乱れのエネルギーは低波数側から高波数側（もしくは大スケールから小スケール）へと通過するのみとなるが，この波数領域のことを慣性小領域と呼ぶ．大スケールの平均流からつくられる渦は非等方性が強いが，慣性小領域の渦は等方的でエネルギー平衡状態が成り立つことが知られている．そこで，波数 κ_e に対応する長さスケール程度の計算格子を確保し，基礎方程式に空間フィルタをかけて，より小さいスケールへのエネルギー伝達過程は乱流モデルを用いて計算アルゴリズムに組み込む方法を**ラージエディシミュレーション**（**LES**）と呼ぶ．この場合，格子スケール以上の乱流がシミュレートされることとなる．

LES は DNS に比べて計算コストは小さいが，計算格子以上のスケールの非定常な流れを解くために依然として膨大な計算が必要であり，工学的実用問題への適用は限定的である．一方，現実的に必要なのは，時間平均流れなど，空間的になだらかに変化する分布である場合がほとんどである．そこで，式 (A.6) ～ (A.8) にアンサンブル平均（変数の集合平均をとることを意味する）を施した式を出発点とするアプローチがあり，**RANS**（Reynolds-Averaged Numerical Simulation）と呼ばれる．RANS で用いられる平均化された基礎方程式は次のように導かれる．式 (A.6) ～ (A.8) の未知数が大文字で表した平均値と小文字で表した変動値からなるものとする．

$$\tilde{u}_i = U_i + u_i \tag{A.13}$$
$$\tilde{\theta} = \Theta + \theta \tag{A.14}$$

アンサンブル平均をオーバーバーで表せば，次の関係は自明である．

$$U_i = \bar{\tilde{u}}_i \tag{A.15}$$
$$0 = \bar{u}_i \tag{A.16}$$

また，次のように変動成分の積の平均が 0 とはならないことを考慮し

$$\overline{\tilde{u}_i \tilde{u}_i} = U_i U_i + \overline{U_i u_i} + \overline{u_i U_i} + \overline{u_i u_i} = U_i U_i + \overline{u_i u_i} \tag{A.17}$$

式 (A.6) ～ (A.8) に平均操作を施すと，式 (A.18) ～ (A.20) となる．

$$\frac{\partial U_j}{\partial x_j} = 0 \tag{A.18}$$

$$\frac{\partial U_i}{\partial t} + \frac{\partial U_i U_j}{\partial x_j} = -\frac{1}{\rho}\frac{\partial P}{\partial x_i} + \frac{\partial}{\partial x_j}\left[2\nu S_{ij} - \overline{u_i u_j}\right] - \beta g_i(\Theta - \theta_0) \tag{A.19}$$

$$\frac{\partial \Theta}{\partial t} + \frac{\partial \Theta U_j}{\partial x_j} = \frac{\partial}{\partial x_j}\left[a\frac{\partial \Theta_j}{\partial x_j} - \overline{\theta u_j}\right] \tag{A.20}$$

ここに

$$S_{ij} = \frac{1}{2}\left(\frac{\partial U_i}{\partial x_j} + \frac{\partial U_j}{\partial x_i}\right)$$

であり，平均流のひずみ速度を表す．

　平均流の方程式中の式 (A.19) は特に**レイノルズ方程式**と呼ばれている．これを平均化前の式 (A.7) と比較すると，$-\overline{u_i u_j}$ なる項が新たに追加されているが，これは乱流変動による応力を表し，**レイノルズ応力**と呼ばれる．同様に平均化されたエネルギー方程式中の $-\overline{\theta u_j}$ は乱流熱フラックスと呼ばれる．平均流の方程式 (A.18)〜(A.20) を解くことによって，平均流れ場を求めることができるが，そのためにはレイノルズ応力や乱流熱フラックスを平均流れ場から見積もるための**乱流モデル**を導入する必要がある．

A-3 二方程式モデル

　RANSに適用される乱流モデルの中で，最も幅広い実績をもつモデルは**標準 k-ε モデル**に代表される二方程式モデルである．二方程式モデルでは**渦粘性モデル**を用いて平均流れ場から**レイノルズ応力，乱流熱フラックス**を次のように見積もる．

$$-\overline{u_i u_j} = 2\nu_t S_{ij} - \frac{2}{3}\delta_{ij}k \tag{A.21}$$

$$-\overline{\theta u_j} = \frac{\nu_t}{\sigma_\theta}\frac{\partial \Theta}{\partial x_j} \tag{A.22}$$

ここに，σ_θ は乱流プラントル数と呼ばれる1のオーダの計算定数である．

　式 (A.21)，(A.22) は気体分子のランダムな変動に起因する運動量拡散を表す式 (A.19) 中の $2\nu S_{ij}$ や，熱拡散を表す式 (A.20) 中の $a\partial\Theta/\partial x_j = \nu/Pr \cdot \partial\Theta/\partial x_j$ からのアナロジーにより（Prは**プラントル数**を意味し，動粘性係数の温度拡散係数に対する比を表す），乱流を渦の作用によって局所的に動粘性係数や温度拡散係数が増加した流れと捉えることを意味する．なお，式 (A.21) で $i=j$ と置くと，左辺は式 (A.23) で定義される乱流エネルギー k の -2 倍となるが，S_{ii} は流れの連続式から 0 となるので，式の整合性をとるために右辺第2項が必要となる（δ_{ij} は**クロネッカーのデルタ**と呼ばれ，$i=j$ のとき 1，それ以外では 0 を意味し，$\delta_{ii}=3$ である）．

$$k = \frac{\overline{u_i u_i}}{2} + \frac{\overline{u_1^2} + \overline{u_2^2} + \overline{u_3^2}}{2} \tag{A.23}$$

　式 (A.21)，(A.22) を式 (A.19)，(A.20) に代入すれば式 (A.24)，(A.25) となり，**渦動粘性係数 ν_t** の空間分布がわかれば，方程式を閉じることができる．

$$\frac{\partial U_i}{\partial t} + \frac{\partial U_i U_j}{\partial x_j} = -\frac{1}{\rho}\frac{\partial}{\partial x_i}\left(P + \frac{2}{3}\rho k\right) + \frac{\partial}{\partial x_j}\left[2(\nu + \nu_t)S_{ij}\right] - \beta g_i(\Theta - \theta_0) \tag{A.24}$$

$$\frac{\partial \Theta}{\partial t} + \frac{\partial \Theta U_j}{\partial x_j} = \frac{\partial}{\partial x_j}\left[\left(a + \frac{\nu_t}{\sigma_\theta}\right)\frac{\partial \Theta}{\partial x_j}\right] \tag{A.25}$$

流体の物性である動粘性係数νは気体分子の二乗平均速度の平方根に比例する音速と，隣接分子に衝突する平均距離を意味する平均自由行路の積に比例することが知られている．これより，乱流における渦動粘性係数ν_tは，渦の速度スケールをq，長さスケールをlと置くと，式(A.26)のように表される．

$$\nu_t = ql \tag{A.26}$$

ただし，qとlを直接求める必要はないため，二方程式モデルでは，$q^m l^n$のmとnを適当に組み合わせた二つのパラメータに関する輸送方程式を解くことによりν_tの空間分布を求める．

❶標準k-εモデル

標準k-εモデル[2)]では乱流エネルギー$k(=q^2)$と粘性散逸率$\varepsilon(=q^3l^{-1})$に関する輸送方程式を解く．乱流エネルギーの厳密な輸送方程式はナビエ・ストークス方程式(A.7)を操作することによって求められ，式(A.27)～(A.30)で表される．

$$\frac{\partial k}{\partial t} + \frac{\partial kU_j}{\partial x_j} = D_k + P_k + G_k - \varepsilon \tag{A.27}$$

$$P_k = -\overline{u_i u_j} S_{ij} \tag{A.28}$$

$$G_k = -\beta g_j \overline{\theta u_j} \tag{A.29}$$

$$\varepsilon = -\nu \overline{\frac{\partial u_i}{\partial x_j}\frac{\partial u_i}{\partial x_j}} \tag{A.30}$$

ここに，D_kは乱流エネルギーの拡散項，P_kはレイノルズ応力による生産項，G_kは浮力による生産項，式(A.30)は粘性散逸の定義を表している．

高レイノルズ数の等温流れでは多くの場合，式(A.28)の生産項と式(A.30)の散逸項がバランスし，近似的に$P_k=\varepsilon$となることが知られている．そこで，$x_1 x_2$平面の二次元気流で$\partial U_1/\partial x_2$を除いてほかはゼロとなる純せん断流れを考え，生産と散逸のバランス式に渦動粘性係数を乗じて変形していくと式(A.31)となる．

$$\nu_t \varepsilon = \nu_t P_k = \nu_t \cdot \left(-\overline{u_1 u_2}\frac{\partial U_1}{\partial x_2}\right) = (\overline{u_1 u_2})^2 = C_\mu k^2 \tag{A.31}$$

ここに，C_μは計算定数であり，一般に0.09が用いられる．これより渦動粘性係数の計算式は次式となる．

$$\nu_t = C_\mu \frac{k^2}{\varepsilon} \tag{A.32}$$

標準k-εモデルにおける乱流エネルギーkの方程式は，式(A.27)中の乱流拡散項を勾配拡散近似し，さらに式(A.28)のレイノルズ応力と式(A.29)の乱流熱フラックスを式(A.21)と式(A.22)で近似した次のモデル方程式を用いる．

$$\frac{\partial k}{\partial t} + \frac{\partial kU_j}{\partial x_j} = \frac{\partial}{\partial x_j}\left[\left(\nu + \frac{\nu_t}{\sigma_k}\right)\frac{\partial k}{\partial x_j}\right] + P_k + G_k - \varepsilon \tag{A.33}$$

$$P_k = 2\nu_t S_{ij} S_{ij} \tag{A.34}$$

$$G_k = \beta g_j \frac{\nu_t}{\sigma_\theta} \frac{\partial \Theta}{\partial x_j} \tag{A.35}$$

次に，**粘性散逸率** ε については次のモデル方程式が用いられる．

$$\frac{\partial \varepsilon}{\partial t} + \frac{\partial \varepsilon U_j}{\partial x_j} = \frac{\partial}{\partial x_j}\left[\left(\nu + \frac{\nu_t}{\sigma_\varepsilon}\right)\frac{\partial \varepsilon}{\partial x_j}\right] + \frac{\varepsilon}{k}\left[C_{\varepsilon_1}(P_k + C_{\varepsilon_3} G_k) - C_{\varepsilon_2}\varepsilon\right] \tag{A.36}$$

ここに，σ_ε, C_{ε_1}, C_{ε_2}, C_{ε_3} は計算定数である．

モデル定数は格子背後の乱流エネルギーの減衰，平面混合層における長さスケールの発達，壁乱流の対数領域に関する実験データに基づいてチューニングがなされ，$\sigma_k = 1.0$, $\sigma_\varepsilon = 1.3$, $C_{\varepsilon_1} = 1.44$, $C_{\varepsilon_2} = 1.92$ と置くのが一般的である．

C_{ε_3} の設定法についてはいくつか提案がある．第一の方法は，ε の輸送方程式における浮力の影響は無視できるとして $C_{\varepsilon_3} = 0$ と置く．第二の方法は，G_k が正の場合は $C_{\varepsilon_3} = 1$，負の場合は $C_{\varepsilon_3} = 0$ と浮力生産項の符号に応じて異なる係数を用いる．第三の方法は重力方向の平均速度成分を W，重力と直角方向の速度成分を U と置いて，$C_{\varepsilon_3} = \tanh|W/U|$ と置く．この場合，流れが水平方向の場合は $C_{\varepsilon_3} = 0$，鉛直方向の場合は $C_{\varepsilon_3} = 1$ と置いたことになる．

C_{ε_3} は床暖房や天井放射暖房などの水平加熱/冷却面における熱伝達率に影響することが知られているが，最適な設定法についてのコンセンサスは得られていない．

標準 k-ε モデルは乱流エネルギー k を担うスケールと粘性散逸率 ε の生じるスケールが大きく分離し，図A.1で $\kappa_e \ll \kappa_d$ であることが適用の前提となることが知られているが，これには流れのレイノルズ数が十分大きいことが必要となる．したがって，標準 k-ε モデルは高レイノルズ数流れに適した乱流モデルといえるが，全体として流れのレイノルズ数が大きい場合でも，壁に接近すると乱れが壁によって抑制され，この前提条件が成立しなくなる．また，壁付近では壁と法線方向の乱れが抑制されるため，乱流エネルギー k の主要部分は壁と平行方向の乱れ成分となる一方，壁との間の熱や運動量の拡散に影響するのは，壁と法線方向の乱れ成分である．したがって，式 (A.32) を用いて渦動粘性係数を推定すると，式 (A.21), (A.22) に示されるレイノルズ応力や乱流熱フラックスを過大に評価する傾向がある．これらの事情により，標準 k-ε モデルの適用の際には，壁のごく近傍まで計算対象とすることは不適切であり，壁からある程度離れた領域で計算を打ち切り，B-5 ❶項に示す実験的に求められている壁法則に基づく境界条件で処理する方法が用いられる．

❷ 低 Re 型 k-ε モデル

壁関数は多様な流れに普遍的ではないので，壁効果が重要な問題（例えば壁と空気の間の熱伝達問題など）では，壁面近傍での低レイノルズ数効果まで取り扱えるように修正したモデルが用いられ，低 Re 型 k-ε モデルと呼ばれる．低 Re 型 k-ε モデルは，最初に提案された Jones-Launder モデル[3] 以来さまざまなモデルが提案されてきているが，その一般形は次のように書かれる．

$$\nu_t = C_\mu f_\mu \frac{k^2}{\varepsilon} \tag{A.37}$$

$$\frac{\partial k}{\partial t} + \frac{\partial k U_j}{\partial x_j} = \frac{\partial}{\partial x_j}\left[\left(\nu + \frac{\nu_t}{\sigma_k}\right)\frac{\partial k}{\partial x_j}\right] + P_k + G_k - \varepsilon - D \tag{A.38}$$

$$\frac{\partial \varepsilon}{\partial t} + \frac{\partial \varepsilon U_j}{\partial x_j} = \frac{\partial}{\partial x_j}\left[\left(\nu + \frac{\nu_t}{\sigma_\varepsilon}\right)\frac{\partial \varepsilon}{\partial x_j}\right] + \frac{\varepsilon}{k}\left[C_{\varepsilon_1} f_1 \cdot (P_k + C_{\varepsilon_3} G_k) - C_{\varepsilon_2} f_2 \cdot \varepsilon\right] + E \tag{A.39}$$

提案されているさまざまな低Re型k-εモデルでは，壁表面に向かうk，ε，レイノルズ応力，ν_tの漸近挙動が正しく再現されていないものもある[4]ので，適用にあたっては注意が必要である．

低Re型k-εモデルとして最近広く用いられるようになってきているAbe-Kondoh-Naganoモデル[5]では，$D=E=0$，モデル係数や付加項，ダンピング関数はそれぞれ壁からの距離をyと置いて，式(A.40)のように表される．

$$\left.\begin{array}{l} C_\mu=0.09, \quad C_{\varepsilon_1}=1.50, \quad C_{\varepsilon_2}=1.90, \quad \sigma_k=1.4, \quad \sigma_\varepsilon=1.4 \\ f_\mu=\left\{1-\exp\left(-\frac{y^*}{14}\right)\right\}^2\left\{1+\frac{5}{R_t^{3/4}}\exp\left[-\left(\frac{R_t}{200}\right)^2\right]\right\} \\ f_2=\left\{1-\exp\left(-\frac{y^*}{3.1}\right)\right\}^2\left\{1+0.3\exp\left[-\left(\frac{R_t}{6.5}\right)^2\right]\right\} \end{array}\right\} \quad (A.40)$$

ここに，$R_t=k^2/(\nu\varepsilon)$，$y^*=y/\eta$，$\eta=(\nu^3/\varepsilon)^{1/4}$である．

低Re型k-εモデルを用いて壁付近の乱れの状況を適切に再現し，対流熱伝達などの高精度予測を行うためには，壁付近の計算格子の分解能を高める必要がある．このためには，B-5❶項に示す壁座標について$y^+=u_*y/\nu$が1程度の位置に，壁第一計算格子を配置し，壁面上で滑りなし境界条件を適用する必要がある．

❸RNG k-εモデル[6]

k-εモデル中の特にε方程式は，ナビエ・ストークス式である式(A.7)から理論的に導出できない点に対する批判が当初からあり，YakhotとOrszagは統計理論の一種であるRNG理論(Renormalization Group methods)を適用し，乱流モデル方程式を導出することを試みた．**RNG k-εモデル**では，モデル定数を除きk方程式は標準k-εモデルと同じ式(A.33)を用いるが，ε方程式は次のように表される(ここでは浮力の影響は省略している)．

$$\frac{\partial \varepsilon}{\partial t}+\frac{\partial \varepsilon U_j}{\partial x_j}=\frac{\partial}{\partial x_j}\left[\left(\nu+\frac{\nu_t}{\sigma_\varepsilon}\right)\frac{\partial \varepsilon}{\partial x_j}\right]+\frac{\varepsilon}{k}\left[C_{\varepsilon_1}\cdot P_k-C_{\varepsilon_2}\cdot \varepsilon\right]+R \quad (A.41)$$

ここに，$R=-\dfrac{\eta(1-\eta/\eta_0)}{1+\beta\eta^3}\cdot P_k\dfrac{\varepsilon}{k}$，$\eta=(2S_{ij}S_{ij})^{1/2}\cdot\dfrac{k}{\varepsilon}$

$C_\mu=0.0845$，$\sigma_k=0.7194$，$\sigma_\varepsilon=0.7194$，$C_{\varepsilon_1}=1.42$，$C_{\varepsilon_2}=1.68$，$\eta_0=4.38$，$\beta=0.012$

RNGモデルは，旋回流など流線の曲がりが大きい問題に適用した場合に改善が見られるとする報告があるが，標準k-εモデル同様，軸対称噴流の発達を正確に予測することはできないとされている．また，気流衝突域に標準k-εモデルを適用すると顕著に見られる乱流エネルギーの過大評価の問題については改善する効果があり，これが原因となって生じる建物風上正面での風圧係数の過大評価の傾向は緩和されることが知られている．

❹SST k-ωモデル

航空宇宙分野でよく使われる二方程式モデルに**k-ωモデル**[7]がある．乱流エネルギーk方程式のほか，**乱れの周期ω**($=ql^{-1}$)に関する輸送方程式を解く．標準的なモデルでは次式が用いられ，$\varepsilon=\beta^*\omega k$の関係がある(浮力の影響は省略している)．

$$\nu_t=\frac{k}{\omega} \quad (A.42)$$

$$\frac{\partial k}{\partial t} + \frac{\partial kU_j}{\partial x_j} = \frac{\partial}{\partial x_j}\left[\left(\nu + \frac{\nu_t}{\sigma_k^*}\right)\frac{\partial k}{\partial x_j}\right] + P_k - \beta^* \omega k \tag{A.43}$$

$$\frac{\partial \omega}{\partial t} + \frac{\partial \omega U_j}{\partial x_j} = \frac{\partial}{\partial x_j}\left[\left(\nu + \frac{\nu_t}{\sigma_\omega}\right)\frac{\partial \omega}{\partial x_j}\right] + \alpha \frac{\omega}{k} P_k - \beta \omega^2 \tag{A.44}$$

ここに，$\alpha = \frac{5}{9}$，$\beta = \frac{3}{40}$，$\beta^* = 0.09$，$\sigma_k^* = 2$，$\sigma_\omega = 2$

式 (A.43) と式 (A.33) では異なる計算定数が用いられる．

k-ωモデルを壁近傍に適用すると，kの壁への漸近挙動を正しく再現せず，減衰を過大に評価することが知られている．しかし，この傾向がちょうど低Re型k-εモデルの渦動粘性係数を評価する際の式 (A.37) に現れる減衰関数f_μと同様の効果があるため，低レイノルズ数流れへの適用にあたってモデル方程式に補正が不要なことが知られている．

k-ωモデルを逆圧力勾配のある境界層流れに適用すると，標準k-εモデルよりはく離を正確に予測する．しかし，境界層から離れた自由流れ部分では流入境界でのωの設定値に解が依存する不都合があることが知られている．

この問題を解決するため，Menterは壁近傍でk-ωモデルを，壁から離れた領域でk-εモデルを用いる **SST k-ωモデル**[8)]の提案を行った．SST k-ωモデルでは式 (A.44) を修正した式 (A.45) を用いる．

$$\frac{\partial \omega}{\partial t} + \frac{\partial \omega U_j}{\partial x_j} = \frac{\partial}{\partial x_j}\left[\left(\nu + \frac{\nu_t}{\sigma_\omega}\right)\frac{\partial \omega}{\partial x_j}\right] + \alpha \frac{\omega}{k} P_k - \beta \omega^2 + 2(1-F_1)\frac{\sigma_{\omega 2}}{\omega}\frac{\partial k}{\partial x_j}\frac{\partial \omega}{\partial x_j} \tag{A.45}$$

式 (A.45) を式 (A.44) と比較すると右辺第4項が付け加えられていることがわかる．この項のオンオフは関数F_1で調整され，$F_1=1$でk-ωモデル，$F_1=0$でk-εモデルにスイッチされるようになっている（第4項をオンとすることにより，ε方程式を解くのと等価な効果がある）．式 (A.45) がどちらのモデルになっているかによって，計算定数もそれぞれのモデルに適した値が選択される．このほか，SST k-ωモデルでは渦動粘性係数と乱流エネルギー生産の過大評価を抑制するためのリミタが付けられている．

SST k-ωモデルでは当初航空宇宙分野で適用されていたが，建物風上面での風圧係数の過大評価の緩和，衝突噴流における熱伝達率の予測精度が高いなどの特徴があることから，幅広い工学分野で適用されるようになってきている．

❺ その他の乱流モデル

Realizable k-εモデルは，Shih[9)]により提案された改良k-εモデルであり，式 (A.32) の渦動粘性係数の計算においてC_μが流れ場の関数となって定数扱いとならないこと，渦度変動の分散の輸送方程式から別途導かれた新たなε方程式を用いる点が特徴となっている．Realizable (実現性) の意味は，式 (A.21) で求められるレイノルズ応力が，$\overline{u_1^2} \geq 0$（変動速度の分散は負にならない）や$(\overline{u_1 u_2})^2 \leq \overline{u_1^2} \cdot \overline{u_2^2}$（異なる方向間での風速変動の相関係数は1を超えない）などの制約条件が満たされない場合は，物理的に不合理な解となる可能性があることから，実現性の制約のもとでの定式化が行われていることを意味する．室内気流予測の観点で重要な性質は，Realizable k-εモデルは平面噴流と軸対称噴流両方の広がりを正しく計算できるとされる点が重要である．

V2fモデル[10)]は，Durbinにより提案された四方程式モデルであり，k，ε方程式に加えて，流れ方向と直角方向の速度スケール$\overline{v^2}$とその方向への圧力と速度変動による乱れの配分を規定するfの二つの追加方程式を解くことにより，RSMを解くのと同様の効果を意図したものである．壁による非等方効果はfの方程式に組み込まれているので，補正なしに壁表面まで適用することができるという意味で，低Re型モデルということもできる．乱流の時間スケールと長さスケールに関するリミタが組み込まれ，衝突噴流などでの熱伝達率の過大評価を避けることができる．

非線形渦動粘性モデルは，ひずみ速度の高次の項を用いてレイノルズ応力を近似する．式 (A.21) ではレイノルズ応力を渦粘性とひずみ速度の一次の項であるS_{ij}を用いて表すモデルであることから，レイノルズ応力の線形近似と捉えることができる．これを高精度化するために，ひずみ速度や式 (A.46) に示す渦度Ω_{ij}の二，三次の積で表される項を取り入れることにより，渦粘性をより普遍的なものとする提案がなされており[11]，非線形渦粘性モデル，非等方渦粘性モデルなどと呼ばれる．少ない計算コストでk-εモデルで表現できない流れ場が再現できたとの報告もある．

$$\Omega_{ij} = \frac{1}{2}\left(\frac{\partial U_i}{\partial x_j} - \frac{\partial U_j}{\partial x_i}\right) \tag{A.46}$$

A-4 RSMモデル

k-εモデルに代表される渦粘性モデルは式 (A.19) に現れるレイノルズ応力を式 (A.21) のように渦粘性係数を用いて表現するが，この段階で方程式系をクローズせずに6種のレイノルズ応力の輸送方程式を導いた段階でクローズする乱流モデルを**応力方程式モデル** (Reynolds Stress Model：**RSM**, Differential Second-moment closure Model：**DSM**) と呼ぶ．当該モデルでは式 (A.18)～(A.20) に加え，ナビエ・ストークス方程式より導かれる以下の厳密なレイノルズ応力の輸送方程式が基礎方程式に加わる．

$$\frac{\partial \overline{u_i u_j}}{\partial t} + U_k \frac{\partial \overline{u_i u_j}}{\partial x_k} = \left(-\overline{u_i u_k}\frac{\partial U_j}{\partial x_k} - \overline{u_j u_k}\frac{\partial U_i}{\partial x_k}\right) - 2\nu\,\overline{\frac{\partial u_j}{\partial x_k}\frac{\partial u_i}{\partial x_k}} - \left(\overline{\frac{u_i}{\rho}\frac{\partial p}{\partial x_j}} + \overline{\frac{u_j}{\rho}\frac{\partial p}{\partial x_i}}\right)$$

$$-\frac{\partial}{\partial x_k}(\overline{u_i u_j u_k}) + \frac{\partial}{\partial x_k}\left(\nu\frac{\partial \overline{u_i u_j}}{\partial x_k}\right) \tag{A.47}$$

式 (A.47) は新たに22の未知数が出現するが，各項の物理的意味に基づいて適宜モデル化することがRSMのモデリングである．ここで，右辺第1項は生産項，第2項は消散項，第3項は速度・圧力勾配相関項であり多少の式変形を経て圧力ひずみ相関項として扱われる．第4および5項がそれぞれ乱流拡散・粘性拡散を表し，まとめて以下のように書かれる．

$$\frac{\partial \overline{u_i u_j}}{\partial t} + U_k \frac{\partial \overline{u_i u_j}}{\partial x_k} = P_{ij} + \varepsilon_{ij} + \varphi_{ij} + D_{Tij} + D_{Lij} \tag{A.48}$$

右辺のうち生産項と粘性拡散項以外はモデル化が必要であり，基礎方程式の煩雑さから汎用的なモデル化手法が確立されているとは言い難いが，一般にLaunder, Reece, Rodi[12] の用いたモデル化手法の組合せ (LRRモデル) に基づくものが多く，その一例を以下に示す．

$$\varepsilon_{ij} = \frac{2}{3}\delta_{ij}\varepsilon \tag{A.49}$$

$$\varphi_{ij} = \varphi_{ij(1)} + \varphi_{ij(2)} + \varphi_{ij}^w \tag{A.50}$$

$$D_{Tij} = \frac{\partial}{\partial x_k}\left(C_s \frac{k}{\varepsilon}\overline{u_k u_m}\frac{\partial \overline{u_i u_j}}{\partial x_m}\right) \tag{A.51}$$

散逸項は式 (A.49) のとおり局所等方の仮定に基づいており，式中のスカラー散逸率εは別途輸送方程式を解く必要があるが，このε方程式中に各レイノルズ応力が出現することになる．

レイノルズ応力の再分配を表す圧力ひずみ相関項はRSMモデリングにおいて最も煩雑かつ多くの近似手法が提案され，モデルの性能を左右するといわれる．LRRモデルにおける圧力ひずみ相関項は，式 (A.50) のように3種に分けてモデル化を行い，変動速度で構成されて乱れの等方化を表す項 (スロー項)，変動速度と圧力と平均速度勾配で構成される項 (ラピッド項)，壁面の存在がレイノルズ応力の再分配に影響を及ぼす項 (壁反

射項)[13),14)] に分けてそれぞれを組み込んでいる.

乱流拡散項はここではLRRモデルで採用している式(A.51)のDalyとHarlow[15)]の手法を紹介しており，これは勾配拡散近似における乱流拡散係数にレイノルズ応力テンソルを含んだ手法であるが，実用的には高いレイノルズ数場を対象として数値計算の安定性を重視し，kの輸送方程式と同様にスカラーで乱流拡散係数を与える簡易手法もよく取られる．

ここで示したRSMのモデリングは比較的多く用いられる組合せであるが，RSMは前述のとおり多くの項の近似を経て方程式系をクローズする乱流モデルであり，標準的なモデル化手法が確立されているとは言い難いため，その解析精度は各項目にどのモデルを採用したかに依存する．また，モデルが煩雑であるためモデル定数のチューニングなども多様な流れ場で十分な学術的検討が行われておらず，複雑な流れ場に当該モデルを適用した際の結果の傾向や，得意とする流れ場などの知見が十分に提供されていないことも注意すべき点である．6種のレイノルズ応力の輸送方程式を解くという乱流モデルとしての位置付けは明快であり，その意味ではRANSの中でも重要といえるが，上記の観点からはまだ課題が多く残されたモデルといえる．

A-5 LES

慣性小領域付近の波数に対応する長さスケールをもった計算格子を用意して，格子スケール以下の流れをモデル化，格子スケール以上の流れを直接計算するLESは，DNSに比べると小さいものの，工学的実用のためには計算負荷が非常に大きいことは前述したとおりである．しかし，乱流の全成分を物理モデルに頼るRANSに比べて，多くの流れ場で計算精度に優れることが確かめられている．

LESでは流れの方程式にフィルタ操作を施すことによって，大スケールと小スケールの分離を行う．ただし，有限差分法や有限体積法を用いて支配方程式を離散化することは，必然的に格子幅より小さい変動を無視することになり離散化自体が一種の**フィルタ操作**とみなせる．そのため，数値計算上で陽的にフィルタ操作を行う必要はない．この陰的に施されるフィルタはグリッドフィルタと呼ばれ，格子幅より大きな直接解像されるスケールは**グリッドスケール**(Grid Scale：GS)，格子幅より小さくモデル化されるスケールは**サブグリッドスケール**(Sub Grid Scale：SGS)と呼ばれる．式(A.6)～(A.8)にグリッドフィルタを施すと，以下のGS成分に関する流れの方程式が得られる．

$$\frac{\partial \langle \tilde{u}_j \rangle}{\partial x_j} = 0 \tag{A.52}$$

$$\frac{\partial \langle \tilde{u}_i \rangle}{\partial t} + \frac{\partial \langle \tilde{u}_i \rangle \langle \tilde{u}_j \rangle}{\partial x_j} = -\frac{1}{\rho}\frac{\partial \langle \tilde{p} \rangle}{\partial x_i} + \frac{\partial}{\partial x_j}\left[2\nu\langle \tilde{S}_{ij} \rangle - \langle \tilde{u}_i \tilde{u}_j \rangle - \langle \tilde{u}_i \rangle \langle \tilde{u}_j \rangle\right] - \beta g_i (\langle \tilde{\theta} \rangle - \theta_0) \tag{A.53}$$

$$\frac{\partial \langle \tilde{\theta} \rangle}{\partial t} + \frac{\partial \langle \tilde{\theta} \rangle \langle \tilde{u}_j \rangle}{\partial x_j} = \frac{\partial}{\partial x_j}\left[a\frac{\partial \langle \tilde{\theta} \rangle}{\partial x_j} - (\langle \tilde{\theta} \tilde{u}_j \rangle - \langle \tilde{\theta} \rangle \langle \tilde{u}_j \rangle)\right] \tag{A.54}$$

なお，$\langle\ \rangle$はグリッドフィルタを表す．また

$$\langle \tilde{S}_{ij} \rangle = \frac{1}{2}\left(\frac{\partial \langle \tilde{u}_i \rangle}{\partial x_j} + \frac{\partial \langle \tilde{u}_j \rangle}{\partial x_i}\right)$$

である．

式中に現れる$(\langle \tilde{u}_i \tilde{u}_j \rangle - \langle \tilde{u}_i \rangle \langle \tilde{u}_j \rangle)$および$(\langle \tilde{\theta} \tilde{u}_j \rangle - \langle \tilde{\theta} \rangle \langle \tilde{u}_j \rangle)$は，それぞれSGS応力，SGS温度フラックスと呼ばれ，格子幅で解像できないサブグリッドスケールの運動がグリッドスケールにもたらす影響を表す項であるため，GS成分のみでは直接算出できない．そのため，何らかのモデルを導入して方程式を閉じる必要がある．

建築環境・設備の分野で扱うほとんどの流れでは，SGS応力およびSGS温度フラックスの近似はRANSと同様の渦粘性近似で十分である．すなわち

$$\langle \tilde{u}_i \tilde{u}_j \rangle - \langle \tilde{u}_i \rangle \langle \tilde{u}_j \rangle = \frac{2}{3} \delta_{ij} k_{\mathrm{SGS}} - 2\nu_{\mathrm{SGS}} \langle \tilde{S}_{ij} \rangle, \quad k_{\mathrm{SGS}} = \frac{\langle \tilde{u}_k \tilde{u}_k \rangle - \langle \tilde{u}_k \rangle \langle \tilde{u}_k \rangle}{2} \tag{A.55}$$

$$\langle \tilde{\theta} \tilde{u}_j \rangle - \langle \tilde{\theta} \rangle \langle \tilde{u}_j \rangle = \frac{\nu_{\mathrm{SGS}}}{\sigma_{\theta \mathrm{SGS}}} \frac{\partial \langle \tilde{\theta} \rangle}{\partial x_j} \tag{A.56}$$

式 (A.55), (A.56) を式 (A.53), (A54) に代入して整理すれば，以下の閉じた方程式が得られる．

$$\frac{\partial \langle \tilde{u}_i \rangle}{\partial t} + \frac{\partial \langle \tilde{u}_i \rangle \langle \tilde{u}_j \rangle}{\partial x_j} = -\frac{1}{\rho} \frac{\partial \langle \tilde{P} \rangle}{\partial x_i} + \frac{\partial}{\partial x_j} \left[2(\nu + \nu_{\mathrm{SGS}}) \langle \tilde{S}_{ij} \rangle \right] - \beta g_i (\langle \tilde{\theta} \rangle - \theta_0) \tag{A.57}$$

$$\frac{\partial \langle \tilde{\theta} \rangle}{\partial t} + \frac{\partial \langle \tilde{\theta} \rangle \langle \tilde{u}_j \rangle}{\partial x_j} = \frac{\partial}{\partial x_j} \left[\left(a + \frac{\nu_{\mathrm{SGS}}}{\sigma_{\theta \mathrm{SGS}}} \right) \frac{\partial \langle \tilde{\theta} \rangle}{\partial x_j} \right] \tag{A.58}$$

ここに，$\langle \tilde{P} \rangle = \langle \tilde{p} \rangle + \frac{2}{3} k_{\mathrm{SGS}}$ はSGS動圧を含む擬似圧力である．
多くのソルバーではこれを圧力とみなして解く．

RANSでは未知となる渦動粘性係数ν_tを求めるために二つまたはそれ以上の追加の方程式を導入した．しかし，LESでは普遍性が期待できる小スケールの乱流運動のみがモデル化対象であるため，より簡便な方法でSGS動粘性係数ν_{SGS}を求めることができる．ここではその一例として，室内気流などの解析で最も多く用いられているSmagorinskyモデルについて解説する．

❶Smagorinskyモデル[16]

ν_tが乱流運動に関する速度スケール（変動速度）と長さスケール（渦スケール）の積で表されたように，ν_{SGS}もSGSに関連する速度スケールと長さスケールの積で表される．速度スケールに$\sqrt{k_{\mathrm{SGS}}}$，長さスケールにフィルタ幅Δを使用すると，ν_{SGS}は次のように表される．

$$\nu_{\mathrm{SGS}} = C_\nu \Delta \sqrt{k_{\mathrm{SGS}}} \tag{A.59}$$

C_νは比例定数である．RANSのk-εモデルでは，輸送方程式を解くことでkおよびεを求めたが，Smagorinskyモデルではk_{SGS}の輸送方程式に局所平衡仮定を適用し，以下の代数式でk_{SGS}を求める．

$$k_{\mathrm{SGS}} = \frac{2C_\nu}{C_\varepsilon} \Delta^2 \langle \tilde{S}_{ij} \rangle \langle \tilde{S}_{ij} \rangle \tag{A.60}$$

式 (A.60) を式 (A.59) に代入すると

$$\nu_{\mathrm{SGS}} = (C_S \Delta)^2 |S|, \quad |S| = \sqrt{2 \langle \tilde{S}_{ij} \rangle \langle \tilde{S}_{ij} \rangle}, \quad C_S = \sqrt[4]{\frac{C_\nu^3}{C_\varepsilon}} \tag{A.61}$$

となる．C_SはSmagorinskyモデルに現れる唯一のモデル係数で，**Smagorinsky定数**とも呼ばれる．C_Sの値は乱流統計理論から導出でき（約0.18），一様等方性乱流を対象にした計算では実験とよく一致する．ところが，混合層乱流やチャネル乱流ではC_Sを減じなければ実験値と合わないことが判明しており（それぞれの最適値は約0.16，約0.1），モデル定数の普遍性に疑問が残る．

また，壁近傍では本来ν_{SGS}は0に向かって減衰しなければならないが，式 (A.61) で定義されるν_{SGS}は壁からの距離によらず正の値をとる．そこで，減衰関数を乗じて壁面近傍で$\nu_{\mathrm{SGS}} \to 0$とする補正がしばしば行われる．古くから**van Driest型**と呼ばれる関数が多く用いられており，近年ではより適切な漸近挙動をもつとされる**Piomelli型**も用いられるが，いずれにしても壁からの距離によって一意に減衰挙動を決めることとなり，LESで重要な局所的な乱流性状を再現できるという長所をスポイルすることとなってしまう[17]．

以上のように，Smagorinskyモデルにはいくつか問題が指摘されてはいるが，衝突流れなど複雑な流れ場を中心にRANSより大幅に改善された結果が得られることや，問題点の改善を試みた高度なモデルに比べ

て計算負荷が小さく安定性にも優れていることから，LESの代表的なモデルとして幅広く用いられている．以降，いくつかの改良型モデルについて簡単に紹介する．詳細は各文献を参照されたい．

❷Dynamic Smagorinskyモデル

Smagorinskyモデルでは，C_Sの最適値が流れ場によって変化し，一意に決定できないという欠点があった．そこで，Germanoはグリッドフィルタより一回り大きなフィルタ（テストフィルタと呼ぶ）を用いて，C_Sを動的に決定する**Dynamic Smagorinskyモデル**[18]を提案した．これにより，流れ場の性質によって自動でC_Sが調整されるだけでなく，壁面近傍ではC_Sが減衰するために減衰関数が不要となるなど，SGSモデリングに大きな進展をもたらした．ところが，GermanoのオリジナルのモデルではC_Sが激しく変動して計算不安定となる．そこで，Lillyは最小二乗法を用いてC_Sの決定法を改良した[19]．現在使用されているのは，ほとんどがLillyの改良に基づくものである．しかし，依然としてC_Sの変動は大きく，実用上は何らかの安定化処理が必要となる．流れの方向があらかじめわかっている場合には，その方向に沿った平均が施されることが多いが，室内気流問題への適用は困難である．便宜上は$C_S<0$となった場合に強制的に$C_S=0$と置く（クリッピング）などの処理が用いられることが多い．流跡線に沿ってC_Sの平均化を行う**Lagrangian Dynamic Smagorinskyモデル**[20]も提案されているが，計算負荷はより一層大きくなる．

❸Wall Adapting Local Eddy Viscosity（WALE）モデル

NicoudらはC_Sを修正するのではなく，式(A.61)の$|S|$を修正して壁面近傍で適切に減衰するモデルを考案した[21]．計算安定性にも優れており，Dynamic Smagorinskyモデルのような特別な安定化処理が必要なく，Smagorinskyモデルに比べて改善された結果が得られるとして近年注目を集めている．

A-6 標準k-εモデルの問題点と対策

室内気流解析の実施にあたり，その目的を達成するための適切な手法を選ぶ必要があり，これは乱流モデルの選択についてもいえる．本書が対象とする環境・設備設計への適用を前提とした通常の室内気流解析で求められる精度については，高Re型の標準k-εモデルの選択が一般的である．ただし，原理的に標準k-εモデルの適用が妥当とはいえない流れの現象もあり，乱流モデルの欠陥によって十分な精度の予測結果が得られない場合もあり得る．現在の商用ソフトウェアには種々の乱流モデルが実装されており，これらのモデルの選択が可能となっているものの，そもそも多数の乱流モデルが存在する理由は，あらゆる現象に対応できるモデルがないことを物語っている．その一方で，流れ場に応じて計算定数を調整すること，特定の問題に対応するための対処療法を取り入れること，異なる乱流モデルを選択することにより，有益な解析結果が得られる場合も少なくない．また，これら乱流モデルの変更を行わないまでも，標準k-εモデルが得意でない問題を知っておくことにより，予測結果の信頼性について判断する助けとなる場合もあろう．

以下では，種々の流れの問題に各種乱流モデルを適用した結果のレビューを紹介するとともに，標準k-εモデルを用いるのには無理があることが指摘されている問題と対策について概説する．

❶Zhai, Chenらによる各種乱流モデルの比較

Zhai, Chenらにより，乱流モデルのレビュー[22]と詳細実験が行われている以下の四つの流れ場について，各種乱流モデルの比較[23]がなされた．なお，比較した乱流モデルは各グループの代表モデルを選出しており，高Re型k-εモデルのグループからはRNG k-εモデルが選ばれているので，標準k-εモデルはテストされていない．

1. 自然対流場[24]：高温壁(34.7℃)と低温壁(15.1℃)をもつ$2.18\,\mathrm{m}^{(H)} \times 0.52\,\mathrm{m} \times 0.076\,\mathrm{m}$のキャビティ
2. 強制対流場[25]：壁面上方吹出しと対面上方吸込みをもつ$1.5\,\mathrm{m} \times 1.0\,\mathrm{m}^{(H)}(\times 0.7\mathrm{m})$の二次元等温流れ場
3. 混合対流場[26]：壁面上方吹出しと対面下方吸込み，かつ高温床面(35.5℃)と低温壁面(15)をもつ$1.04 \times 1.04\,\mathrm{m}^{(H)}$の正方形二次元非等温流れ場
4. 高浮力流れ場[27]：火災を想定した9.1kWの発熱源（壁面平均温度は500℃以上），かつ1か所の扉($0.4 \times 0.9\mathrm{m}$)をもつ$1.8 \times 1.2 \times 1.2\,\mathrm{m}^{(H)}$の高浮力流れ場

実験値と各種乱流モデルの比較を行った結果を**表A.1**にまとめている．しかしながら，検討対象とした流

表A.1 各種乱流モデルの比較結果（文献23）から作成

流れ場	対象	乱流モデル							
		0-eq	RNG k-ε	SST k-ε	低Re型 k-ε Launder, Sharmaモデル	V2f-dav	RSM-IP	DES	LES
1. 自然対流場	平均温度	B	A	A	C	A	A	C	A
	平均風速	D	B	A	B	A	B	D	B
	乱れ成分	n/a	C	C	C	A	C	C	A
2. 強制対流場	平均風速	C	A	C	A	A	A	C	A
	乱れ成分	n/a	B	C	B	B	B	C	B
3. 混合対流場	平均温度	A	A	A	A	A	A	A	A
	平均風速	A	B	B	B	B	A	B	B
	乱れ成分	n/a	A	D	B	A	A	B	B
4. 高浮力流れ場	平均温度	A	A	A	A	n/c	n/a	n/a	B
	平均風速	B	A	A	A	n/c	n/a	n/a	A
	乱れ成分	n/a	C	A	B	n/c	n/a	n/a	B
計算負荷（0-eqを1）		1	2〜4		4〜8		10〜20	10^2〜10^3	

A=良好, B=許容, C=最低限, D=不適切, n/a=適用不能, n/c=未収束

れ場は各一種であり，同じ種類の流れ場について各種乱流モデルを適用すると，同様の結果となることを保証するものではないことは明らかである．したがって，各種流れ場に対する乱流モデルのパフォーマンスを例示する資料としては有益であるが，これをもって選択の目安とすることは難しい．

❷軸対称噴流

標準k-εモデルを標準的な計算定数を用いて，静穏環境に吹き出されるスリット吹出し口からの平面噴流に適用すると，精度良い予測が可能なことが知られている．一方，ノズル吹出し口など軸対称噴流に適用すると，噴流の拡散が40％程度も過大に評価され，到達距離などについて精度の良い予測結果が得られない問題がある．図A.2は，室に吹き出された噴流の拡散に関する実験結果と標準k-εモデル，LESのスカラー風速分布を比較した結果である[28]．標準k-εモデルは実験に比較して到達距離が短い．

これは，標準k-εモデルにおける円形噴流の欠陥（round jet anomaly）として古くから指摘されている問題である[29]．この問題について標準k-εモデルにいくつか修正を施して予測精度を向上させる試みがなされており，例えばPope[29]は軸対称噴流では重要であるが，平面噴流には影響しない"渦の伸長"と呼ばれる現象に関連するパラメータχをひずみ速度S_{ij}，渦度をΩ_{ij}（式(A.46)）として式(A.62)とした場合に，ε方程式にχが影響する付加項を追加する補正を行った式(A.63)を提案している（ここでは浮力の影響は無視している）．

$$\chi = \left(\frac{k}{\varepsilon}\right)^3 \Omega_{ij}\Omega_{jk}S_{ki} \tag{A.62}$$

$$\frac{\partial \varepsilon}{\partial t} + \frac{\partial \varepsilon U_j}{\partial x_j} = \frac{\partial}{\partial x_j}\left[\left(\nu + \frac{\nu_t}{\sigma_\varepsilon}\right)\frac{\partial \varepsilon}{\partial x_j}\right] + \frac{\varepsilon}{k}\left[C_{\varepsilon_1}\cdot P_k - C_{\varepsilon_2}\varepsilon + C_{\varepsilon_4}\varepsilon\chi\right] \tag{A.63}$$

ここに，C_{ε_4}は半値幅の拡大率と風速分布の再現性に基づいてチューニングされた0.79を用いる．この項はεを大きくする効果があるため，ν_tは小さく評価されて拡散過大傾向が緩和される．付加項の影響は平面噴流には現れないので，平面噴流と軸対称噴流における拡散性を同じモデルで正確に予測することに成功している．残念ながらこの付加項はその他の流れでは予測精度を悪化させる方向に作用し，より汎用的な標準k-εモデルにおけるε方程式の改良が必要であり，Realizable k-εモデルをテストすることは有意義であろう．

また，吹出し口近傍における噴流の初期拡散を補正するために，B-5 ❼項に示すBox法やP.V.法を吹出し

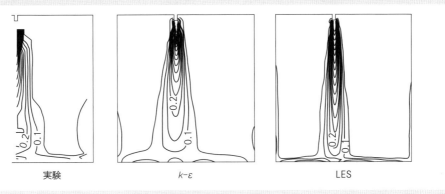

図A.2 吹出し噴流のスカラー風速分布

口近傍に適用し，予測される流れの分布を境界条件として与えることにより，全域に標準k-εモデルを適用した場合に生じる誤差を緩和する対策が考えられる．

❸鉛直浮力噴流

加熱面上の上昇気流であるプルームを含む鉛直浮力噴流は，人体，OA機器やちゅう房機器などからも生じることから環境・設備分野でも重要な流れの一つである．鉛直浮力噴流の予測に標準k-εモデルを適用すると，円形噴流の欠陥とは逆に，流れの拡散性が過小評価される欠点があることが知られている．Rodi[30]は鉛直浮力噴流に**代数応力方程式モデル**（ASMと呼ばれ，RSMの移流拡散項をkの移流拡散項で置き換えることにより，レイノルズ応力の輸送方程式を解くことを省略したRSMの簡略モデル）を適用し，流れの境界層近似を行った式を標準k-ε方程式の形に変形することによって，鉛直浮力噴流をRSMで解く場合と，標準k-εモデルを適用する場合の相違について検討している．

図A.3に示すように座標を定義した平面噴流に標準k-εモデルを適用した場合のレイノルズ応力は渦動粘性係数を式（A.64）として式（A.65）で表される．

$$\nu_t = C_\mu \frac{k^2}{\varepsilon} \tag{A.64}$$

$$-\overline{u_1 u_3} = \nu_t \frac{\partial U_3}{\partial x_1} \tag{A.65}$$

標準k-εモデルではC_μは定数であるが，ASMを適用すると渦動粘性係数は式（A.66）で表される．ここに，C_{1T}，C_1，C_2は計算定数である．式（A.66）は等温条件ではC_μに相当する値が定数となるものの，鉛直方向に流れを加速させる方向に重力が作用する浮力流れでは，C_μは等温条件よりも大きくなり，流れと直角方向の運動量拡散が標準k-εモデルの場合よりも促進される．

$$\nu_t = 0.53 \frac{1-C_2}{C_1}\left(1 + \frac{1}{C_{1T}} \frac{k}{\varepsilon} \beta g \frac{\partial \Theta/\partial x_1}{\partial U_3/\partial x_1}\right) \cdot \frac{k^2}{\varepsilon} \tag{A.66}$$

一方，式（A.29）に示す乱流エネルギーの浮力による生産項は図A.3の条件では式（A.67）と表される．

$$G_k = 9.8 \beta \overline{u_3 \theta} \tag{A.67}$$

標準k-εモデルでは鉛直方向の乱流熱フラックスを式（A.22）で近似されるので式（A.68）となり，鉛直方向の流れが卓越する条件ではほぼ0となる．

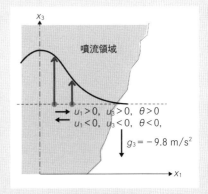

図A.3 浮力噴流

$$-\overline{u_3\theta} = \frac{\nu_t}{\sigma_\theta}\frac{\partial \Theta}{\partial x_3} \tag{A.68}$$

一方,境界層近似を行ったASMでは対応する項は式(A.69)となる.

$$-\overline{u_3\theta} = \frac{1}{C_{1T}}\frac{k}{\varepsilon}\left[\overline{u_3 u_1}\frac{\partial \Theta}{\partial x_1} + (1-C_{2T})\overline{u_1\theta}\frac{\partial U_3}{\partial x_1} - (1-C_{3T})\beta g\overline{\theta^2}\right] \tag{A.69}$$

式(A.69)は浮力噴流では$\partial U_3/\partial x_1$, $\partial \Theta/\partial x_1$が同符号となるので,式(A.67)は正の値をとる.これは図A.3を用いて次のように説明される.主流方向であるx_3方向の流れの直角方向であるx_1方向に風速変動u_1が生じた場合,$u_1 > 0$の条件では浮力噴流の中心軸から離れる方向の風速変動であることから,$u_3 > 0$, $\theta > 0$となる確率が高く,$u_1 < 0$の場合は逆となる.したがって,$\overline{u_3\theta}$は正の値をとるので,式(A.67)より乱流エネルギーが浮力によって生産される.結果的に渦動粘性係数が大きくなり,主流と直角方向の拡散がさらに促進される.

このように,標準k-εモデルを鉛直浮力噴流に適用すると浮力の影響が考慮されないことから拡散不足を招くことになる.対策として,このような浮力の影響が組み込まれたRSMを適用することのほか,ちゅう房などからの汚染空気の排気捕集率の予測では,コンロ上で熱源から一定距離離れた位置での気流,温度分布の測定値をB-5❼項に準じてBox法やP.V.法で与えることにより初期拡散不足による予測精度の低下を抑制する試みなどがなされている.

❹気流衝突領域

標準k-εモデルを気流が衝突するよどみ点がある問題など,主流方向に大きな加減速がある流れ場に適用すると,レイノルズ応力を式(A.21)で近似することが原因となって予測精度が悪化することが知られている.環境・設備分野で問題となる代表的なものは

・衝突噴流における対流伝熱量の過大評価
・よどみ点における風圧係数の過大評価

などである.このような問題が生じるメカニズムを,**図A.4**に示すx_1:主流方向, x_3:主流直角方向とした二次元流れ場で検討する.

乱流エネルギーの生産項式(A.28)をこの条件で書き下してみると,$U_2=0$, $\partial/\partial x_2=0$であること,さらに連続条件式:$\partial U_1/\partial x_1 + \partial U_3/\partial x_3 = 0$を考慮して以下のように表すことができる.

$$P_k = -\left(\overline{u_1^2} - \overline{u_3^2}\right)\frac{\partial U_1}{\partial x_1} - \overline{u_1 u_3}\left(\frac{\partial U_3}{\partial x_1} + \frac{\partial U_1}{\partial x_3}\right) \tag{A.70}$$

式(A.70)に現れるレイノルズ応力を標準k-εモデルで用いられる渦動粘性近似で表すと,式(A.71)~(A.73)となるので,これらを代入すれば式(A.70)は式(A.74)のように表される.

$$\overline{u_1^2} = \frac{2}{3}k - 2\nu_t\frac{\partial U_1}{\partial x_1} \tag{A.71}$$

$$\overline{u_3^2} = \frac{2}{3}k - 2\nu_t\frac{\partial U_3}{\partial x_3} \tag{A.72}$$

$$\overline{u_1 u_3} = -\nu_t\left(\frac{\partial U_3}{\partial x_1} + \frac{\partial U_1}{\partial x_3}\right) \tag{A.73}$$

$$P_k = 4\nu_t\left(\frac{\partial U_1}{\partial x_1}\right)^2 + \nu_t\left(\frac{\partial U_3}{\partial x_1} + \frac{\partial U_1}{\partial x_3}\right)^2 \tag{A.74}$$

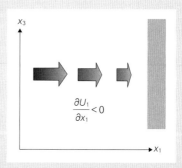

図A.4 気流の衝突

注目すべきポイントは，もともとの式 (A.70) の右辺第1項ではx_1，x_3方向の法線応力の差に法線方向ひずみがかけられており，この項は流れの状況によって正負いずれの値もとり得るのに対し，式 (A.74) では法線方向ひずみの2乗であることから非負に変わっている点である．流れが大きく加速，減速する部分では，この項がP_kを過大に評価する結果として，kやν_tを過大評価し，流れの衝突域での熱伝達率や流れの細部構造の再現精度を悪化させる原因となっている．

次に，式 (A.19) のレイノルズ方程式を上記二次元等温定常流れ場に適用し，粘性項を無視したうえで圧力項について解けば次のように表される．

$$\frac{1}{\rho}\frac{\partial P}{\partial x_1} = -U_1\frac{\partial U_1}{\partial x_1} - U_3\frac{\partial U_1}{\partial x_3} + \frac{\partial}{\partial x_1}(-\overline{u_1^2}) + \frac{\partial}{\partial x_3}(-\overline{u_1 u_3}) \tag{A.75}$$

この式の右辺第1項を左辺に移項して変形すれば

$$\frac{\partial}{\partial x_1}\left(\frac{P}{\rho} + \frac{U_1 U_1}{2}\right) = -U_3\frac{\partial U_1}{\partial x_3} + \frac{\partial}{\partial x_1}(-\overline{u_1^2}) + \frac{\partial}{\partial x_3}(-\overline{u_1 u_3}) \tag{A.76}$$

となるが，左辺は主流方向の全圧の変化を表している．よどみ点に接近する気流に沿って，全圧はおおむね保存されることが知られており，右辺の寄与は無視できる．

次に，式 (A.71)，(A.73) によるレイノルズ応力の近似を行うと，式 (A.76) は次のように表される．

$$\frac{\partial}{\partial x_1}\left(\frac{P}{\rho} + \frac{U_1 U_1}{2}\right) = 2\frac{\partial \nu_t}{\partial x_1}\frac{\partial U_1}{\partial x_1} + 2\nu_t\frac{\partial^2 U}{\partial x_1^2} + \frac{\partial}{\partial x_1}\left(-\frac{2}{3}k\right)$$

$$- U_3\frac{\partial U_1}{\partial x_3} + \frac{\partial}{\partial x_3}\left(\nu_t\left(\frac{\partial U_1}{\partial x_3} + \frac{\partial U_3}{\partial x_1}\right)\right) \tag{A.77}$$

式 (A.77) では右辺第1項の作用が重要である．標準k-εモデルでは式 (A.13) により，壁に接近する減速領域で乱流エネルギーkが過剰に生産された結果として，渦動粘性係数ν_tも大きくなるが，さらに壁に接近すると壁面境界条件の影響で急激に小さくなる．これは，よどみ点に接近する気流についていえば，$\partial \nu_t/\partial x_1 < 0$となることを意味するが，さらに$\partial U_1/\partial x_1 < 0$であることから非常に大きな正の寄与をする．結果として壁面に接近するにつれて全圧が増加することとなり，これは壁面風圧の過大評価の原因となる．

これは，標準k-εモデルにおける"**よどみ点の欠陥** (stagnation point anomaly)"として知られている問題の一つである．この問題へ対処するために，乱流モデルを修正するさまざまな試みがなされてきている．

(a) Launder-Katoモデル[31)]

Kato, Launderはよどみ点問題の対策として，乱流エネルギー生産の修正評価法を提案した．式 (A.34) で求められる乱流エネルギーの生産項は，変形速度スケールSを式 (A.78) で定義すると，式 (A.79) と表すことができる．

$$S = \sqrt{2 S_{ij} S_{ij}} \tag{A.78}$$

$$P_k = \nu_t S^2 \tag{A.79}$$

Launder-Katoモデルでは渦度スケールを式 (A.80) で定義し，式 (A.79) の代わりに式 (A.81) を用いる．

$$\Omega = \sqrt{2 \Omega_{ij} \Omega_{ij}} \tag{A.80}$$

$$P_k = \nu_t S \Omega \tag{A.81}$$

渦度スケールは変形速度スケールが問題となる$i = j$の対角成分が0となり，よどみ点付近で0となることが知られているので，乱流エネルギーの過大評価が改善される．

Launder-Katoモデルは$\Omega > S$となる領域において，通常の式 (A.79) よりも大きな乱流エネルギー生産を

与えるために，むしろ予測精度の悪化を招く．この場合，式(A.81)の適用を$\Omega < S$の範囲に制限し，それ以外では通常の式(A.79)を用いるものを改良Launder-Katoモデルと呼ぶ場合がある．

Launder-Katoモデルの別の原理的な欠点としては，平均流と乱流エネルギー間のエネルギー伝達過程に矛盾が生じることにある．乱流エネルギーの生産は平均流がレイノルズ応力を通して失ったエネルギーに等しく，このエネルギー伝達過程は標準k-εモデルにも引き継がれている．平均流側のレイノルズ応力の近似には式(A.21)を用いる一方で，乱流エネルギー生産項の評価に式(A.79)を修正した式(A.81)を用いることは，平均流れが失ったエネルギーが乱流エネルギーの生産に転換されないことを意味する．村上，持田，近藤はこの問題に対し，渦動粘性係数としてオリジナルのν_tから式(A.82)のν_t^*に変更した**MMKモデル**[32]を提案した．

$$\nu_t^* = \nu_t \frac{\Omega}{S} \tag{A.82}$$

式(A.82)を式(A.79)のν_tの代わりに用いると，乱流エネルギー生産項は式(A.81)を用いるのと同じこととなり，運動方程式に用いるν_t^*にも同じ値が用いられることによってエネルギー伝達過程の矛盾を避けることができる．

MMKモデルはLaunder-Katoモデルに比較して，建物壁面風圧係数の予測精度改善効果は大きい．ただし，ν_t^*の空間分布が大きく変動するなどの問題がある．

よどみ点問題に対処するために最近はLaunder-Katoモデルはあまり用いられず，より工学的予測精度の改善に有効な，動粘性係数にリミタを加えるタイプのモデルが一般に用いられるようになってきている．

(b) Durbinのリミタ[33]

Durbinは式(A.21)のレイノルズ応力が物理的に妥当な範囲に収まる条件を渦動粘性係数の制約条件として課すリミタを提案した．提案されたリミタはDurbinらの開発したV2fモデル[10]に組み込むことを目的としたと考えられるが，標準k-εモデルに組み込むことも可能である．

まず，式(A.32)に定義される渦動粘性係数を式(A.83)のように乱れの時間スケールTを用いて書き換える．

$$\nu_t = C_\mu \frac{k^2}{\varepsilon} = C_\mu k \cdot \frac{k}{\varepsilon} = C_\mu kT \tag{A.83}$$

一方，式(A.21)で表されるレイノルズ応力の法線方向成分を各方向に書き下すと式(A.84)〜(A.86)となる．

$$\overline{u_1^2} = -2\nu_t \frac{\partial U_1}{\partial x_1} + \frac{2}{3}k \tag{A.84}$$

$$\overline{u_2^2} = -2\nu_t \frac{\partial U_2}{\partial x_2} + \frac{2}{3}k \tag{A.85}$$

$$\overline{u_3^2} = -2\nu_t \frac{\partial U_3}{\partial x_3} + \frac{2}{3}k \tag{A.86}$$

式(A.84)に注目すると，$\partial U_1/\partial x_1 > 0$で流れの加速度が大きい条件では$\overline{u_1^2} < 0$となることがわかる．逆に$\partial U_1/\partial x_1 < 0$の減速流れでは$\overline{u_1^2}$は大きくなるが，式(A.84)〜(A.86)の合計は$2k$であることから，$2k$を超えることはない．この条件を満たすために，ν_tの大きさを流れのひずみの大きさに応じて制限することが考えられる．Durbinは流れのひずみの大きさを式(A.87)で定義し，乱れの時間スケールに制限をかけることにより，式(A.88)を用いてν_tが過剰とならないようリミタをかけることを提案している．

$$|S|^2 = S_{ij} S_{ij} \tag{A.87}$$

$$\nu_t = C_\mu k \cdot \min\left[\frac{k}{\varepsilon},\ \frac{\alpha}{C_\mu \sqrt{6|S|^2}}\right] \tag{A.88}$$

なお，式(A.88)中のαを1とすると，レイノルズ法線応力は0以上$2k$以下となるが，法線応力の各方向成分間の偏りを抑制するためには，1より小さい値を用いることが行われており，V2fモデルでの標準値は0.6となっている．

Durbinのリミタを組み込んだ標準k-εモデルは風圧係数の予測精度が著しく向上することが知られている．

❺対流熱伝達率の取扱い

標準k-εモデルを室内気流に適用する場合，壁面境界条件としては壁関数が適用される．壁関数は滑らかな圧力勾配の無視できる壁面に沿って流れる乱流に成立する**普遍的壁法則**に基づいて壁面に作用する摩擦力と対流熱フラックスを見積もるものである．室内気流問題では航空宇宙分野の翼回りの流れなどと異なり，壁面の摩擦力に関する予測精度は重要ではなく，したがって等温流れの問題では壁関数の適用に大きな問題は生じない．しかし，非等温流れで，例えば壁面温度が境界条件として与えられる壁上の対流熱伝達率が重要となる流れの問題などでは，平均室温などの基本的な予測対象の量に関する精度良い予測ができないことがある．多くの場合，壁関数では対流熱伝達率が過小に評価される傾向があることが知られている．これは，CFDの適用にあたって実際の室内の壁面を滑面で近似することに問題がある，壁面に沿って一様な流れが形成されていない，B-5 ❶項に示す壁座標について壁関数の適用できる範囲に計算メッシュが管理されていない，ことなどがあげられる．

対策としては，室平均温度などがあらかじめ想定されている場合は，壁に接するメッシュにおける流体温度と壁との間の**対流熱伝達率**をチューニングし，室平均温度を与える対流熱伝達率を境界条件として設定するα_c**型壁関数**を用いることのほか[34]，低Re型k-εモデルを用いることが考えられる．標準k-εモデルに壁関数を壁面境界条件として使用する場合，対流熱伝達率の高精度予測は一般に難しいことを考慮に入れてCFDの実施計画を立案すべきである．

参考文献

1) 梶島岳夫：乱流の数値シミュレーション改訂版, pp.169, 養賢堂 (2014)
2) Launder, B. E. and Spalding, D. B. : The numerical computation of turbulent flows, Computer Methods in Applied Mechanics and Engineering, Vol.3, No.2, pp.269-289 (1974)
3) Jones, W. P. and Launder, B. E. : The prediction of laminarization with a two-equation model of turbulence, Int. J. Heat Mass Transfer, Vol. 15, pp.301-314 (1972)
4) Patel, V. C., Rodi, W. and Scheuerer, G. : Turbulence models for near-wall and low Reynolds number flows-A review, AIAA Journal, Vol. 23, No. 9, pp.1308-1319 (1985)

5) Abe, K., Kondoh, T. and Nagano, Y : A new turbulence model for predicting fluid flow and heat transfer in separating and reattaching flows — 1. Flow field calculations, Int. J. Heat Mass Transfer, Vol.37, pp.139-151 (1994)
6) Yakhot, V., Orszag, S. A., Thangam, S., Gatski, T. B. and Speziale, C. G. : Development of turbulence models for shear flows by a double expansion technique, Physics of Fluids A, Vol. 4, No. 7, pp.1510-1520 (1992)
7) Wilcox, D. C. : Re-assessment of the scale-determining equation for advanced turbulence models, AIAA Journal, Vol. 26, No. 11, pp.1299-1310 (1988)
8) Menter, F. R. : Two-equation eddy-viscosity turbulence models for engineering applications, AIAA Journal, Vol. 32, No.8, pp.1598-1605 (1994)
9) Shih, T. H., Liou, W. W., Shabir, A., Yang, Z. and Zhu, J. : A new k-ε eddy viscosity model for high reynolds number turbulent flows -Model development and validation, Computers Fluids, Vol.24, No.3, pp.227-238 (1995)
10) Durbin, P. : Separated flow computations with the k-ε-$\overline{v^2}$ model, AIAA Journal, Vol. 33, pp.659-664 (1995)
11) Craft, T. J., Launder, B. E. and Suga, K. : Development and application of a cubic eddy viscosity model of turbulence, Int. J. Heat Fluid Flow, Vol.17, pp.108-115 (1996)
12) Launder, B. E. Reece, G. J. and Rodi, W. : Progress in the development of a Reynolds-stress turbulence closure, J. Fluid Mech., Vol. 68, Part 4, pp.537-566 (1975)
13) Shir, C. C. : A preliminary numerical study of atmospheric turbulent flows in the idealized planetary boundary layer, J. of the Atmospheric Science, Vol. 30, Issue 7, pp.1327-1339 (1973)
14) Gibson, M. M. : Ground effects on pressure fluctuations in the atmospheric boundary layer, J. Fluid Mech., Vol. 86, Part 3, pp.491-511 (1978)
15) Daly, B. J. and Harlow, F. H. : Transport equations in turbulence, Phys. Fluids, Vol.13, No.11, pp.2634-2649 (1970)
16) Smagorinsky, J. : General circulation experiments with the primitive equations, Mon. Weath. Rev., Vol.91 No.3, pp.99-164 (1963)
17) 小林敏雄：数値流体力学ハンドブック, 丸善 (2003)
18) Germano, M., Piomelli, U., Moin, P. and Cabot, W. H. :A dynamic subgrid scale eddy viscosity model, Phys. Fluids, A, Vol.3, No.7, pp.1760-1765 (1991)
19) Lilly, D. K. : A proposed modification of the Germano subgrid-scale closure method, Phys. Fluids, A, Vol.4, No.3, pp.633-635 (1992)
20) Meneveau, C., Lund, T. S. and Cabot, W. H. : A Lagrangian dynamic subgrid-scale model of turbulence, J. Fluid Mech., Vol.319, pp.353-385 (1996)
21) Nicoud, F. and Ducros, F. : Subgrid-scale stress modelling based on the square of the velocity gradient tensor, Flow Turbulence and Combustion, pp.183-200 (1998)
22) Zhai, Z., Zhang, Z, Zhang, W. and Chen, Q. : Evaluation of various turbulence models in predicting airflow and turbulence in enclosed environments by CFD : Part 1-Summary of prevalent turbulence models, HVAC&R Research, Vol.13, No.6, pp.853-870 (2007)
23) Zhai, Z., Zhan, W., Zhang, Z. and Chen, Q. : Evaluation of various turbulence models in predicting airflow and turbulence in enclosed environments by CFD: Part 2-Comparison with experimental data from literature, HVAC&R Research, Vol.13, No.6, pp.871-886 (2007)
24) Betts, P. L. and Bokhari, I. H. : Experiments on turbulent natural convection in an enclosed tall cavity, Int. J. Heat Fluid Flow, Vol.21, pp.675-683 (2000)
25) Ito, K., Kato, S. and Murakami, S. : Model experiment of flow and temperature field in room for validating numerical simulation analysis of newly proposed ventilation effectiveness, J. Architecture, Planning and Environmental Engineering, Vol.534, pp.49-56 (2000), in Japanese.
26) Blay, D., Mergur, S. and Niculae, C. : Confined turbulent mixed convection in the presence of a horizontal buoyant wall jet, Fundamentals of Mixed Convection, ASME HTD, Vol.213, pp.65-72 (1992)
27) Murakami, S., Kato, S. and Yoshie, R. : Measurement of turbulence statistics in a model fire room by LDV, ASHRAE Transactions, Vol.101, No.2, pp.287-301 (1995)
28) 酒井孝司, 加治屋亮一, 岡田勝行, 植田俊克, 久村真司, 桜井康史, 坂上恭助：ノズル吹出口による大空間室内気流の数値解析 (その1) k-ε, LES, DSMによる等温気流場解析と実験, 日本建築学会計画系論文集, No.472, pp.39-44 (1995)
29) Pope, S.B. : An explanation of the turbulent round-jet/plane-jet anomaly, AIAA Journal, Vol.16, No.3, pp.279-281 (1995)
30) Hossain, M. S. and Rodi, W. : A turbulence model for buoyant flows and its application to vertical buoyant jets in "Turbulent Buoyant Jets and Plumes, 1st edition" ed. by Rodi, W., pp.121-178, Pergamon Press (1982)
31) Launder, B. E. and Kato, M. : Modelling flow-induced oscillations in turbulent flow around a square cylinder, ASME Fluid Eng. Conf., Vol.157, Unsteady Flows, pp.189-200 (1993)
32) 村上周三, 持田灯, 近藤宏二：改良k-εモデルによる二次元建物モデル周辺気流の数値計算, 生産研究（東京大学生産技術研究所所報）, Vol.47, No.2, pp.29-33 (1996)
33) Durbin, P. A. : On the k-ε stagnation point anomaly, Int. J. Heat Fluid Flows, Vol.17, pp.89-90 (1996)
34) 村上周三, 加藤信介, 近藤靖史, 近本智行：C-47 乱流数値解析による室内対流熱伝達に関する研究：(その4) 対数則型壁関数とα_c型壁関数, 及びk-εとASMの比較, 空気調和・衛生工学会大会学術講演論文集, pp.713-716 (1990)

B 流れの数値解法

　乱流モデルの基礎式を用いて現象を数値解析するためには，速度や温度，乱流統計量といった諸量（従属変数）の空間分布をとびとびの点の分布により近似して，諸量の偏微分方程式と類似した物理的性質を有する代数方程式に置き換える必要があり，この操作を**離散化**という．また，代数方程式を導出するためには，空間を微小体積に分割し，従属変数の定義点を定めた計算格子を生成する必要がある．さらに，離散化された運動方程式は強い非線形性を有することや，連続式と運動方程式から圧力に関する方程式を新たに導出する必要があることから，CFD特有の**流れの数値解法**を選択する必要がある．CFD黎明期には，これらの知識は必須要件であったが，近年の優れた商用・汎用コードの登場により，これらの知識がなくても解析が可能となっている．しかし，問題によっては，計算格子や離散化，流れの解法の選択により，解析結果が著しく異なる場合がある．本章では，重要な流れの数値解法などについて概説し，精度の高い解を得るための注意点について述べる[1]．

B-1 計算格子の種類

　CFD解析を行う際には，計算領域を設定し，その内部空間を微小体積群（計算格子，メッシュ（mesh））に分割する必要があり，この作業を**格子生成**という．計算格子には，規則正しく分割された**構造格子**や，分割に規則性をもたない**非構造格子**，構造格子と非構造格子双方を用いたものなどがある（図B.1）[2]．計算格子は，数値解の解像度や，解析精度，計算安定性，収束性に大きな影響をもつため，適切な計算格子の選択は，CFD解析を成功させる際に非常に重要となる．ここでは，空調分野のCFD解析によく用いられている代表的な計算格子とその留意点について述べる．

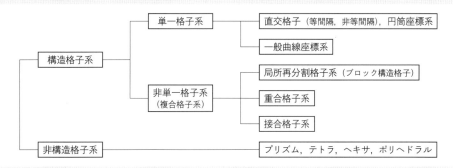

図B.1 格子の種類（諏訪[2]）

❶構造格子

　構造格子は，格子点の配置に規則性があり，格子生成が容易である．代表的な構造格子は直交格子で，計算領域は微小な直方体（cell）に分割される（図B.2）．初期のCFD解析では，等間隔な直交格子がよく用いられた[3]．その後，吹出し口近傍や障害物周辺，壁近傍などに格子を集中させる不等間隔格子が用いられるようになった[4]．不等間隔格子において，格子の**縦横比（アスペクト比）**が大きくなると，計算精度と計算安定性が損なわれる場合があり，CFD解析では，縦横比を1:10以下に保つことが望ましい．低Re型乱流モデルの解析では，壁面極近傍での格子幅が制約されるため，縦横比が大きくなるケースが多く，精度を確保するためには，経験や試行錯誤が必要である．

　構造格子を用いると後述する離散化が容易となる利点があり，建築空間の多くは直方体形状であることから，自作コードを中心に広く利用されていた．現在でも，建築設計・空調設備に特化した商用コードでは，基本格子として直交構造格子を採用しているものが多い．

　直交構造格子では，人体などの曲面形状を対象とする場合，形状を階段状に近似する必要があり，計算精度が低下する場合がある．また，局所的に細かい格子を用いることはできないため，通風問題などの建物周辺気流解析を行う際には，格子数が増加する傾向がある[5]．一方，機械工学分野では，翼周りや管群周りな

どの曲面形状をもつ流れ解析のニーズが多く，構造曲線格子に関する研究が進んでいる[6]．建築分野では，貝塚ら[7]，石田ら[8]が構造曲線格子を用いた解析を行っている．

複雑な障害物の形状をできるだけ再現し，計算領域全体と障害物周辺双方の解析精度を向上する方法として，ブロック構造格子が開発されている (図B.3)[9],[10]．ブロック構造格子では，計算領域内を，大・中・小といった幾つかの領域に分割し，それぞれの領域を構造格子で分割する．前述の構造格子に比べて，障害物周辺のみを細かく分割することができるため，計算容量の削減が可能となる．

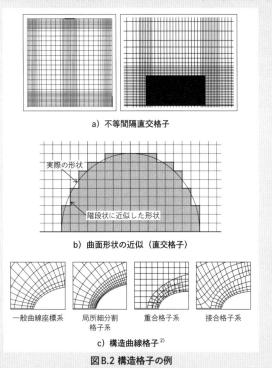

図B.2 構造格子の例

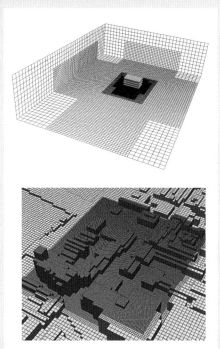

図B.3 ブロック構造格子の例

❷非構造格子

非構造格子は，格子点の配置に規則性がない格子で**三角柱 (プリズム)**，**四面体 (テトラ)**，**六面体 (ヘキサ)**，**多面体 (ポリヘドラル)** などの格子要素で形成される (図B.4)[11],[12]．空調分野の解析で，人体からの放熱を詳細に把握する際は，表面近傍を十分細かく格子分割する必要があり[13]，三角形面素などで表現された人体の表面に薄い**プリズム格子**を配置して解析する．プリズム層の外側は，テトラ形状が採用される．障害物近傍では，格子の大きさを調整して形状を再現する．また，障害物に近づくにつれて，六面体を1/4倍に分割して細分化する**トリムメッシュ**もよく用いられる．障害物を細かく階段状に近似するタイプと，ある程度細分化したのち，格子をカットして，多面体格子で近似するタイプがある．一方，壁面近傍で極端にひずんだ形状となった場合，解析精度が低下する場合があるため，注意が必要である．最近では，CADで作成した複雑形状をもとに，非構造格子を作成する商用ソフトが開発されており，普及し始めている．また，機械工学系用の商用コードでは，非構造格子が組み込まれており，複雑形状の解析が容易となっている．

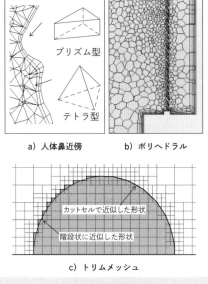

図B.4 非構造格子の例

❸複合格子

壁面近傍や障害物の無い領域では，六面体による直交格子，物体近傍でプリズム形状，その間を不整形形状でつなげる複雑な格子の適用例も増えている（**図B.5a)**）[14]．一方，通風解析では，建物だけでなく，その外側の領域も併せて解く必要がある．また，風洞実験と同様に，一つの建物に対して，さまざまな風向を想定した解析も行われる．そのため，精度を保ちつつ，計算時間の増大を避けるメッシュ生成が試みられている[15]．図B.5b)は，建物およびその周辺に直交格子を適用し，ターンテーブル外周を円筒状とした格子の例で，ターンテーブル内の格子ごと回転させることで，風向を変更した解析を容易にしている．住宅の通風解析では，勾配屋根面の格子形状が解析精度に影響を及ぼすため，壁近傍にレイヤ格子を適用した複合格子を用いることが有用である（**図B.5c)**）[16]．

B-2 離散化手法

各計算格子の中央または界面の位置に，それぞれ速度や温度，濃度などの物理量（従属変数）が定義される．CFDでは，本来，連続的に分布する物理量を，計算格子中の代表点（離散点）のみの値を用いて，支配方程式（付録A-1節参照）を近似的に表現し（離散化），変数間の関係を元々の方程式と類似した物理的性質を有する代数方程式（**離散化方程式**）に置き換えて数値解を求めている．方程式の離散化の方法は一意に与えられるものではなく，その導出の方針によりさまざまな離散化方程式が生じる．また，離散化は，離散点の位置と密接な関係があるため，計算格子に応じて離散化手法が大きく異なる．本節では，最も基本的な離散化手法である，直交格子における有限体積法の概要および離散化方法，離散式の計算精度等について述べる．

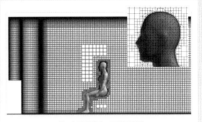

a) 人体周辺の気流解析

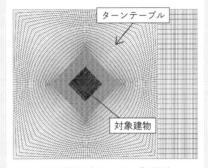

b) 通風解析（ターンテーブル利用）

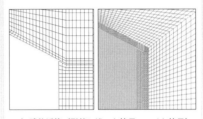

c) 建物近傍（形状に沿った格子，レイヤ格子）

図B.5 複合格子の例

❶有限体積法と変数配置[17]

空間微分を離散化する方法には古くから多くの手法が提案されており，差分法，有限要素法，有限体積法などがある．現在，多くの商用コードが採用している**有限体積法**（Finite Volume Method: **FVM**）は，計算領域を**Control Volume**（**CV**）と呼ばれる微小領域に分別し，それぞれのCVについて基礎方程式を積分し，その方程式系に差分法の考え方を適用する．CVごとに積分するため，物理量は，各CVでも，領域全体でも保存される特徴をもつ．当初，構造格子系を中心に開発されたが，非構造格子にも拡張が可能であり，有限要素法で用いられるような複雑形状格子の計算も可能となっている．

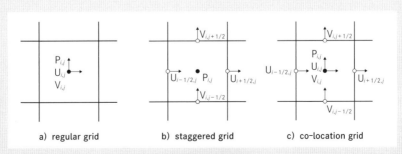

図B.6 従属変数の定義点

有限体積法では，空間をCVに分割し，CVごとに基礎方程式（偏微分方程式）を離散化方程式（代数方程式）に変換する．その際に，速度，圧力などの従属変数の定義位置をあらかじめ定めておく必要がある．典型的な変数の定義位置を図B.6に示す．定義方法は，流速（ベクトル量）や圧力または濃度・温度など（スカラー量）を同一点上に定義する**regular grid**と，スカラー量を格子中心，ベクトル量を格子界面に定義する**staggered grid**，およびregularとstaggeredを組み合わせた**co-location grid**の3通りに分けられる．

計算機の未発達な時期の渦度法解析などでは，regular grid（図B.6a））が多く用いられた．regular gridを用いた場合，圧力および連続式の**空間振動**[18]が発生するなど実用問題に適用するには不利な点が多い．これに対し，Harlow-Welch[19]が開発したstaggered grid（図B.6b））では，スカラー量を格子中心，ベクトル量を格子界面に定義する．この配置により，regular gridで生じる圧力の空間振動を回避可能となった．また，乱流，三次元，非等温などを問わず適用が容易であり，複雑形状の流れ場に対しても適用しやすいなどの利点がある．これらの理由により，直交座標に基づく流れの数値解法では，staggered gridを使用するのが一般的であり，空調設備分野に特化した商用コードでは，この方法を採用しているものが多い．一方，人体や翼型，曲面などの複雑な形状を直方体で近似した場合，表面の摩擦抵抗や熱伝達性状に誤差が生じやすい．そのため，曲面に適合する境界適合格子や非構造格子を用いた解析が有効となる．これらの解析では，co-location grid（図B.6c））が用いられている．この方法は，Rhie-Chow[20]が一般座標系のSIMPLE法に適用した方法で，圧力・速度をCV中央に定義するが，圧力振動の回避のため補助的に界面上にも速度を定義する．この格子では，運動方程式を解く際にはCV中央の速度を，連続式の評価では界面速度を用いる．この方法を用いることにより，従来のstaggered gridを用いた解析から非構造格子へ比較的簡便に移行できることもあり，多数の格子系を解析可能な商用コードの多くは，この方法を採用している．

❷支配方程式の離散化

本項では，直交構造格子にFVMを適用した場合における離散化の概略について述べる．商用コードの利用が進み，離散化自体の必要性は少なくなっている．しかし，解析結果の追加処理や解析条件の設定，特に移流項の離散化スキームを適切に選択するためには，離散化手法の知識が必須となる．ただし，より詳細な離散化の知識が必要な場合は，パタンカー[18]，Versteeg・Malalasekera[21]，梶島[22]らの教科書を参照されたい．

流れの基礎方程式であるN-S方程式や，k-εモデルのような勾配拡散型の乱流モデルの支配方程式は，以下のような**移流・拡散方程式**の形で表すことができる．

$$\frac{\partial \phi}{\partial t} + \frac{\partial u_j \phi}{\partial x_j} = \frac{\partial}{\partial x_j}\left(\Gamma_\phi \frac{\partial \phi}{\partial x_j}\right) + S_\phi \tag{B.1a}$$

ここで，ϕ:従属変数，Γ_ϕ:拡散係数，S_ϕ:生成項（生産項+散逸項）．上式の左辺第1項を時間項，第2項を移流項，右辺第1項は拡散項と呼ばれる．テンソル表記から通常形式に書き改める（縮約をとる）と，次式となる．

$$\frac{\partial \phi}{\partial t} + \frac{\partial u_1 \phi}{\partial x_1} + \frac{\partial u_2 \phi}{\partial x_2} + \frac{\partial u_3 \phi}{\partial x_3} = \frac{\partial}{\partial x_1}\left(\Gamma_\phi \frac{\partial \phi}{\partial x_1}\right) + \frac{\partial}{\partial x_2}\left(\Gamma_\phi \frac{\partial \phi}{\partial x_2}\right) + \frac{\partial}{\partial x_3}\left(\Gamma_\phi \frac{\partial \phi}{\partial x_3}\right) + S_\phi \tag{B.1b}$$

さらに簡単のために，時間項を無視し，二次元定常を想定する．また，(x_1, x_2)を(x, y)，(u_1, u_2)を(u, v)と表記すると，次式となる．

$$\frac{\partial u\phi}{\partial x} + \frac{\partial v\phi}{\partial y} = \frac{\partial}{\partial x}\left(\Gamma_\phi \frac{\partial \phi}{\partial x}\right) + \frac{\partial}{\partial y}\left(\Gamma_\phi \frac{\partial \phi}{\partial y}\right) + S_\phi \tag{B.2}$$

図B.7のように，CVを定義する（図中央ハッチ部分）．パタンカーの記述法にならい，変数ϕの下添字の大文字$P \cdot E \cdot W \cdot N \cdot S$はそれぞれ従属変数の定義点および隣接点を示し，小文字$e \cdot w \cdot n \cdot s$はCV界面を示すこととする．なお，界面速度は既知とする．

CVのx方向でw-e間，y方向でs-n間について，式(B.7)を定積分すると，次式が得られる．

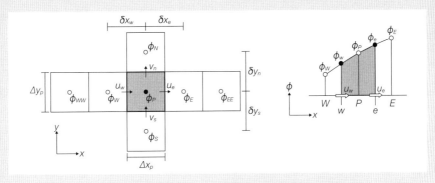

図 B.7 スカラー量の CV（cell と変数の定義点），二次元

$$(u\phi|_e - u\phi|_w)\Delta y + (v\phi|_n - v\phi|_s)\Delta x = \left(\Gamma\frac{\partial\phi}{\partial x}\bigg|_e - \Gamma\frac{\partial\phi}{\partial x}\bigg|_w\right)\Delta y + \left(\Gamma\frac{\partial\phi}{\partial y}\bigg|_n - \Gamma\frac{\partial\phi}{\partial y}\bigg|_s\right)\Delta x + S_\phi \Delta x \Delta y \tag{B.3}$$

なお，$u\phi|_e$，$\Gamma\frac{\partial\phi}{\partial x}\big|_e$ は，e 点における値を表すものとする．

また，$u\phi|_e$ において，e 点の速度 u を u_e（既知），変数 ϕ を ϕ_e とする．

この位置では ϕ の値 ϕ_e は定義されていないため，ϕ の定義点間の分布形を直線分布と仮定すると，次式となる．

$$\phi_e = \frac{1}{2}(\phi_E + \phi_P) \quad \text{および} \quad \phi_w = \frac{1}{2}(\phi_P + \phi_W) \tag{B.4}$$

係数の 1/2 は界面が中央にあるという仮定から定めたものである．

拡散係数についても同様に

$$\Gamma_e = \frac{1}{2}(\Gamma_E + \Gamma_P) \quad \text{および} \quad \Gamma_w = \frac{1}{2}(\Gamma_P + \Gamma_W) \tag{B.5}$$

とする．y 方向も同様に仮定し，ϕ の一階微分を隣接点の値を用いた傾き（勾配）で近似すると，式 (B.3) は次のように書ける．

$$\left(u_e \frac{1}{2}(\phi_E + \phi_P) - u_w \frac{1}{2}(\phi_P + \phi_W)\right)\Delta y + \left(v_n \frac{1}{2}(\phi_N + \phi_P) - v_s \frac{1}{2}(\phi_P + \phi_S)\right)\Delta x$$

$$= \left(\Gamma_e \frac{\phi_E - \phi_P}{\delta x_e} - \Gamma_w \frac{\phi_P - \phi_W}{\delta x_w}\right)\Delta y + \left(\Gamma_n \frac{\phi_N - \phi_P}{\delta y_n} - \Gamma_s \frac{\phi_P - \phi_S}{\delta y_s}\right)\Delta x + S_\phi \Delta x \Delta y \tag{B.6}$$

ここで用いた勾配近似は，**差分スキーム**と呼ばれる．例えば，上式中の近似は

$$\frac{\partial\phi}{\partial x}\bigg|_e \approx \frac{\phi_E - \phi_P}{\delta x_e}$$

であるが，一定の近似誤差が含まれている．テイラー級数展開を用いて誤差評価を行うと

$$\frac{\partial\phi}{\partial x}\bigg|_e = \frac{\phi_E - \phi_P}{\delta x_e} + \left(\frac{\partial^3\phi}{\partial x^3}\right)_e \frac{1}{6}\left(\frac{\delta x_e}{2}\right)^2 + \cdots = \frac{\phi_E - \phi_P}{\delta x_e} + O\left(\frac{\delta x_e^2}{2}\right) \tag{B.7}$$

となる．ここで $O(h)$ は，$\pm h$ のオーダの誤差を含んでいることを意味し，**打切り誤差**（truncation error）と呼ばれる．この近似は，差分幅の 2 乗オーダの誤差を含んでいるため二次精度の差分スキームと呼ばれる．ま

た，差分中心 e の両側の値を用いるため，二次精度の中心差分と呼ばれる．なお，式 (B.6) は，式 (B.2) を差分法で離散化し，移流項・拡散項に**二次精度中心差分**を適用した場合と一致する．

この方程式を簡潔に表すために，パタンカーにならって二つの新しい記号 F と D を次式のように定義する．

$$F \equiv u \quad \text{および} \quad D \equiv \frac{\Gamma}{\delta x} \tag{B.8}$$

両者は，ともに同じ次元をもち，F は移流の強さ，D は拡散の強さを表す．なお，F/D は**セルペクレ数** (Cell Peclet Number; Pe) と呼ばれ，移流と拡散の比を表す無次元数である．これらの記号を用いて，ϕ について再度整理すると，次の離散方程式が得られる．

$$a_P \phi_P = a_E \phi_E + a_W \phi_W + a_N \phi_N + a_S \phi_S + S_P \tag{B.9}$$

ここで

$$a_E = \left(D_e - \frac{1}{2}F_e\right)\Delta y, \quad a_W = \left(D_w + \frac{1}{2}F_w\right)\Delta y, \quad a_N = \left(D_n - \frac{1}{2}F_n\right)\Delta x, \quad a_S = \left(D_s + \frac{1}{2}F_s\right)\Delta x$$

$$a_P = \left(D_e + \frac{1}{2}F_e\right)\Delta y + \left(D_w - \frac{1}{2}F_w\right)\Delta y + \left(D_n + \frac{1}{2}F_n\right)\Delta x + \left(D_s - \frac{1}{2}F_s\right)\Delta x$$

$$= a_E + a_W + a_N + a_S + (F_e - F_w)\Delta y + (F_n - F_s)\Delta x$$

$$S_P = S_\phi \Delta x \Delta y$$

式 (B.9) は，ϕ に関する連立一次方程式となっており，種々の連立一次解法 (B-7節参照) を適用することにより，解を得ることが可能となる．ただし，この式には欠点があることが知られており，例えば，拡散がない場合 ($\Gamma = 0 \Rightarrow D = 0$) では，連立一次方程式における係数行列の対角項 $a_P = 0$ となる (F 部分は連続式と同一となり，0 となる)．そのため，一般的な連立一次方程式解法である**ガウスの消去法**や**ガウス・ザイデル法**などでは，解を求めることが不可能となる．このため，拡散が小さい場合，計算が不安定となりやすい．初期のCFDではこの定式が用いられたため，レイノルズ数の小さい問題 ($Pe = F/D$ が小さい場合) への適用に限定されていた．このため，移流項については中心差分以外の離散化手法が必要となる．なお，拡散項の離散化は，特殊な場合を除き，中心差分で十分な精度が得られる．

B-3 移流項の離散化

乱流を対象としたCFD解析を行う場合，計算安定性が高く，精度の良い移流項スキームを選択する必要がある．以下では，よく使用されるスキームについて説明する．

❶二次精度中心差分スキーム (CD：Central Differencing Scheme)

二次精度中心差分スキーム (CD) は，前節で導出した離散方程式 (式 (B.9)) で採用したもので，式 (B.3) の左辺 (移流項由来) を以下で近似する．

$$u_e \phi_e = u_e \frac{1}{2}(\phi_E + \phi_P), \quad u_w \phi_w = u_w \frac{1}{2}(\phi_P + \phi_W) \tag{B.10}$$

前述のとおり，近似精度は高いが，拡散係数が小さくなる場合のある乱流の計算では，限定的に利用される．

❷一次精度風上差分スキーム (UD：Upwind Differencing Scheme)

一次精度風上差分スキーム (UD) は，セル界面の値を評価する際に，風上側の値のみを参照する．このスキームは計算安定性が非常に高いが，一般に近似精度は低い．初期のCFDでは，CDで見られる計算不安定性を回避するため，一次精度の風上差分 (UD) が適用されることが多かった．UDの移流項近似は以下となり，

風向きにより，参照値が異なることが特徴である．

$$u_e\phi_e = u_e^+\phi_P + u_e^-\phi_E, \quad u_w\phi_w = u_w^+\phi_W + u_w^-\phi_P \tag{B.11}$$

ここで，$u_e = u_e^+ + u_e^-$で，u_eが正値の場合，$u_e^+ = u_e$，$u_e^- = 0$を表す．

これは，uが正値で一定の場合，移流項を$u\frac{\partial\phi}{\partial x}\Big|_P \approx u\frac{\phi_P - \phi_W}{\Delta x_P}$と近似したことに相当する．**テイラー級数展開**を用いて誤差評価を行うと，次式となる．

$$\frac{\partial\phi}{\partial x}\Big|_P = \frac{\phi_P - \phi_W}{\Delta x_P} - \left(\frac{\partial^2\phi}{\partial x^2}\right)_i\frac{\Delta x_P}{2!} + \cdots = \frac{\phi_P - \phi_W}{\Delta x_P} + O(\Delta x_P) \tag{B.12}$$

この定式の近似精度は一次であり，最大の誤差項は，二階微分に正の係数をもつ拡散項（式(B.1)）に類似した項を含んでいる．この誤差項の影響により，計算は極めて安定に推移する．その反面，拡散を過大評価した数値解が得られることとなる（貝塚-岡本[23]）．この誤差項による拡散増大は，数値拡散（数値粘性，偽拡散）と呼ばれている．

UDの改良型スキームとして，Spaldingによって開発された中心差分と風上差分をセルペクレ数によって切り替えるHybridスキームや，べき乗法則により厳密曲線を近似するPLDSスキーム（Power-Law Differencing Scheme）がある[18]．これらの一次風上系スキームは，いずれも高セルペクレ数領域において移流項を一次風上近似とするので，2階微分に正の係数をもつ拡散項に類似した項を誤差項として含むことになり，数値拡散の混入が避けられない．

計算が不安定となる流れ場では，しばしばUD系スキームが用いられるが，数値拡散が解析精度に及ぼす影響を十分に吟味する必要がある．CFDでは，計算の初期段階に不安定となり，最悪の場合，解が求まらないケースもある．そのような際に，UDを用いると初期の不安定性を回避可能な場合がある．計算が安定となった後に，高精度のスキームに切り替えて計算を続行することが望ましい．

❸ QUICKスキーム

数値拡散を抑制するため，複数の上流側の値を用いて高精度化した風上差分があり，Leonardによる**QUICKスキーム**（Quadratic Upstream Interpolation for Convection Kinematics formulation）が代表的である[24]．

$$u_e\phi_e^{QUICK} = u_e\frac{1}{2}(\phi_E + \phi_P) - \frac{1}{8}\left[u_e^+(\phi_E - 2\phi_P + \phi_W) + u_e^-(\phi_P - 2\phi_E + \phi_{EE})\right] \tag{B.13}$$

QUICKは，下流側1点と上流側2点の値を用い，3点を通る二次曲線により界面値を求めるもので，有限体積法の近似精度は三次精度とされている．倉渕ら[25]は，MAC法で運動方程式にQUICKを導入し，精度向上が可能であることを示した．その後，室内気流計算では，運動方程式にQUICKを用いることが主流となった．ところで，QUICKスキームを二次元問題で離散化すると，離散点を中心とした7点差分となる．一方，1990年代以降，計算安定性や計算速度の観点から，解法としてよく用いられるSIMPLE法（B-6節参照）では，5点差分の離散式に対する解法となっており，QUICKスキームの適用が困難となる．これに対し，Hayase[26]は，QUICKスキームを一次風上式とその他の項に分けて変形し，その他の項に反復計算の前回値を用いる方法を提案している．ここまでの移流項スキームを模式的に表すと，**図B.8**となる．

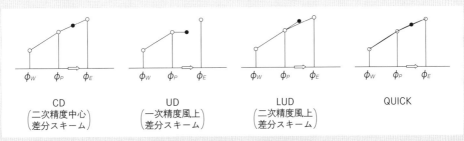

図B.8 各種移流項スキームの界面近似

前述のように，一次風上差分は計算安定性が高いが，解析精度が低いことが知られている．一方，高次精度のスキームは，勾配が急な領域で過大評価(オーバシュート)あるいは過小評価することが知られている．パタンカーは，この問題を顕著に把握する例題を提示している(図B.9)．流速が同一で流体温度の異なる二つの平行な流れが接する流れ場で，拡散係数が0の場合は温度が混合しない．この問題では，計算領域を斜め45度に傾けて設定する．

拡散係数および発生項は0とし，計算領域の大きさを1×1, x, y方向をそれぞれ10分割，または100分割した場合の計算結果を図B.10に示す．格子が粗い場合，風上差分では，あたかも拡散係数が0でないような，なだらかな分布となっている．細分割した場合では，拡散の度合いが小さいが，数値拡散が見られる．誤差項の大きさは格子幅に比例するため，格子を細かくすることでこの現象はある程度改善される．例えば，吹出し気流(噴流)の解析において，数値粘性が大きい場合，噴流拡散幅を過大評価，噴流到達距離を過小評価する危険性がある．一方，高次精度スキームでは，数値粘性が少ないが，分布が急となる領域で**オーバシュート**および値の振動が確認できる．このスキームを乱流エネルギーや粘性逸散率(定義より，絶対正値となる)に適用した場合，値が負になって計算続行が困難となる可能性がある．

建築分野におけるstaggered gridを用いた解析では，運動方程式の移流項にQUICKスキームを適用することが多い．スカラー量には，安定性を重視して一次風上系のスキームを適用するか，あるいは，QUICKスキームを適用し，負値が生じた場合に適当な正値に置き換えることや，不安定となる領域のみをUDとするなどの安定化のための対応策がとられることもある．

❹**TVDスキーム**（Total Variation Diminishing；全変動減少）

計算安定性が高く，数値粘性が少ないスキームに関する研究が多くなされ，二次精度，三次精度スキームや，Peを用いてスイッチするもの，制御関数を導入するスキームなどが多数提案されている．また，現在よく利用される非構造格子では，格子界面での補間が多用されるため，移流項の数値誤差の影響が相対的に大きくなる．そのため，非構造格子用の高精度スキームとして，制御関数を導入するTVDスキームの利用が一般的となっており，多数の高精度スキームが提案されている．なお，TVDの詳細については，Versteeg, Malalasekera[21]に詳述されているので，参照されたい．

前節と同じ問題に各種TVDスキームを適用した結果を図B.11に示す．TVDの結果は，数値拡散が小さく，QUICKなどで見られた振動が回避されていることがわか

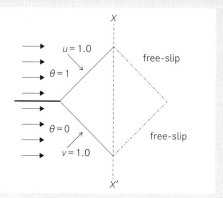

図B.9 パタンカーによる例題

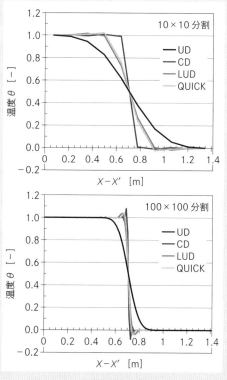

図B.10 計算結果（拡散なし）

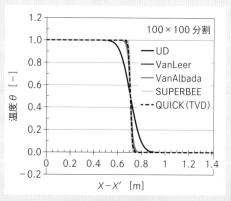

図B.11 TVDの計算結果

る．階段状または急峻な分布がある場合，高精度TVDスキームを適用することにより，非物理的な振動がない解が得られるため，CFDの計算に適しているといえよう．ただし，なだらかな分布の場合には，数値拡散が大きくなる傾向があるため，適用する際には試行錯誤が必要である．

移流項スキームは，得られる計算結果に及ぼす影響が大きい．問題や計算格子に応じて，できるだけ精度が高く，安定性の高いスキームを選択することが望ましい．

B-4 時間項の離散化

非定常現象を解析する場合には，時間項の離散化が必要となる．移流・拡散項同様，離散化の近似精度が解析解に及ぼす影響は大きい．本節では，基本的な離散式を概説し，安定かつ精度の高い解を得るための注意点を述べる．

❶時間項スキーム

移流拡散方程式（式(B.1)）を単純化して次のように表現し，時間微分項について考える．

$$\frac{\partial \phi}{\partial t} = F \tag{B.14}$$

最も簡便なスキームは，**単純前進差分**で評価する．

$$\frac{\phi^{n+1} - \phi^n}{\Delta t} = F^n + O(\Delta t) \tag{B.15}$$

$O(\Delta t)$ は，空間微分同様誤差項で，このスキームは一次精度の陽的(explicit)差分である．

二次精度の陽的差分の一つとして，**Adams-Bashforthスキーム**があり，次式となる．

$$\frac{\phi^{n+1} - \phi^n}{\Delta t} = \frac{3}{2} F^n - \frac{1}{2} F^{n-1} + O(\Delta t^2) \tag{B.16}$$

一方，陰的(implicit)な差分として，**完全陰解法**があり，次式となる．

$$\frac{\phi^{n+1} - \phi^n}{\Delta t} = F^{n+1} + O(\Delta t) \tag{B.17}$$

このスキームは，一次精度である．二次精度では，**Crank-Nicolsonスキーム**があり，次式となる．

$$\frac{\phi^{n+1} - \phi^n}{\Delta t} = \frac{F^{n+1} + F^n}{2} + O(\Delta t^2) \tag{B.18}$$

また，時刻変化 ϕ^{n+1}, ϕ^n, ϕ^{n-1} を二次曲線で近似する方法があり

$$\frac{3\phi^{n+1} - 4\phi^n + \phi^{n-1}}{2\Delta t} = F^{n+1} \tag{B.19}$$

で表される．この定式は，Crank-Nicolsonに比べてプログラム作成が容易であるが，Δt が小さい場合，Crank-Nicolsonのほうが高精度とされている．これらの陰的差分では，両辺に$n+1$時点の値を含むため，時間ステップごとに，連立一次方程式を解く必要がある．

❷安定条件

式(B.1)の移流拡散方程式で，一次元，拡散係数が0の場合，次式となる．

$$\frac{\partial \phi}{\partial t} = -\frac{\partial u\phi}{\partial x} \tag{B.20}$$

時間項を単純前進差分，移流項をUDで離散化する．簡単のために，風速uはx方向で一様とすると

$$\phi_P^{n+1} = \phi_P^n - \frac{\Delta t}{\Delta x}u(\phi_P^n - \phi_W^n) \Rightarrow \phi_P^{n+1} = \left(1 - \frac{\Delta t}{\Delta x}u\right)\phi_P^n + \frac{\Delta t}{\Delta x}u\phi_W^n \tag{B.21}$$

が得られる. ϕ_P^nの係数$\left\{1-\left(\dfrac{\Delta t}{\Delta x}\right)u\right\}$が0または負となる場合,計算が不安定となり,非物理的な挙動を示すことがCourantらにより示されている.この条件を式で書くと

$$C \equiv \frac{\Delta t}{\Delta x}u < 1, \quad \text{または,} \quad \Delta t < \frac{\Delta x}{u} \tag{B.22}$$

となり,**クーラン条件**または,**CFL** (Courant-Friedrichs-Lewy) **条件**と呼ばれる[21]. Cは**クーラン数**と呼ばれる無次元数である.この制限を変形すると, $u\Delta t < \Delta x$となり, 1ステップでの速度移動が格子幅を超えないことを意味する.単純前進差分などの陽解法スキームでは,クーラン条件を満たすことが安定条件となる.拡散項がある場合,この安定制約は若干緩和されるが,より厳しい安定条件として用いられる.

陽解法では,安定条件の制約から時間間隔を小さくする必要があり,結果的に計算時間が長くなる場合が多い.一方,完全陰解法,Crank-Nicolsonらの陰解法スキームは,クーラン条件を満たさなくとも,安定に解が得られる(無条件安定).その代わり,時間ステップごとに連立一次方程式を解く必要がある.ただし,時間間隔が大きい場合,誤差項$O(\Delta t^2)$も大きくなり,解析精度が悪化することに留意する必要がある.

1980年代の建築分野におけるCFDでは,Adams-Bashforthスキームを用いた陽解法で時間進行し,定常解を求める例が多く見られた[27]. この計算では,時間ステップごとの計算量は少ないが,計算安定条件の制約から時間刻み幅を小さくする必要がある.一方,陰解法では,時間ステップごとに連立一次方程式群を解く必要があるが,計算精度は別として,時間刻み幅に対する制約は受けない.しかし,定常解を得ることが目的であれば,時間進行中の結果の精度は問題にならない.結果的に,陰解法では,陽解法に比べて高速に定常解が得られる.そのため,定常解析が主目的である現在のCFDでは,時間差分に陰解法を採用するSIMPLE系解法 (B-6節参照) がよく用いられる.

非定常的に解を求める必要があるLESでは,MAC法 (B-6節参照) との組合せでAdams-Bashforthスキームや,より高次のスキームが用いた解析が実施されている.近年では,陰解法の一種であるPISO法 (B-6節参照) を採用した解析例も見られる.非定常RANS解析では,定常解法であるSIMPLEを非定常計算に拡張した陰解法が適用される.この方法では,時間ステップごとに,定常解を得るための反復計算を行う必要があるため,計算時間は増大する.

非定常解析を行う際には,陽解法,陰解法を問わず,より高次の時間項スキームを用い,クーラン条件を十分満たした時間間隔で計算を行う必要がある.例えば空調問題では,吹出し口近傍などの風速が大きい領域で格子幅を小さくすることが多い.そのため,空調問題の非定常解析では時間間隔を十分小さくする必要があり,計算時間が増大する.この制約は,現状の計算機能力では許容しがたいため空調分野の実用計算では, $C \approx$ 数十程度で解析を行い,非定常解とみなす場合もある.この場合,結果の取扱いに注意を要する.

B-5 境界条件

前節で示した離散化方程式は,境界に接していない空間中のすべてのメッシュに適用可能である.しかしながら,境界に接しているメッシュについては特別な配慮が必要となる.例えば,**図B.12**に示すような解析領域について考えると,左界面 (壁面) に接しているセルに関しては,界面上の**移流フラックス** $(-\phi U)_w$を評価するためのϕ_wが存在しない.また**拡散フラックス** $(\Gamma \partial \phi/\partial x)_w$を評価するための$\phi_w$ならびに$\Gamma_w$が存在しない.この界面$w$には何らかの形で$(-\phi U)_w$と$(\Gamma \partial \phi/\partial x)_w$を与える必要が

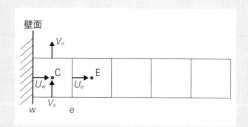

図B.12 壁面近傍のメッシュ (壁面法線方向にx)

ある．この操作を「境界条件を与える」といい，通常，壁面と計算領域の周囲（端部）に与えることとなる．
一般的には，境界面上で以下の微分式として条件を規定する．

$$C_1 \frac{\partial \phi}{\partial x} + C_2 \cdot \phi + C_3 = 0 \tag{B.23}$$

ここで，C_1，C_2，C_3 は定数を示すが，$C_1=0$ の場合は**ディリクレ**（Dirichlet）**型境界条件**と呼ばれ，境界面で ϕ を直接規定することとなる．熱の解析では，表面温度を固定で与える条件に相当する．$C_2=0$ の場合は**ノイマン**（Neumann）**型境界条件**と呼ばれ，ϕ の法線方向勾配を与えることになる．熱の解析では発熱量が境界面で規定される場合に相当する．

また，数値解析では，一般に強い拘束条件を与えたほうが収束計算が安定するため，ディリクレ型境界条件は計算を安定に進める条件としては有効である．

❶壁面境界条件

壁面上での法線方向風速成分はゼロであることが自明であり，対象とする壁面に平行な風速成分に関しては摩擦応力として壁面境界条件を与える必要がある．**図B.13**に壁面近傍の速度分布の様子を示す．ここでは，縦軸に**無次元風速** U^+ を**壁座標** y^+ に対して片対数のグラフとして示している．縦軸の無次元風速 U^+ は壁に沿った流れ成分 U を**壁面摩擦速度** u_* で無次元化した速度スケール，横軸の壁座標 y^+ は壁面からの距離を壁面摩擦速度 u_* と**動粘性係数** ν で無次元した長さスケールを示す．

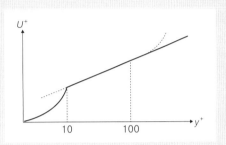

図B.13 壁面近傍の速度分布

$$U^+ = \frac{U}{u_*} \tag{B.24}$$

$$y^+ = \frac{u_* y_1}{\nu} \tag{B.25}$$

$$u_* = \sqrt{\frac{\tau_w}{\rho}} \tag{B.26}$$

式(B.26)が壁面摩擦速度 u_* であり，**壁面せん断応力**と密度から計算される速度スケールである．壁面近傍では，無次元風速 U^+ と壁座標 y^+ に普遍的な関係が成立することが知られており，これを**壁法則**という．壁座標 y^+ がおおよそ10以下の領域は**粘性底層**と呼ばれる壁面に非常に近い領域であり，この領域では層流となり，$U^+=y^+$ の線形関係が成立する．

壁面近傍には薄い境界層が形成されており，壁面から境界層外側の領域では，風速や温度，汚染物質濃度といった従属変数の勾配が極めて大きくなっている．高い精度が求められる解析では，この境界層内に十分な格子数を確保することで，境界層の性状を解析することとなる．この場合，壁面第一セルは境界層内の粘性底層の風速分布を十分に解像可能なサイズで配置されることになり，**壁面摩擦応力**は **no-slip条件**を適用して与えることになる．

$$\Gamma \frac{\partial U}{\partial y}\bigg|_s = \Gamma \frac{(U_1 - 0)}{y_1} \tag{B.27}$$

ここで，y_1 は壁面に接するメッシュにおける U_1 の定義点と壁までの距離を示す．壁面近傍で十分な格子解像度があり，この粘性底層内に十分なメッシュ数を確保して分解することが可能な場合には，この境界条件が物理的に正しくかつ単純である．具体的には，壁座標 y^+ が1以下の領域に壁面第一セルを設置したうえで，粘性底層内を複数メッシュで解像することが要求され，一般的な室内気流問題では，少なくとも1mmサイ

ズよりも十分に小さなメッシュを適用することが要求される.

さて，図B.13に示した壁面近傍の風速分布のなかで，壁座標y^+がおよそ10から数百までの領域は（片対数グラフで）ほぼ直線になっている．この領域は**対数則領域**と呼ばれ，乱れによるエネルギー生成と散逸がバランスし，その他の影響が無視できる領域である．

この対数則領域では，次式で示す関係式が成立する．

$$U^+ = \frac{1}{\kappa}\ln(y^+ E) \tag{B.28}$$

ここで，κはカルマン定数（=0.42），Eは滑らかな壁の場合に$E=9.7$である．式(B.28)はU^+とy^+の関係式であるが，数値解析上は壁面せん断応力τ_wを求めるために使用する．なお，Uとτ_wの陰的関係は反復計算の中で処理されることになり，実際のプログラム中では次式が解かれる．

$$\frac{U}{u_*^2}C_\mu^{1/4}k_1^{1/2} = \frac{1}{\kappa}\ln\left[Ey_1\frac{C_\mu^{1/4}k_1^{1/2}}{\nu}\right] \tag{B.29}$$

一般的な室内気流解析では，壁面近傍の粘性底層に十分な格子数を確保することは容易ではないため，対数領域に壁面第一メッシュを配置し，式(B.29)で示された壁関数と呼ばれる壁面境界条件を用いて壁面せん断応力τ_wを求めることが一般的である．この壁関数はLaunderとSpaldingによる**一般化対数則**として知られている．

各種の商用CFDコードには乱流モデルとして標準k-εモデルが組み込まれていることが多いが，この場合は乱流エネルギーkならびにその散逸率εに関しても壁面境界条件を与える必要がある．第一メッシュが対数領域にあることを前提とすると，乱流エネルギーkならびに散逸率εは次式で与えられる．

$$\kappa = \frac{u_*^2}{\sqrt{C_\mu}} \tag{B.30}$$

$$\varepsilon = \frac{u_*^3}{\kappa y_1} \tag{B.31}$$

標準k-εモデルに対応する壁面境界条件として一般化対数則が組み込まれていることが多いが，この境界条件は壁面に接する第一メッシュが対数領域に設定されていることが前提であり，むやみに小さなメッシュを配置すれば正しい計算が行われるわけではないことに注意が必要である．壁面近傍でのメッシュ分割の方法に関しては第2章の2-2節に具体的な例を示しながら品質確保の方法を示しているので参照されたい．

さて，壁面上の凹凸が流れ場に与える影響を再現する場合には，その詳細幾何形状を少なくとも複数点の格子分割数で再現する必要がある．2～3点の格子分割といった低解像度での幾何形状の再現は，流れ場予測の点ではほとんど意味がなく，別に何らかのモデル化が必要となる．

壁面に格子解像度以下の凹凸があり，その影響による乱れの生産が無視できない場合には，何らかのモデル化によりその影響を考慮することが必要となる．例えば，滑らかな壁と同様に対数則の成立を仮定し，凹凸の影響を対数速度分布における**ラフネスパラメータ**で代表させる方法などがある．

ところで，直交格子を用いて斜面を再現する場合，格子面と実際の解析対象となる斜面が一致せず，階段状の格子を用いることとなる．この階段の一辺が一つの格子で再現されている場合には，現実には階段状の境界条件が流れ場に与える影響を解像することはできず，実質的に斜面を対象とした壁面境界条件での解析と一致する．

温度の壁面境界条件に関しても，ディリクレ型境界条件として表面温度を与える方法，ノイマン型境界条件として熱フラックスを与える方法に大別できる．熱フラックスがゼロ，すなわち温度勾配ゼロを境界条件として与えた場合には断熱条件となる．

対象室内空間への投入熱量が既知の実験や実測結果を対象とした解析を行う場合には，壁面で**熱フラック**

ス（対流熱伝達量）を与えることで，熱バランスの取れた解析を実施することが可能となる．壁面表面温度を境界条件として与えた場合には，壁面近傍の温度境界層内部を複数の格子で解像し正確な対流熱伝達率予測を行う場合を除き，実験・測定で得られている熱バランスを厳密に再現することは困難となる．相対的に粗い格子分割を用いる場合には，風速の場合に用いた壁関数を温度の輸送方程式に拡張した壁面境界条件が用いられる．

また，ニュートンの冷却則を適用し，流体側第一セルの空気温度ϕ_1と壁表面温度ϕ_wとの温度差，ならびに対流熱伝達率h_cを用いて簡易に**熱フラックス**を与える方法が用いられることもある．

$$\left. \Gamma \frac{\partial \phi}{\partial y} \right|_s = h_c(\phi_1 - \phi_w) \tag{B.32}$$

❷流入境界条件

一般的な室内空間は周辺を壁面に囲まれることで解析空間の幾何形状が構成され，加えて，流体・熱や汚染物質などのスカラー量の流入口（吹出し口），流出口（吸込み口）が設置されている．吹出し口での流体性状，すなわち吹出し噴流の性状は，一般に室内気流に支配的な影響を与えるため，流入境界条件の設定ならびにその精度は極めて重要となる．

CFD解析で与える流入境界条件は，実際の吹出し口より室内に供給される風量，運動量，熱量などと一致する必要があるため，平均風速（U, V, W）やスカラー量（温度や濃度）に境界条件としての調整余地はなく，ディリクレ型境界条件として，直接与えることが多い．k-εモデルのように流入境界面で乱流統計量を与える必要がある場合には，理論値や測定値を直接与えることになるが，吹出し気流性状の調整余地は，この乱流統計量の境界値（乱流エネルギーkと散逸率ε）の調整に依存することになる．汎用のCFDコードでは乱流統計量の流入境界条件の与え方として乱流エネルギーkと散逸率εの値を直接入力する方法のほか，**乱れの強さ**（Turbulent Intensity）と**乱れの長さスケール**（turbulence length scale）を与える方法が用意されていることが多い．特に乱れの長さスケールは，吹出し口サイズを代表長さLとした場合に，$(1/5)L$から$(1/10)L$程度（スリット型吹出し口の場合はスリット幅をLとして$(1/7)L$）の値が経験的に使用されることが多い．また，境界条件として風速値が直接与えられているために，この部分のセルでは圧力のポアソン方程式を解く必要はなく，そのため圧力Pの境界条件を与える必要はない．

吹出し気流（特に噴流）の予測精度という観点では，流入境界条件のほか，噴流領域の格子解像度と乱流モデルの選定が大きな影響を与える．吹出し気流が分布を有する場合，その極小値から極大値に至る風速プロファイルを再現するために，少なくとも3点以上の格子が必要であることは当然であるが，ある程度の予測精度を担保するためには，最低，4点（三次の補間関数をつくるための最低数）から10点以上の格子解像度が必要となろう．また，吹出し気流は吹出し口から下流に向けて拡散し，特に吹出し口近傍領域で速度変化が大きいため，この領域には十分な数の格子を配置することが求められる．

しかしながら，実用的な室内気流解析において，吹出し口とその近傍領域に十分な数の格子数を確保することは容易ではなく，一般的には不十分な数の格子分割において解析を行わざるを得ないのが実情である．この場合には，吹出し口近傍での流れ場予測精度を犠牲にしたうえで，吹出し口の下流領域や室内気流全体に与える影響を十分な精度で予測可能な近似的な吹出し口モデルを用いる必要があり，後述するBox法やP.V.法はその代表例である．

❸流出境界条件

吸込み口における吸込み気流は，流れに明確な指向性がなく，**ポテンシャル流**となる．そのため，平均風速（U, V, W）やスカラー量（温度や濃度）の流出境界条件として法線方向の勾配ゼロを仮定することが多い．

流出境界条件として，風速値やその分布をディリクレ型の条件として与えることも可能であるが，この場合には，格子間隔で平均速度などが数値的に振動する**Wiggle**が生じることもあり，分散誤差を抑制する配慮が必要となる．

❹対称境界条件

対象領域の形状と物理的な境界条件に関して対称な面が仮定できる場合には，この対称面に対称境界条件

を課すことで解析領域を削減し，計算負荷を低減させることが可能となる．対称面では，法線方向速度成分をゼロとし，その他の従属変数に関しては，free-slip（法線方向の勾配ゼロ）とする．

❺自由境界条件

解析対象空間のサイズが大きく，すべての室内空間の解析が困難である場合には，その一部を切り出して解析を行うことになる．例えば，自由空間に吹き出される噴流の解析を行う場合に利用する．

通常は，静圧力一定とした圧力境界条件を課すことで，自由境界面に対する法線方向速度成分を未知数として解くことが多い．この場合，法線方向速度成分以外の従属変数は勾配ゼロとして境界条件が与えられることが多い．解析対象とする領域から十分に遠方まで解析領域が設定できる場合には，何らかの方法でディリクレ型の境界条件を与えることも可能である．

❻周期境界条件

❹項で示した対称境界条件の特殊な場合，すなわち，流れの周期性を利用して一様無限の空間を再現するための境界条件として使用され，周期対称条件ともいう．

一次元で解析対称領域長さをDとした場合，すべての物理量（風速や乱流統計量に加え，温度や汚染物質濃度など）$f(x)$に対して，$f(x=D)=f(0)$の成立を前提とする境界条件である．これは，解析領域D（$x=D$位置）を超えて伝搬する物理現象が，反対側の境界面（$x=0$位置）から解析領域内に伝搬することを意味する．

周期境界条件は，建物が等間隔で均等に立ち並ぶ市街地を対象としたCFD解析を実施する際などに利用されるが，解析領域サイズDを超えたより大きなスケールの乱流現象は再現されないため，その解析領域サイズDの設定には注意が必要である．一般的な目安として，建物サイズをbとした場合，主流方向には$15b$以上の解析領域（建物の上流側に$5b$，下流側に$10b$）を確保することが望ましい．

また，周期境界条件を課す場合には解析領域内の流れの駆動力の与え方が重要となる．主流方向に流れがあるような場では，流入面と流出面の圧力差を与える方法や風量を規定する方法などが用いられる．

❼取扱いが困難な境界条件への対処法

a．空調用吹出し口と計算リソースの問題……空調用吹出し口は空間のスケールや導入される空調システムによって設計時に適宜選定される．例えばオフィスビルの執務スペースにおいて，一般的な空調方式システムではアネモスタット型吹出し口，一方，タスクアンビエント空調システムでは床吹出し口と呼ばれる複雑な形状の空調用吹出し口が設置される場合が多い．これらの空調用吹出し口は**表B.1**に示すようにそれぞれ吹出し気流に特徴がある．例えば，アネモスタット型吹出し口においては冷房時に吹出し気流が天井に付着するのに対し，床吹出し口の場合は吹出し気流が旋回するなど，室内の温度・濃度場の形成に吹出し気流が大きく影響する．このような空調用吹出し口が設置される空間における気流・温度・濃度分布などをCFD解析により検討する場合，非構造格子によって空調用吹出し口の形状を精密に再現するか，膨大な数の構造格子によって形状をほぼ忠実に再現するかのどちらかになるが，後者の場合は，膨大な計算リソースと計算時間を要することになる．

表B.1 空調用吹出し口と吹出し気流

空調用吹出し口	アネモスタット型吹出し口（角形）	旋回流型・床吹出し口
外観		
吹出し気流		

複雑な形状の空調用吹出し口を構造格子系の差分格子により極端に単純化した場合，室内気流分布を決定する要因である吹出し気流を正しく再現することは難しく，結果として得られる温度・濃度場などは実際の現象とは異なることになる．すなわち，空調用吹出し口のモデル化の良否は室内温熱・空気環境の予測精度に大きな影響を与えることになる．このようなことから，Nielsen らにより **Box法**(The Box Method)や **P.V.法** (The Prescribed Velocity Method) の空調用吹出し口のモデリング手法が提案されている．

b．Box法の概要……Box法はNielsen[28]によって提案された．この方法の特徴は図B.14に示すように，吹出し口を仮想ボックスで囲み，仮想ボックス面に実測などで得られた気流分布や乱流統計量（乱流エネルギーk $[m^2/s^2]$ や乱流エネルギーkの散逸率ε $[m^2/s^3]$），温度や濃度プロファイルを境界条件として規定する方法である．このように，Box法では仮想ボックス内部を計算領域の対象外として取り扱うことになるが，Box法を適用して温度分布や濃度分布を計算する場合，仮想ボックス内での熱量収支や物質収支を反復回数ごとに解く必要がある．これは室内の温度および濃度分布は境界面bにおいて生じる誘引流の影響を受けるため，このような場合には境界面aおよびbにおいて流入・流出する熱量および物質量と吹出し口からの熱量および物質量が一致しているかを確認し，ズレが生じる場合には境界面における温度や濃度に関する境界条件を調整する必要がある．

c．P.V.法の概要……P.V.法[29]では，前述のBox法と同様に吹出し口近傍に仮想ボックスを想定するが，条件の与え方が異なる．

　まず，図B.15に示すように吹出し口を囲むように仮想ボックスを想定し，面aおよびbにおける主流風速の卓越風速成分のみを設定する．すなわち，面aではU_1[m/s]のみ，面bではU_2[m/s]のみを与え，乱流エネルギーk $[m^2/s^2]$ や乱流エネルギーkの散逸率ε $[m^2/s^3]$ は設定しない．また，吹出し面（境界面c）において風量と面積から算出した風速U_{in}[m/s]（この場合U_1 [m/s] のみ），k_{in} $[m^2/s^2]$，ε_{in} $[m^2/s^3]$ などの流入境界条件を与える．

　例えば，冷房時のアネモスタット型吹出し口では面aにおいて天井付着噴流をU_1として規定する．一方，アネモスタット型吹出し口を構成する多層コーンのうち，中心部のコーンでは鉛直下向きの自由噴流と中心部より外側のコーンでは鉛直上向きの誘引流として面bにU_2として規定する．ただし，面bで規定すべき鉛直下向きの自由噴流と鉛直上向きの誘引流が室内の温度分布や濃度分布の形成に大きく影響しないと判断

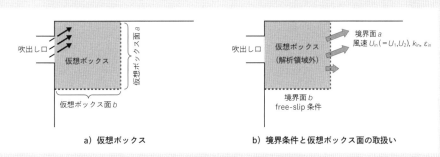

a）仮想ボックス　　　　　　　b）境界条件と仮想ボックス面の取扱い

図B.14 Box法の適用方法（二次元壁噴流）

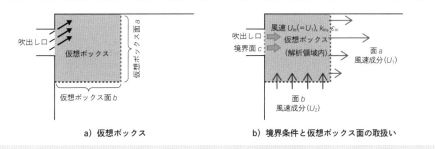

a）仮想ボックス　　　　　　　b）境界条件と仮想ボックス面の取扱い

図B.15 P.V.法の適用方法（二次元壁噴流）

した場合，面 a の天井付着噴流のみ適宜規定する．

d．その他の手法……Srebric, Chen ら[30]〜[32] の研究では，吹出し口の運動量を仮想ボックス面に規定するBox法と吹出し面の運動量を規定するMomentum法に着目し，代表的な8種類の空調用吹出し口を対象に検討している．

e．モデリングのためのデータ整備……上述のモデリングのためのデータ整備が必要であり，噴流理論などによる簡易式からの作成データ，計測データ，詳細CFDデータなどがあげられる．

長澤，近藤ら[33] の研究では吹出し口周辺の気流分布データを非構造格子系CFDにより取得し，これに基づきP.V.法を適用する方法を検討している．

Nielsen ら[34],[35] の研究では，二次元壁噴流を対象にBox法やP.V.法を適用したCFDを行っている．これらのBox法およびP.V.法の特徴などを整理し，**表B.2** に示す．

表B.2 Box法とP.V.法の特徴（非等温，二次元壁噴流）

モデリング手法	Box法	P.V.法
仮想ボックス位置（規定面），サイズ	アネモスタット型吹出し口では冷・暖房時のボックス位置とサイズの影響は小さく汎用的	アネモスタット型吹出し口では冷房時の風速規定面位置の影響は小さい．一方，暖房時では風速規定面位置によって，規定する物理量の影響が大きく一般化が困難
仮想ボックス内部の解析	解析対象外	解析対象内 ⇒仮想ボックス内の気流分布は無視
仮想ボックス面 a の扱い	流入境界条件： $U_{in}(=U_1, U_2), k_{in}, \varepsilon_{in}, T_{in}, C_{in}$ ⇒乱流統計量などの物理量の規定が必要 仮想ボックス内のエネルギー収支，物質収支を反復計算し，流入境界条件として規定する必要がある	風速規定： U_1，主流の卓越成分のみ規定 ⇒乱流統計量などの物理量の規定が不要
仮想ボックス面 b の扱い	free-slip条件	風速規定： U_2，主流の卓越成分のみ規定 ⇒乱流統計量などの物理量の規定が不要
境界面 c の扱い	設定なし	流入境界条件： $U_{in}(=U_1, U_2), k_{in}, \varepsilon_{in}, T_{in}, C_{in}$ ⇒乱流統計量などの物理量の規定が必要
対流・放射連成解析	困難	可能
風速データの整備	規定する乱流統計量のデータ整備が困難	主流成分のみ規定するため，簡易風速計や噴流理論式を用いることが可能

B-6 計算アルゴリズム

CFD手法の根幹となるN-S方程式の計算アルゴリズムとして，陽解法である**MAC法**や**HSMAC法**，**SIMPLE法**を代表とする半陰解法などがあげられるが，商用・汎用コードの多くは，工学的実用性からSIMPLE系解法を採用している[36]．Patanker-Spaldingにより提案されたSIMPLE法は，時間に関して陰解法となっているため，時間差分間隔の制約がないことや，計算が発散し難いことなどから，多くの工学分野で適用されている[18]．SIMPLEは，速度・圧力を求める際に大胆な近似を導入している点や，運動方程式および圧力修正量に対して個別の不足緩和係数を導入している点に特徴があり，また，安定に解を求めるための緩和パラメータ設定の自由度が高いことから，アルゴリズム改良に関する研究が多くなされている．SIMPLEの改良版としては，パタンカーによる**SIMPLER**[18]，Raithbyら[37] による**SIMPLEC**，Issa[38] による**PISO**，Date[39] による**SIMPLED**などがあげられる．SIMPLEでは，運動方程式および圧力修正量に対して不足緩和が必要であるのに対し，SIMPLER，SIMPLECでは，緩和係数の導入は運動方程式のみであるため，計算安定性の確保がより容易であると思われる．Raithbyらは，二次元層流流れ場解析をSIMPLE，SIMPLER，SIMPLECで解析し，計算安定性が不足緩和係数に依存すること，SIMPLECが他に比べて計算時間を短縮可能であることを示している．

設計手法の一つとして実用問題にCFD手法を適用する場合，収束解が確実に得られることや，より速く解が得られることが重要な条件となろう．本節では，汎用コードで採用されているSIMPLE系解法のうち，汎用コードでの採用例が多く，他の基本となるSIMPLE法について概説する．

❶SIMPLE法[18],[40]

二次元計算領域において，定常のN-S方程式をスタガード格子上でパタンカーに従って離散化すると，式(B.33)の基礎方程式が得られる．

$$\left.\begin{array}{l} a_e u_e = \sum a_{nb} u_{nb} + S_e - (p_E - p_P)A_e \\ a_n v_n = \sum a_{nb} v_{nb} + S_n - (p_N - p_P)A_n \end{array}\right\} \tag{B.33}$$

さらに，既存値を $(u^{\text{old}}, v^{\text{old}}, p^{\text{old}})$，緩和した運動方程式のみを満たす変数を (u^*, v^*, p^*) とし，緩和係数 α を用いて不足緩和を行うと次式となる．

$$\frac{a_e}{\alpha_u} u_e^* = \sum a_{nb} u_{nb}^* + S_e - (p_E^{\text{old}} - p_P^{\text{old}})A_e + (1-\alpha_u)\frac{a_e u_e^{\text{old}}}{\alpha_u}$$

$$\frac{a_n}{\alpha_u} v_n^* = \sum a_{nb} v_{nb}^* + S_n - (p_N^{\text{old}} - p_P^{\text{old}})A_n + (1-\alpha_u)\frac{a_n v_n^{\text{old}}}{\alpha_u} \tag{B.34}$$

SIMPLEでは，式(B.34)の連立一次方程式を解いて得られる (u^*, v^*) を暫定値とする．次に運動方程式・連続式ともに満たす変数を (u, v, p) とし，速度・圧力の修正量を (u', v', p') とすると

$$p = p^* + p', \quad u = u^* + u', \quad v = v^* + v' \tag{B.35}$$

の関係が得られる．前提より，(u, v, p) は，運動方程式の緩和式と連続条件を満たす必要がある．したがって

$$\frac{a_e}{\alpha_u} u_e = \sum a_{nb} u_{nb} + S_e - (p_E - p_P)A_e + (1-\alpha_u)\frac{a_e u_e^{\text{old}}}{\alpha_u}$$

$$\frac{a_n}{\alpha_u} v_n = \sum a_{nb} v_{nb} + S_n - (p_N - p_P)A_n + (1-\alpha_u)\frac{a_n v_n^{\text{old}}}{\alpha_u} \tag{B.36}$$

$$(u_e - u_w)\Delta y + (v_n - v_s)\Delta x = 0 \tag{B.37}$$

式(B.36)から式(B.34)を差し引くと，以下の速度修正量の方程式が導かれる．

$$\frac{a_e}{\alpha_u} u_e' = \sum a_{nb} u_{nb}' - (p_E' - p_P')A_e$$

$$\frac{a_n}{\alpha_u} v_n' = \sum a_{nb} v_{nb}' - (p_N' - p_P')A_n \tag{B.38}$$

SIMPLE法では，上式下線部を大胆に省略し，式(B.35)，式(B.38)を連続式に代入する．定常に達した場合，速度修正量は0となるはずである．そのため，省略項も定常時に0となり，定常解を求める場合，この省略による矛盾は生じない．これにより，以下の圧力修正量方程式を得る．

$$a_P p_P' = \sum a_{nb} p_{nb}' - \frac{1}{\alpha_u} S_c \tag{B.39}$$

ここに，$a_E = \dfrac{A_e}{a_e}\Delta y = d_e \Delta y, \quad a_W = \dfrac{A_w}{a_w}\Delta y = d_w \Delta y,$

流れの数値解法

$$a_N = \frac{A_n}{a_n} \Delta x = d_n \Delta x, \quad a_S = \frac{A_s}{a_s} \Delta x = d_s \Delta x,$$

$$a_P = \sum a_{nb}, \quad Sc = (u_e^* - u_w^*)\Delta y + (v_n^* - v_s^*)\Delta x$$

式 (B.39) の連立一次方程式を解いて p' が求まり，求める (u, v, p) は

$$\left.\begin{array}{l} u_e = u_e^* - \alpha_u(p_E' - p_P')d_e \\[6pt] v_n = v_n^* - \alpha_u(p_N' - p_P')d_n \\[6pt] p = p^* + p' \end{array}\right\} \quad (B.40)$$

となるが，SIMPLE 法では，圧力の更新に際し，以下の緩和が推奨されている．

$$p^{\text{new}} = p^* + \alpha_p p' \quad (B.41)$$

速度および圧力の**緩和係数**は必須とされており，直交構造格子などを用いる場合は以下の値が推奨されている．

$$\alpha_p = 0.8, \quad \alpha_u = 0.5$$

ただし，パタンカーは，これらの緩和係数の値は最適値ではないが，多くの流れ場で十分なものであることや，設定には若干の経験を要すること，最適値は問題により異なることを示している．

❷ その他の解法

Raithby[37] が提案する SIMPLEC では，$\alpha = E/(1+E)$，$E = \alpha/(1-\alpha)$ となる緩和係数 E の導入を推奨しており，これを適用して式 (B.34) を書き換える．また SIMPLE 法で，式 (B.38) において省略した項を，$u_{nb}' \approx u_e'$ として変形後に Σ 項を省略する．この変形を施すことにより，SIMPLEC では圧力の不足緩和は不要とされている．Raithby は SIMPLEC の緩和係数 (運動方程式) について，$E_u = 4 \sim 10$ の範囲を推奨している．解析手順は，SIMPLE と同様である．

Issa[38] が提案した PISO 法では，圧力・速度に関する修正を 2 回行い，運動方程式と連続式の満足度合を高めている．圧力修正を 2 回行うため，計算容量，計算量が増加するが，収束までの時間は，SIMPLE の倍程度短くなると報告されている[41],[42]．なお，PISO では，圧力の不足緩和は不要とされている．PISO は，ステップごとにおける運動方程式と連続式双方の満足度合が高いため，非定常解法としても使用されている．圧力・速度に関する修正の適用範囲には，さまざまなバリエーションがあり，SIMPISO, PIMPLE といった派生解法も提案されている．

SIMPLE 系解法では，圧力と速度を分けて連立一次方程式を解き進める点に特徴がある．一方，N-S 方程式，連続式を大連立して，圧力・速度を同時に解く解法も提案されている[43]〜[46]．この方法は，**full-coupling** 法と呼ばれ，PISO よりも運動方程式と連続式双方の満足度合が高いため，非定常解法として採用する商用コードも見られる．

B-7 連立一次方程式の解法

MAC 系解法では圧力方程式が，SIMPLE 系解法では速度，圧力，スカラー量の離散方程式が連立一次方程式となっており，収束解が得られるまで，この連立一次方程式を繰り返し解く必要がある．例えば，計算領域の圧力を求める場合，未知数がメッシュ数と等しい連立一次方程式を解くことになる．計算時間の大半は，この処理によって消費される．したがって，より早く正確に解を求める連立一次方程式解法の選択が重要となる．本節では，CFD 解析でよく用いられる連立一次解法について概説する．

❶ 古典的な解法：ガウス・ザイデル法 (G-S 法)

ガウス・ザイデル法 (G-S 法) は，最も基礎的な連立一次方程式の間接解法の一つである．最近ではあまり

利用されていないが，収束，緩和の概念を理解する際に有用であるため，紹介する．

移流拡散方程式の離散式（二次元）は，以下で表現できる．

$$a_P\phi_P = a_E\phi_E + a_W\phi_W + a_N\phi_N + a_S\phi_S + S_P \tag{B.42}$$

この式を

$$\phi_P = \frac{a_E\phi_E + a_W\phi_W + a_N\phi_N + a_S\phi_S + S_P}{a_P} \tag{B.43}$$

とし，格子点すべての点でϕ_Pを求める．その際，隣接するϕには，すでに計算された点の値は最新の値を，計算していない点は前回値を用いる．これを繰り返すことにより，徐々に全体の値を解に近づけていく．変数の値が一定の誤差範囲以下となった場合を**収束**（収束判定），得られた値を収束解と呼ぶ．一般に，収束判定は，方程式の残差が十分に小さいことを確認する．判定水準は，ユーザーが問題に応じて設定する必要がある（第2章2-5節参照）．なお，ϕ_Pを求める際に隣接点の値をすべて前回値とする方法は，ヤコビ法と呼ばれる．

G-S法の収束性が向上するように改良された解法が，**SOR法**（Successive Over Relaxation）である．SORでは，上式でϕを求めた直後に，修正量を用いて，次式のように解を書き換える．

$$\phi_P^{(k+1)} = \phi_P^{(k)} + \alpha \left(\phi_P^{(k+1)} - \phi_P^{(k)}\right) \tag{B.44}$$

ここで，αは緩和定数で，$0 < \alpha < 2$である．なお，$\alpha = 1$のとき，G-S法と一致する．$\alpha > 1$のときを加速緩和，$\alpha < 1$の場合を減速緩和と呼ぶ．αには，解くべき方程式により最適値が存在するが，一般に，$\alpha = 1.4$，1.7や0.5，0.7がよく用いられる．$\alpha > 1$とすると解が速く求まる場合もあるが，問題の性質と状況によっては解が振動して逆効果なこともあり，$\alpha < 1$として減速したほうがよい場合もある．この緩和係数もユーザーが問題に応じて設定する値である．

これらの解法は，収束解を得られるまでに多くの反復を必要とするため，計算時間が長くなりがちであり，正値保障が必要なスカラー量（乱流エネルギー，粘性逸散率）の計算には，有利な場合もある．

❷CFDで用いられる解法

CFDでよく用いられる連立一次方程式の解法として，TDMAをもとにした**ADI法**や，**共役勾配法**，**マルチグリッド法**などがあげられる．

日本では，1980年代までの建築分野における陽解法を用いたCFDで，圧力方程式の解法としてSORが用いられた．1980年代後半になると，陰解法を用いたCFD解析が試みられはじめ，運動方程式，スカラー方程式の解法として，間接法の一つである共役勾配法（CG法：Conjugate Gradient Method）が利用されはじめた．共役勾配法は，計算容量を多く必要とするが，G-S法に比べて，非常に収束性が高い．特に，係数行列のほとんどが0となるCFD解析の離散式との相性が良い．この頃，海外ではSIMPLE系解法が多用され，その連立一次解法として，一次元問題の直接解法（TDMA：Tridiagonal Matrix Algorithm）をもとに開発されたADI法（Alternating Direction Implicit）がよく用いられた．詳細はパタンカー[18]を参照されたい．

1990年代に入ると，前処理技術の進展や改良が進み，CG法をもとにした多くの高速解法が提案された[47),48)]．また，ベクトル計算機や並列計算機の利用で高速化が可能なソースコードが公開されたことから，ICCG，MICCG，BiCGSTAB法など種々の解法の利用が，MAC系解法，SIMPLE系解法で進んだ[49),50)]．

マルチグリッド法は，精密格子と粗格子を組み合わせて，高速に解を得る方法である．精密格子の離散化式に加え，粗格子の離散化式が必要となる．また，細格子と粗格子間での補間も必要となる．粗格子の離散化式を，精密格子の離散化式から代数的に定める方法が，代数マルチグリッド（AMG）法である．近年では，SIMPLEの圧力方程式の解法として，AMGを用いる事例が増えてきている[21)]．

汎用コードでは，種々の連立一次解法が選択可能となっている．方程式ごとに異なる解法を選択する場合もある．各解法には，解を安定かつ高速に求めるためのチューニングパラメータがあり，活用するためには，解法に対する知識が必要となる．解法を変更すると計算速度だけでなく，得られる解が変わることもあり得るため，いくつかの方法を試行錯誤的に試す必要がある．

参考文献

1) 加藤信介:数値流体力学CFDの室内環境への応用(1〜7), 空気調和・衛生工学, Vol.71, No.6-11 (1997), Vol.72, No.1, 空気調和・衛生工学会 (1998)
2) 諏訪好英, 藤井修二, 湯浅和博, 佐野仁美:重合格子法を用いた建築物周辺気流の数値解析, 日本建築学会計画系論文集, No.488, pp.43-52 (1996.10)
3) 野村豪, 松尾陽, 貝塚正光, 坂本雄三, 遠藤清尊:室内空気分布の数値解法に関する研究 1:MAC法による3次元数値解析, 日本建築学会論文報告集, Vol.231, pp.73-79 (1975.5)
4) 野村豪, 松尾陽, 坂本雄三, 加藤信介:MAC法に於ける任意差分間隔問題に対する考察, その1:打切り誤差解析とエネルギー保存問題, 日本建築学会計画系研究報告集, No.48, pp.129-132 (1977.10)
5) 倉渕隆, 鎌田元康:Multi-Mesh法を用いた通風時建物内外気流の同時解析, 日本建築学会計画系論文報告集, Vol.426, pp.1-11 (1991.8)
6) Versteeg, H. K., and Malalasekera, W.:An Introduction to Computational Fluid Dynamics, the Finite Volume Method, Longman, UK (1995)
7) 貝塚正光:流れの基礎式の一般座標への返還と数値解法の検討, 日本建築学会大会学術講演梗概集, pp.469-470 (1991.9)
8) 村上周三, 加藤信介, 石田義洋:一般曲線座標系による室内気流数値シミュレーション その1:k-εモデルと境界条件式の2次元一般曲線座標系への変換, 日本建築学会計画系論文報告集, Vol.386, pp.9-17 (1988.4)
9) 八乙女由衣, 酒井孝司, 西村欣英:集合住宅における通風効果に関する研究, その2. CFDによる通風時の室内風速の検討, 日本太陽エネルギー学会太陽/風力エネルギー講演論文集, pp.219-222 (2013)
10) 隅田泰章, 酒井孝司, 小野浩己:伝統的建築群の風圧係数分布と通風利用効果の検証, その3. 町家の開口パターン変化による室内気流性状への影響, 日本太陽エネルギー学会太陽/風力エネルギー講演論文集, pp.223-226 (2013)
11) 大森敏明, 梁禎訓, 加藤信介, 村上周三:大規模・複雑形状に対応する対流・放射連成シミュレーション用放射伝熱解析法の開発, 第3法—サーマルマネキンによる実験値と計算値との比較, 空気調和・衛生工学会論文集, No.95, pp.45-52 (2004.10)
12) 齋藤希, 酒井孝司, 小野浩己:CFDによるブラインド近傍の熱伝達解析, 日本建築学会大会学術講演梗概集, 41025 (2015.9)
13) REHVA:換気設計のための数値流体力学CFD, GUIDEBOOK, No.10, 丸善 (2011.8)
14) 伊藤琢, 山根雄太, 酒井孝司, 小野浩己:不均一放射環境下における温熱環境評価, その2. 日射環境下における被験者実験とCFD解析結果との比較, 日本建築学会大会学術講演梗概集, D-2, pp.389-390 (2012.9)
15) 倉渕隆, 大場正昭, 岩渕拓志, 島田朋裕:風向正面の場合の通風気流に関する予測精度継承と流管分析 LESと風洞実験による建物通風気流構造の解明に関する研究(第1報), 日本建築学会計画系論文集, No.561, pp.47-52 (2002.11)

16) 高木洋平，倉渕隆，大場正昭，遠藤智行，塚本健二，野中俊宏，鈴木駿輔：領域分割法を用いた数値シミュレーションによる通風性能予測の精度向上に関する研究，空気調和・衛生工学会学術講演会論文集，pp.1139-1142 (2011.8)
17) 村上周三：CFDによるによる建築・都市の環境設計工学，東京大学出版会 (2000.9)
18) Patanker, S. V. 著，水谷幸夫，香月正司訳：コンピュータによる熱移動と流れの数値解析，森北出版 (1985)
19) Harlow, F. H. and Welch, J. E.：Numerical calculation of time dependent viscous incompressible flow of fluid with free surface, Physics of Fluids, Vol.8, No.12, pp.2182-2189 (1965)
20) Rhie, C. M. and Chow, W. L.：Numerical study of the turbulent flow past an airfoil with trailing edge separation, AIAA Journal, Vol.21, No.11 (1983)
21) Versteeg, H. K., Malalasekera, W. 原著，松下洋介，齋藤泰洋，青木秀之，三浦隆利訳：数値流体力学［第2版］，森北出版 (2011.5)
22) 梶島岳夫：乱流の数値シミュレーション，改訂版，養賢堂 (2014.8)
23) 貝塚正光，岡本光代：共役勾配法による流れの数値解法の検討，日本建築学会大会学術講演梗概集，pp.1035-1036 (1987.8)
24) Leonard, B. P.：A stable and accurate convective modelling procedure based on quadratic upstream interpolation, Computer Methods in Applied Mechanics and Engineering, Vol.19, pp.59-98 (1974.4)
25) 倉渕隆，鎌田元康：移流項－拡散項の差分近似に関する考察，日本建築学会大会学術講演梗概集，pp.415-416 (1983)
26) Hayase, T., Humphry, J. A. C. and Greif, R.：A consistently formulated QUICK scheme for fast and stable convergence using finite volume iterative procedures, J. Comput. Physics, Vol.98 (1992)
27) 村上周三，加藤信介，近藤靖史：2次元等温流れ場における代数応力モデルとk-εモデルの比較，日本建築学会計画系論文報告集，No.415 (1990.9)
28) Nielsen, P. V.：Flow in Air Conditioned Room (English Translation of Ph. D, Thesis from Technical University of Denmark, 1974) Danfoss A/S, Denmark (1976)
29) Skovgaard, M. and Nielsen, P. V.：Modeling complex inlet geometries in CFD applied to air flow in ventilated rooms, 12th AIVC Conference, pp.184-199 (1991)
30) Srebric, J. and Chen, Q.：A method of test to obtained diffuser data for CFD modeling of room airflow, ASHRAE Transaction (2000)
31) Srebric, J.：Simplified methodology for indoor environment design, Ph. D. thesis, Department of Architecture, Massachusetts Institute of Technology, Cambridge, Mass (2000)
32) Srebric, J. and Chen, Q.：Simplified numerical models for complex air supply diffuser, HVAC & Research, Vol.8, No.3 pp.277-294 (2002)
33) 長澤康弘，近藤靖史：等温場吹出気流データの非等温CFDへの適用 数値流体解析における空調用天井吹出口のモデリング手法（その4），日本建築学会環境系論文集，No.585 (2004.11)
34) Nielsen, P. V.：The Box Method - a Practical Procedure for Introduction of an Air Thermal Device in CFD Calculation, Institute for Bygningsteknik, Aalborg University, Denmark (1997)
35) Nielsen, P. V.：The Prescribed Velocity Method - a Practical Procedure For Introduction of an Air Thermal Device in CFD Calculation, Institute for Bygningsteknik, Aalborg University, Denmark (1999)
36) 村上周三：CFDによるによる建築・都市の環境設計工学，東京大学出版会 (2000.9)
37) Doormaal, J. P. and Raithby, G. D.：Enhancements of the SIMPLE method for predicting incompressible fluid flows, Numerical Heat Transfer, Vol.7, pp.147-163 (1984)
38) Issa, R. I., Gosman, A. and Watkins, A.：The computation of compressible and incompressible recirculating flows by a non-iterative implicit scheme, J. Comput. Physics, Vol.62, pp.40-82 (1985)
39) Date, A. W.：Numerical prediction of natural convection heat transfer in horizontal annulus, Int. J. Heat Mass Transfer, Vol.29, No.10, pp.1459-1464 (1986)
40) 酒井孝司，岩本靜男，倉渕隆，松尾陽：室内外等温乱流場におけるSIMPLEC法の計算安定性に関する考察，日本建築学会計画系論文集，Vol. 555, pp.37-44 (2002.5)
41) 張維，村上周三，持田灯：定常解法による建物周辺気流の数値シミュレーション，その1～2，日本建築学会関東支部研究報告集，pp.77-84 (1991)
42) 張維，村上周三，持田灯：定常解法による建物周辺気流の数値シミュレーション，その3．A. W. Dateの改良型SIMPLE法の3次元k-εモデルへの適用，日本建築学会大会学術講演梗概集，pp.501-502 (1992.8)
43) 松尾陽：NS方程式定常問題の一解法，日本建築学会大会学術講演梗概集，pp.271-272 (1986.8)
44) 貝塚正光，岩本静男：共役勾配法を用いた床暖房室内の空気分布の数値予測，空気調和・衛生工学会学術講演論文集，pp.613-616 (1988.10)
45) 武政祐一，倉渕隆，松尾陽，鎌田元康：共役勾配法に基づく室内気流分布予測に関する基礎的研究，異形間隔格子と係数行列の前処理，日本建築学会大会学術講演梗概集，pp.497-498 (1989.10)
46) 永村一雄：定常N-S方程式の反復解法に関する研究－係数行列の固有値分布および共役勾配系の各種解法の適用について，空気調和・衛生工学会学術講演論文集，pp.41-44 (1989.10)
47) 小国力編著：行列計算ソフトウェア，丸善 (1991.11)
48) 藤野清次，張紹良：反復法の数理，朝倉書店 (1996.9)
49) 今野雅，鎌田元康，李政宰，倉渕隆，松尾陽：N-S方程式におけるPoisson方程式の高速解法に関する研究，日本建築学会大会学術講演梗概集，pp.721-722 (1993.9)
50) 松井巨光，村上周三，持田灯：室内気流の非定常解析を対象とした各種行列解法の比較，日本建築学会大会学術講演梗概集，pp.723-724 (1993.9)

C 放射伝熱の基礎

あらゆる物体は，分子と原子の状態に応じて光子を放出し，それらは幅広い波長範囲の電磁波として観測される．光子あるいは電磁波を放出する現象を**放射**（radiation）といい，放出された電磁波そのものを放射ともいう．放射による熱エネルギーの輸送には，電磁波の波長範囲が $0.4\sim0.7\,\mu\mathrm{m}$ の可視光と $0.7\sim1\,000\,\mu\mathrm{m}$ の赤外線が重要であり，この範囲の放射を特に**熱放射**ともいう（放射は，光子のみならず，α 線（He の原子核），β 線（電子）などの微粒子の放出や伝搬をも指す物理用語である．また，X 線（波長 $1\times10^{-5}\sim1\times10^{-3}\,\mu\mathrm{m}$）や γ 線（波長 $1\times10^{-4}\,\mu\mathrm{m}$ 以下）は電離作用を有する高エネルギーの光子であり，α 線，β 線とともに放射線に分類される．ここでは，熱放射の範囲のみを取り扱う）．対流伝熱や熱伝導では，熱を伝える物質が必要であるが，放射は宇宙空間のような真空中でも光速で伝搬する．熱放射は物体の絶対温度の 4 乗に比例するエネルギーを放出するので，物体が高温になると支配的な伝熱モードになるが，室温付近においても，対流伝熱量と放射伝熱量の比はおよそ半々であり，数値解析を行う場合は，**対流伝熱**だけでなく**放射伝熱**も十分な精度を確保しなければならない．

物体からはさまざまな波長の放射エネルギーが，物体を構成する物質，表面性状，温度に応じて放出される．放射率が波長によらず一定とみなせる物体を**灰色体**，放射強度が方向によらず一定とみなせる面を**完全拡散面**（ランベルト面）という．ここでは，最初に放射伝熱理論の最も基礎的な事項である**黒体**と**放射強度**について説明する．その後，建築材料の多くは，灰色体かつ完全拡散面とみなし得るので，灰色体と完全拡散面の放射伝熱について説明する．

C-1 黒 体

表面に到達する放射エネルギーを完全に吸収する仮想的な物体を**黒体**という．量子論に基づけば，物質から光子が放出される現象が放射である（光子は素粒子の一種で，質量ゼロ，電荷なし）．振動数が $\nu\,[\mathrm{s}^{-1}]$ の光子はエネルギー $h\nu$ [J または eV] を担っている．$h=6.626\times10^{-34}\,\mathrm{J\cdot s}=4.136\times10^{-15}\,\mathrm{eV\cdot s}$ はプランク定数である．熱放射の領域では，空間を光速で飛び交っている無数の光子を対象とする（ここでは取り扱わないが，放射線の一種である X 線や γ 線では光子の数が問題になる）．

プランクの法則により，絶対温度 $T\,[\mathrm{K}]$ の黒体から波長 $\lambda\,[\mu\mathrm{m}]$ の光子が放出される場合の単位時間・単位面積・単位波長幅当たりのエネルギーは**単色黒体放射能** $E_{b\lambda}\,[\mathrm{W/(m^2\cdot\mu m)}]$ と呼ばれ，式（C.1）で与えられる．

$$E_{b\lambda}=\frac{2\pi h c_0^2}{\lambda^5[\exp(hc_0/(\lambda kT))-1]} \tag{C.1}$$

ここで，$c_0=2.998\times10^8\,\mathrm{m/s}$ は真空中における光速，$k=1.3805\times10^{-23}\,\mathrm{J/K}$ はボルツマン定数である．

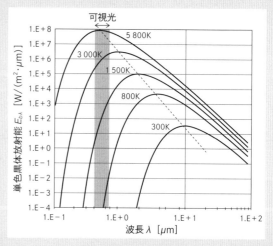

図 C.1 は式（C.1）を波長を横軸にとって，絶対温度をパラメータとして示したものである．5 800 K は太陽温度とほぼ等しい．建築・空調の分野では，室温付近（約 300 K）の放射を**長波長放射**，日射（太陽光）に基づく放射を**短波長放射**と呼ぶことがある．単色黒体放射能の最大値を示す波長 $\lambda_{\max}$ に由来している（ウィーンの変位則 $\lambda_{\max}T=2\,897\,\mu\mathrm{m\cdot K}$）．

式（C.1）を全波長範囲にわたって積分すると，**黒体放射能** $E_b\,[\mathrm{W/m^2}]$ を表す式（C.2）が得られる．

$$E_b=\int_0^\infty E_{b\lambda}d\lambda=\sigma T^4 \tag{C.2}$$

図 C.1 単色黒体放射能

$\sigma = 5.67 \times 10^{-8}\,\mathrm{W/(m^2 \cdot K^4)}$ は**ステファン・ボルツマン定数**である.

C-2 放射強度・黒体放射強度

空間を飛び交っている無数の光子のうちの,ある一団の光子群の放射エネルギーの強さを**放射強度**により表現する.実在物体から放出される放射エネルギーの強さは一定ではなく,放出される方向 (θ, ϕ) によって異なる.θ は天頂角 [rad],ϕ は方位角 [rad] である.物体から (θ, ϕ) の方向に単位時間・単位面積・単位立体角・単位波長幅当たり放出される光子群のもつ放射エネルギーの強度を**単色放射強度**といい,$I_\lambda(\theta, \phi)$ [W/(m²·sr·μm)] で表す.物体上の微小面積 dA から放出される波長 λ における単位時間・単位面積・単位波長幅当たりの放射エネルギーを求めるために,**図C.2** に示すように物体から空間を見る側の半径が単位長さの半球にわたって積分すると,**単色放射能** E_λ [W/(m²·μm)] を表す式 (C.3) が得られる.

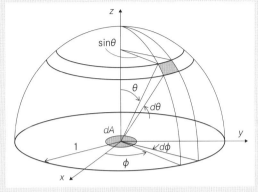

図C.2 黒体放射能の計算

$$E_\lambda = \int_0^{2\pi} \int_0^{\pi/2} I_\lambda(\theta, \phi) \sin\theta \cos\theta\, d\theta\, d\phi \tag{C.3}$$

物体を黒体とすると,黒体は完全拡散面であるので方向依存性がない.
単色黒体放射強度 $I_{b\lambda}$ [W/(m²·sr·μm)] を用いると,**単色黒体放射能** $E_{b\lambda}$ [W/(m²·μm)] は式 (C.4) で表される.

$$E_{b\lambda} = I_{b\lambda} \int_0^{2\pi} \int_0^{\pi/2} \sin\theta \cos\theta\, d\theta\, d\phi = \pi I_{b\lambda} \tag{C.4}$$

全波長範囲にわたって式 (C.4) を積分すれば,黒体放射能 E_b [W/m²] を表す式 (C.5) が得られる.

$$E_b = \pi \int_0^\infty I_{b\lambda}\, d\lambda = \pi I_b \tag{C.5}$$

黒体面から放出される放射エネルギーの強度,すなわち**黒体放射強度** I_b [W/(m²·sr)] は黒体放射能 E_b を π で割ったものに等しい.

$$I_b = \frac{E_b}{\pi} = \frac{\sigma T^4}{\pi} \tag{C.6}$$

C-3 黒体閉空間の放射伝熱

黒体二面間の放射伝熱を考える.**図C.3** に示す面 i 内の微小面積 dA_i から面 j 内の微小面積 dA_j への放射伝熱量 $d^2Q_{di \to dj}$ [W] を黒体放射強度 I_b を用いて表す.dA_i と dA_j の中心を結ぶ線分 r と dA_i の法線のなす角度を θ_i,dA_j の法線とのなす角度を θ_j,dA_i の中心から dA_j を見るときの**立体角**を $d\omega_i$ とすると,$d^2Q_{di \to dj}$ は式 (C.7) で表される.

$$d^2Q_{di \to dj} = I_{bi}\, dA_i \cos\theta_i\, d\omega_i$$

$$= I_{bi} \frac{\cos\theta_i \cos\theta_j}{r^2} dA_i\, dA_j$$

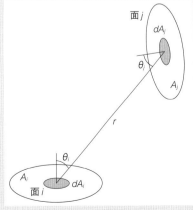

図C.3 黒体二面間の放射伝熱

$$= E_{bi} \frac{\cos\theta_i \cos\theta_j}{\pi r^2} dA_i dA_j \tag{C.7}$$

式 (C.7) を面積 A_i および A_j について積分すれば，黒体面 i から黒体面 j に輸送される放射エネルギー $Q_{i\to j}$ [W] を求めることができる．

$$Q_{i\to j} = E_{bi} \int_{A_j}\int_{A_i} \frac{\cos\theta_i \cos\theta_j}{\pi r^2} dA_i dA_j = D_{ij} E_{bi} = A_i F_{ij} E_{bi} \tag{C.8}$$

ここで，D_{ij} は**直接交換面積** [m^2]，F_{ij} は**形態係数** [-] と呼ばれる．

$$D_{ij} = \int_{A_j}\int_{A_i} \frac{\cos\theta_i \cos\theta_j}{\pi r^2} dA_i dA_j \tag{C.9}$$

$$F_{ij} = \frac{1}{A_i} \int_{A_j}\int_{A_i} \frac{\cos\theta_i \cos\theta_j}{\pi r^2} dA_i dA_j \tag{C.10}$$

式 (C.9)，(C.10) の添字 i, j を入れ替えても同一の式になるので，

$$D_{ij} = D_{ji} \tag{C.11}$$

$$A_i F_{ij} = A_j F_{ji} \tag{C.12}$$

である．式 (C.11) あるいは式 (C.12) の関係を**相反則**という．

直接交換面積および形態係数は幾何学的な関係のみで決定される．形態係数 F_{ij} の物理的意味は，面 i から射出された放射エネルギーのうち面 j に到達したものの割合と解釈することができる．

閉空間を構成する面の数を n とすると

$$\sum_{j=1}^{n} D_{ij} = A_i \tag{C.13}$$

$$\sum_{j=1}^{n} F_{ij} = 1 \tag{C.14}$$

である．式 (C.13) あるいは式 (C.14) の関係を**総和則**という．

次に，黒体面 j から黒体面 i に輸送される放射エネルギー $Q_{j\to i}$ は

$$Q_{j\to i} = D_{ji} E_{bj} = A_j F_{ji} E_{bj} \tag{C.15}$$

と書けるので，結局黒体面 i-j 間の放射伝熱量 Q_{ij} [W] は式 (C.16) で表される．

$$Q_{ij} = Q_{i\to j} - Q_{j\to i} = D_{ij}(E_{bi} - E_{bj}) = A_i F_{ij}(E_{bi} - E_{bj}) \tag{C.16}$$

形態係数は，定義式を直接数値積分する方法[1),2)]，二重面積分を二重線積分に置き換えて数値積分する方法 (Mitalas-Stephenson法) [3),4)]，仮想単位半球あるいは仮想半立方体に射影された面積を用いる方法 (Nusseltの射影法，Hemi-Cube法) [1),5)]，光子の挙動を模擬する方法 (モンテカルロ法，ビーム法) [6),7)] など多くの算出法があり，最近の商用ソフトの多くはいずれかの方法を組み込んでいる．

C-4 灰色体閉空間の放射伝熱

一般に放射エネルギーは，いろいろな波長の電磁波から成っているため，物質や表面性状によって**波長特性**と**放射強度の角度特性**がある．物体から射出される単色放射能 E_λ と黒体の単色放射能 $E_{b\lambda}$ の比を**単色放射**

率ε_λ ($=E_\lambda/E_{b\lambda}$) といい，その値は1より小さく波長λにより異なる．ε_λが波長によらず一定（$\varepsilon_\lambda=\varepsilon$, $\lambda=0\sim\infty$）である仮想的な物体を**灰色体**という．物体から放出された放射エネルギーの強度を表す単色放射強度$I_\lambda(\theta,\phi)$が方向によらず一定とみなせる固体表面を**完全拡散面**または**ランベルト面**という．この性質は，完全拡散面に入射した放射エネルギーが反射される場合にも適用される．建築材料の多くは，灰色体かつ完全拡散面とみなし得るので，ここでは灰色体かつ完全拡散面で構成される閉空間の放射伝熱を扱う．

物体表面に入射する放射エネルギーは，一部が反射され，残りは物体を透過するか物体に吸収される．建築材料の多くは，放射エネルギーを物体表面で吸収するので，ここでは放射エネルギーが透過する場合は扱わない．吸収される放射エネルギーと入射放射エネルギーの比を**吸収率**α，反射される放射エネルギーと入射放射エネルギーの比を**反射率**ρという．キルヒホッフの法則より吸収率αは放射率εと等しく，式(C.17)が成り立つ．

$$\alpha = \varepsilon \tag{C.17}$$

灰色体かつ完全拡散面で構成された閉空間の任意の面iにおける放射エネルギーの授受を考える．面iから放出される全放射エネルギーA_iW_i [W] は，射出放射エネルギー$A_i\varepsilon_i E_{bi}$と入射する放射エネルギーA_iH_iのうち反射される量$\rho_i A_i H_i$の和である．W_iを**射度** [W/m^2] という．A_iH_iを直接交換面積D_{ij}を用いて表すと式(C.18)となり，整理すると式(C.19)となる．

$$A_iW_i = A_i\varepsilon_i E_{bi} + \rho_i \sum_{j=1}^{n} D_{ji}W_j \tag{C.18}$$

$$\sum_{j=1}^{n}\left(D_{ji} - \delta_{ij}\frac{A_j}{\rho_j}\right)W_j = -\frac{A_i\varepsilon_i}{\rho_i}E_{bi} \tag{C.19}$$

ここで，δ_{ij}はクロネッカーのデルタ，nは閉空間を構成する面の数である．

式(C.19)を各面（$i=1\sim n$）に適用すると各面の反射を考慮した射度に関するn元連立方程式が導かれる．さらに数学的処理[8]を施すことにより**全交換面積**C_{ij} [m^2] を導くことができる．全交換面積に対しても，**相反則**（式(C.20)）と**総和則**（式(C.21)）が成り立つ．

$$C_{ij} = C_{ji} \tag{C.20}$$

$$\sum_{j=1}^{n} C_{ij} = \varepsilon_i A_i \tag{C.21}$$

また，**ゲッパートの吸収係数**B_{ij} [-] とは，式(C.22)の関係がある．

$$C_{ij} = \varepsilon_i A_i B_{ij} \tag{C.22}$$

ゲッパートの吸収係数B_{ij}の物理的意味は，灰色面iから射出された放射エネルギーのうち灰色面jに吸収されたものの割合と解釈することができる．

面i-j間の放射伝熱量は，式(C.23)で表される．

$$Q_{ij} = C_{ij}(E_{bi} - E_{bj}) = C_{ij}\sigma(T_i^4 - T_j^4) \tag{C.23}$$

面iの正味放射伝熱量Q_i [W] は，式(C.24)で表すことができる．

$$Q_i = \sum_{j=1}^{n} C_{ji}\sigma(T_j^4 - T_i^4) = \sum_{j=1}^{n} C_{ji}\sigma T_j^4 - \varepsilon_i A_i \sigma T_i^4 \tag{C.24}$$

閉空間を構成するすべての面について正味放射伝熱量の総和をとると，式(C.25)に示すように0となる．

$$\sum_{i=1}^{n} Q_i = \sum_{i=1}^{n}\sum_{j=1}^{n} C_{ji}\sigma(T_j^4 - T_i^4) = \sum_{j=1}^{n}\sum_{i=1}^{n} C_{ji}\sigma T_j^4 - \sum_{i=1}^{n}\sum_{j=1}^{n} C_{ij}\sigma T_i^4$$

$$= \sum_{j=1}^{n} \varepsilon_j A_j \sigma T_j^4 - \sum_{i=1}^{n} \varepsilon_i A_i \sigma T_i^4 = 0 \qquad (C.25)$$

すなわち，閉空間における熱輸送において放射伝熱はそれ自身でバランスがとれていなければならない．放射伝熱は電磁波による熱輸送であり真空中でも熱を伝えることができるが，対流伝熱や熱伝導は空気や固体などの媒体を介してのみ熱を伝えることができる．放射伝熱は，対流伝熱や熱伝導と伝熱機構が全く異なっているのである．

C-5 放射・対流連成解析法

面iにおける**熱収支**は，式(C.26)を満たさなければならない．

$$Q_{Ri} + Q_{Ci} + Q_{Wi} + Q_{Gi} = 0 \qquad (C.26)$$

ここで，Q_{Ri}は**放射伝熱量**[W]，Q_{Ci}は**対流伝熱量**[W]，Q_{Wi}は**熱伝導による伝熱量**[W]，Q_{Gi}は**熱発生量**[W]である．

対流・放射連成解析を行う場合，Q_{Ci}は**対流解析（流体解析）**で算出される．Q_{Wi}は室内壁表面から室内壁に伝わる熱量であり，定常解析では室内壁表面から外気までの熱抵抗および室内壁表面温度と外気温度から壁貫流熱量として求まる．他方，面iにおける放射エネルギー収支Q_{Ri}は式(C.24)より

$$Q_{Ri} = \sum_{j=1}^{n} C_{ji}\sigma T_j^4 - \varepsilon_i A_i \sigma T_i^4 \qquad (C.27)$$

このQ_{Ri}を式(C.26)に代入して面iの新たな温度T_iを計算する．このようにして求まる室内壁表面の温度分布$T_i(i=1〜n)$を対流計算（流体計算）ルーチンに転送して，室内壁境界面温度固定として計算を行い，空気の速度分布，温度分布ならびに対流伝熱量を求める．流体計算の5〜10イタレーションごとに1回の頻度で放射計算ルーチンを差し込むことが多い．これらを収束するまで繰り返す．

図C.4は，対流・放射連成解析の計算フローを示したものである．日射解析を含む場合は，長波長に対する放射伝熱解析とは別に，短波長の日射に関して，直達日射，反射日射，天空日射を考慮した放射伝熱解析を行い，各面の日射取得熱量を求める[9),10)]．この日射取得熱量を熱発生量Q_{Gi}に代入して対流・放射連成解析を実施する．なお，日射に対する放射率は長波長に対するものとは異なることに注意すること．

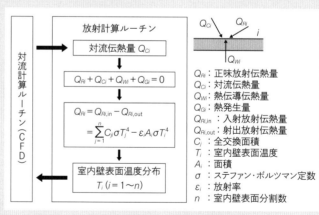

図C.4 対流・放射連成解析

C-6 放射伝熱解析の境界条件

境界条件としては，各境界について放射率と透過率を設定する．放射率＋反射率＋透過率＝1の関係がある．流入境界や流出境界などの開口部は，仮想的な面とみなして放射率と透過率を設定するが，さらに放射温度を設定する必要がある．放射温度は通常そこを通過する流体温度とする．日射を含めない室内温熱環境解析では，長波長放射領域を取り扱うので窓ガラスも含めて透過率＝0とする場合が多い．日射を考慮する

場合は，短波長放射に対応する放射率と透過率を与えて日射取得熱量を算出しなければならない．

C-7 放射伝熱解析のメッシュサイズ

対流・放射連成解析を行うには，室内壁表面間の放射熱授受を求めるために形態係数を算出する必要がある．形態係数は解析領域内の各室内壁表面の組合せについて算出しなければならないため，流体解析で通常使用する精細な室内壁表面メッシュを使用すると組合せ数が膨大になるので，境界内の室内壁表面メッシュをいくつかにグルーピングした放射パッチを用意する．放射パッチの大きさは，室内壁表面メッシュに等しいパッチ（最小）から境界に等しいパッチ（最大）まで選択し得るが，放射パッチに含まれる室内壁表面形状がほぼ平面でかつ温度が一様とみなせる程度とする．つまり，形状変化や温度変化が大きい境界では小さな放射パッチとする．形態係数はこれらの放射パッチ間について算出され，放射伝熱計算も各放射パッチについて実施される．

C-8 放射伝熱解析の実用簡易計算

❶二面間の放射伝熱

人体と人体を取り囲む室内面，床暖房と床暖房以外の室内面，窓と窓以外の室内面のように，二面間の放射伝熱を計算することが多い．C-4節を二面間の放射伝熱に適用して相反則と総和則を満たす関係式を導く．**図C.5**に示すように，凸面1を面2が完全に取り囲んでいるものとする．形態係数は

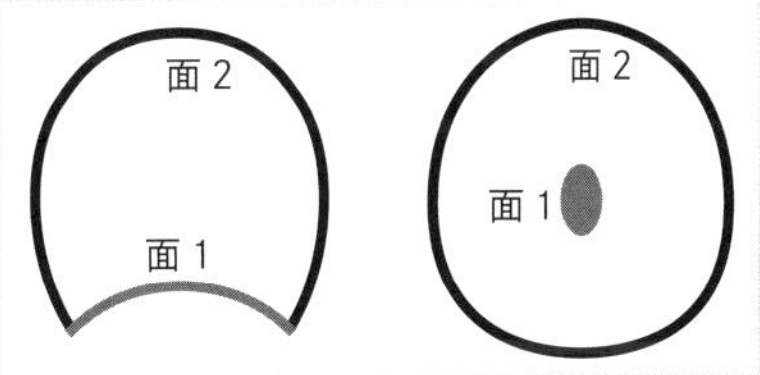

図C.5 凸面の周りを他の面が囲む場合の放射伝熱

$$F_{11} = 0,\ F_{12} = 1,\ F_{21} = A_1/A_2,\ F_{22} = 1 - A_1/A_2 \tag{C.28}$$

である．これらより，直接交換面積は

$$D_{11} = 0,\ D_{12} = A_1,\ D_{21} = A_1,\ D_{22} = A_2 - A_1 \tag{C.29}$$

である．直接交換面積を射度に関する式 (C.19) に代入すると

$$\begin{bmatrix} -\dfrac{A_1}{\rho_1} & A_1 \\ A_1 & (A_2 - A_1) - \dfrac{A_2}{\rho_2} \end{bmatrix} \begin{bmatrix} W_1 \\ W_2 \end{bmatrix} = \begin{bmatrix} -\dfrac{A_1 \varepsilon_2}{\rho_1} E_{b1} \\ -\dfrac{A_2 \varepsilon_2}{\rho_2} E_{b2} \end{bmatrix} \tag{C.30}$$

式 (C.30) に数学的処理[8]を施すと，全交換面積が得られる．

$$C_{12} = C_{21} = \dfrac{A_1}{\dfrac{1}{\varepsilon_1} + \dfrac{A_1}{A_2}\left(\dfrac{1}{\varepsilon_2} - 1\right)} \tag{C.31}$$

$$C_{11} = \varepsilon_1 A_1 - C_{12} = \varepsilon_1 A_1 \left[1 - \dfrac{1}{1 + \dfrac{\varepsilon_1 A_1}{\varepsilon_2 A_2}(1 - \varepsilon_2)} \right] \tag{C.32}$$

$$C_{22} = \varepsilon_2 A_2 - C_{21} = \varepsilon_2 A_2 \left[1 - \dfrac{1}{1 - \varepsilon_2 + \dfrac{\varepsilon_2 A_2}{\varepsilon_1 A_1}} \right] \tag{C.33}$$

面1-2間の放射伝熱量は，式 (C.23) と式 (C.31) より，式 (C.34) で表される．

$$Q_{12} = C_{12}(E_{b1} - E_{b2}) = \frac{A_1}{\dfrac{1}{\varepsilon_1} + \dfrac{A_1}{A_2}\left(\dfrac{1}{\varepsilon_2} - 1\right)} \sigma (T_1^4 - T_2^4) \tag{C.34}$$

❷ 放射熱伝達率を用いた放射伝熱の表し方

面1-2の温度差が小さい場合には，絶対温度の4乗の項をしばしば以下のように線形化する．

$$\begin{aligned}
\sigma (T_1^4 - T_2^4) &\fallingdotseq \sigma (T_1^3 + T_1^2 T_2 + T_1 T_2^2 + T_2^3)(T_1 - T_2) \\
&\fallingdotseq \sigma \times 4 T_m^3 (T_1 - T_2) \fallingdotseq 5.67 (T_1 - T_2)
\end{aligned} \tag{C.35}$$

ただし，$T_m = (T_1 + T_2)/2$ である．室温付近を扱うので $T_m = 293$ K とした．線形化された放射伝熱量の式は，

$$Q_{12} \fallingdotseq \frac{5.67}{\dfrac{1}{\varepsilon_1} + \dfrac{A_1}{A_2}\left(\dfrac{1}{\varepsilon_2} - 1\right)} A_1 (T_1 - T_2) = h_r A_1 (T_1 - T_2) \tag{C.36}$$

ここで，h_r は**放射熱伝達率**[W/(m²·K)]である．

$$h_r = \frac{5.67}{\dfrac{1}{\varepsilon_1} + \dfrac{A_1}{A_2}\left(\dfrac{1}{\varepsilon_2} - 1\right)} \tag{C.37}$$

人間が室内にいる場合など，$A_1 \ll A_2$ とみなせれば，$h_r = 5.67 \varepsilon_1$ である．$\varepsilon_1 = 0.9$ とすれば $h_r = 5.1$ W/(m²·K)となる．$A_1 = A_2$ で，$\varepsilon_1 = \varepsilon_2 = 0.9$ の場合は，$h_r = 4.6$ W/(m²·K)となる．

参考文献

1) Shapiro, A. B. : Computer implementation, accuracy, and timing of radiation view factors algorithms, Trans. ASME, Vol.107, pp.133-144 (1985)
2) 尾関義一, 斎藤恒洋, 大柿聡：複雑な内部形状を有する大規模メッシュ対応型放射伝熱計算手法に関する研究，空気調和・衛生工学会論文集，No.62, pp.101-110 (1996)
3) Mitalas, G. P. and Stephenson, D. G. : Fortran IV programs to calculate energy interchange factors, National Research Council of Canada, Division of Building Research Report DBR-25 (1966)
4) Siegel, R. and Howell, J. R. : Thermal Radiation Heat Transfer, Hemisphere (1992)
5) Cohen, M. F. and Greenberg, D. P. : The Hemi-Cube : A radiosity solution for complex environments, Computer Graphics (SIGGRAPH '85 Proceedings), Vol.19, No.3, pp.31-40 (1985)
6) Howell, J. R. and Perlmutter, M. : Monte Carlo solution of thermal transfer through radiation media between gray walls, Trans. ASME, Vol.86, pp.116-122 (1964)
7) 大森敏明, 谷口博, 工藤一彦：室内ふく射環境の解析法の開発と床暖房への適用，空気調和・衛生工学会論文集，No.42, pp.9-18 (1990)
8) 大森敏明, 梁禎訓, 加藤信介, 村上周三：大規模・複雑形状に対応する放射・対流連成シミュレーション用放射伝熱解析法の開発，第1報－モンテカルロ法をベースとした高精度放射伝熱解析法，空気調和・衛生工学会論文集，No.88, pp.103-113 (2003.1)
9) 大森敏明, 村上周三, 加藤信介：屋外・屋内複合解析格子を用いる複雑形状建物内の日射・放射総合シミュレーション，空気調和・衛生工学会学術講演会講演論文集，pp.265-268 (1994.10)
10) Omori, T., Murakami, S. and Kato, S. : Numerical simulation of solar heat absorption within indoor space by means of composite grid method, ASHRAE Transactions, Part 1, pp.164-171 (1997)

index

あ

圧縮性	004
圧縮性流体	114
アトリウム	057
アネモスタット型	042
アプローチフロー	102
アライメント	012
アンダシュート	020
一次精度風上差分スキーム（UD）	038, 154
一般化対数則	028, 102, 160
移流・拡散方程式	152
移流フラックス	158
渦度	142
渦動粘性係数	079, 133
渦粘性モデル	133
打切り誤差	153
エアバランス	066
エアフィルタ	057
円形噴流の欠陥	142
煙突効果	057
エントランス	057
応力方程式モデル	138
オーバシュート	020, 156
オープンソース	004
温度拡散係数	130
温度勾配	038
温度成層	012
温熱快適性	040

か

灰色体	170, 173
外部風の影響	037
ガウス・ザイデル法（G-S法）	154, 166
ガウスの消去法	154
拡散性状	019
拡散フラックス	158
火災気流	113
ガスちゅう房機器	066
壁関数	015, 045
壁座標	076, 159
壁法則	015, 159
カルマン定数	016
換気回路網計算	061
完全拡散面	170, 173
完全陰解法	157
完全断熱面	084
貫流熱流	010
貫流熱量	038
緩和係数	028, 166
擬似層流化	015
喫煙室	057
給気口	066
吸収率	173
境界条件	038, 075
共役勾配法	167
居室容積とセル数の大まかな目安式	016
許容残差	024
空間振動	152
空気質	057
空気の体積膨張率	130
空気の動粘性係数	130
空気の密度	130
空気齢	005, 040
躯体の熱容量	038
クーラン数	158
繰込み群（RNG）理論	015
グリッドスケール（GS）	139
グリッドライブラリー	099
クロネッカーのデルタ	133
ケアレスミス	041
計算節点	045
形態係数	172
ゲッパートの吸収係数	173
減衰関数	015
コアンダ効果	043, 055
高Re（レイノルズ数）型 k-ε モデル	014
格子生成	149
高次精度のスキーム	038
構造格子	005, 149
勾配拡散	015
勾配屋根	014
高発熱体	041
高レイノルズ数	014

黒体	170
黒体放射強度	171
黒体放射能	170
誤入力	030
誤認エラー	030
コールドドラフト	038, 089
コルモゴロフの長さスケール	131
コンター表示	039
コントロールボリューム	020

さ

サッシ	057
サブグリッドスケール（SGS）	139
差分スキーム	004, 039, 153
サーマルマネキン	091
散逸率 ε の浮力生産項	089
三角柱（プリズム）	150
残差	023
シアストレス	078
自然換気	003
自然対流	084
自然流入・流出	037
室外機	064
シックハウス問題	003
質点系モデル	070
質量流量バランス	028
四面体（テトラ）	150
射度	173
周期境界条件	162
収束（収束判定）	025, 039, 075, 167
自由流入	037
重力加速度	130
縮尺模型実験法	003
出力変数	039
循環流	086
衝突領域	015
照明発熱	039
ショートサーキット	064
人体発熱	039
吸込み口	039
水平噴流	084
数値誤差	019
数値サーマルマネキン	003, 091
数値振動	020
ステファン・ボルツマン定数	171
スーパーコンピュータ（スパコン）	002
制気口	038
精度検証（Validation）	075
セルペクレ数	154
全交換面積	173
全変動減少	156
相当外気温度	045
相反則	172, 173
総和則	172, 173
速度勾配	018
速度スケール	159
ソフトウェア	001

た

大空間	056
対称性	038
代数応力方程式モデル	143
対数則	016, 017, 160
滞留域	079
対流解析（流体解析）	174
対流伝熱	170
対流伝熱量	174
対流熱伝達率	046, 147
対流熱流	010
対流熱流束	093
対流・放射連成解析	174
縦横比（アスペクト比）	019, 149
妥当性検証（Verification）	075
ダブルスキンファサード	053
多面体（ポリヘドラル）	150
単純前進差分	157
単色黒体放射強度	171
単色黒体放射能	170
単色放射率	172
短波長放射	170
地下駐車場	069
置換換気解析	011
ちゅう房	065
ちゅう房換気	003
長波長放射	170
直接交換面積	172
直達日射	042
通風気流	100
低Re（レイノルズ数）型 k-ε モデル	038
定常解析	023
ディッシュアップ	066

テイラー級数展開	155
ディリクレ型境界条件	159
低レイノルズ数補正	015
テトラ型セル	093
天井カセット型ビル用マルチユニット	043
天井放射パネル	011
テンソル表記	130
透過率	048
同時点灯率	056
到達距離	019, 038
動粘性係数	159
トップライト	057, 059
ドラフト	036
トリムメッシュ	150

な

内部発熱負荷	061, 105
流れの数値解法	149
流れの代表長さスケール	131
流れの直接数値シミュレーション	132
二次精度中心差分スキーム(CD)	154
日射による熱取得	047
日射熱取得率	048
入力ミス	039
熱収支	174
熱収支の誤差	028
熱上昇流	019, 067
熱通過	039
熱通過負荷	061
熱抵抗	045
熱伝達	039
熱伝導	038
熱発生量	174
熱バランス	028
熱負荷	036
熱フラックス	160
熱放射	170
粘性散逸率	135
粘性底層	016, 017, 159
ノイマン型境界条件	159
ノズル型	042
ノルマルストレス	078

は

排気口	066
排気フード	066
ハイブリッド空調システム	003
はく離	038, 103
パーソナル空調	003
パーソナルコンピュータ(パソコン)	002
波長	170
波長特性	172
発光効率	056
発熱	039
パーティクルパス	040
パンカルーバ	065
反射率	173
反復計算回数	039
半領域	008
非圧縮性	004, 113
非構造格子	005, 036, 149
ひずみ速度	142
非線形渦動粘性モデル	138
非対称な解	009
非定常解析	023, 038
ヒューマンエラー	030, 037
標準k-εモデル	038, 133, 134
品質確保	007
ファサード	050
負圧	103
フィルタ操作	139
風圧係数	100
風洞実験	023
風量収支	039
風量バランス	038
吹出し温度	038
吹出し気流	036
吹出し口	089
ブシネスク近似	113, 130
不正確さ	007
不足緩和	028
不適切さ	007
普遍的壁法則	147
プラントル数	133
プリ処理	030
プリズム型セル	093
ブリーズライン型	042
浮力噴流	010
ブレンディングファンクション	080
噴流	019

平均風速 … 016
並列処理計算 … 004
壁面境界条件 … 015
壁面せん断応力 … 159
壁面摩擦応力 … 159
壁面摩擦速度 … 159
ベクトル表示 … 039
ペリメータゾーン … 050
ベンチマークテスト … 075

放射 … 170
放射強度 … 107, 171
放射空調 … 060
放射計算 … 038
放射伝熱 … 170
放射伝熱量 … 174
放射熱伝達 … 010
放射熱伝達率 … 046, 176
放射熱流 … 010
放射熱流束 … 093
ポスト処理 … 031
ポテンシャル流 … 161

ま

摩擦速度 … 016
マッハ数 … 004
マリオン … 057
丸形アネモスタット型吹出し口 … 105
マルチグリッド法 … 167

乱れの周期 … 015, 136
乱れの強さ … 161
乱れの長さスケール … 161

無次元化 … 015, 100
無次元壁距離, 無次元壁座標 … 016
無次元風速 … 159

メッシュ設定 … 075
メッシュの拡大比 … 018
メッシュ品質 … 020

モデリング誤差 … 075
モンテカルロ法 … 093

や

有限体積法 … 004, 151
床吹出し空調 … 060

ユーザーサブルーチン … 010
よどみ点の欠陥 … 145

ら

ラージエディシミュレーション(LES) … 132
ラフネスパラメータ … 160
ランベルト面 … 173
乱流エネルギー … 016, 133
乱流統計量 … 161
乱流熱フラックス … 133
乱流のエネルギーカスケード … 131
乱流のエネルギースペクトル … 131
乱流モデル … 038, 039, 075, 133

離散化 … 149
離散化誤差 … 075
離散化方程式 … 151
立体角 … 171
流出境界条件 … 009

冷却塔 … 064
レイノルズ応力 … 133
レイノルズ数 … 132
レイノルズ方程式 … 133

六面体(ヘキサ) … 150

英

Abe-Kondoh-Naganoモデル … 136
Adams-Bashforthスキーム … 157
ADI法 … 167
AFW(エアフローウィンドウ) … 050
ASM … 143

Box法 … 019, 105, 163

cell … 149
CFD … 001
CFDパーツ … 042
CFL条件 … 158
co-location grid … 152
Crank-Nicolsonスキーム … 157
CV(Control Volume) … 020, 151

DSM … 138
Durbinのリミタ … 146
Dynamic Smagorinskyモデル … 141

free-slip	162
FTCSスキーム	157
full-coupling	166
GFLOPS	002
HSMAC法	164
Hybrid型壁面境界条件	018
IHクッキングヒータ	066
k-ω モデル	136
Lagrangian Dynamic Smagorinskyモデル	141
Launder-Katoモデル	145
LLS (レーザライトシート)	002
MAC法	164
MMKモデル	146
Momentum法	164
MRT	046
no-slip	015, 079, 159
PFLOPS	002
Piomelli型	140
PISO	164
PMV	052
PPW (プッシュプルウィンドウ)	050
P.V.法	019, 038, 105, 163
QUICKスキーム	155
RANS	132
Realizable k-ε モデル	015, 137
regular grid	152
RNG k-ε モデル	015, 038, 136
RSM	138
SET*	052
SIMPLEC	164
SIMPLED	164
SIMPLER	164
SIMPLE法	164
Smagorinsky定数	140
Smagorinskyモデル	140
SOR法	167
SST k-ω モデル	015, 137
staggered grid	152
TVDスキーム	156
van Driest型	140
V2fモデル	137
WALEモデル	141
Wiggle	161
Z_0 (粗度係数)	102
Z_0型壁関数	102
α_c型壁関数	147

- 本書の内容に関する質問は，オーム社書籍編集局「(書名を明記)」係宛に，書状またはFAX(03-3293-2824)，E-mail(shoseki@ohmsha.co.jp)にてお願いします．お受けできる質問は本書で紹介した内容に限らせていただきます．なお，電話での質問にはお答えできませんので，あらかじめご了承ください．
- 万一，落丁・乱丁の場合は，送料当社負担でお取替えいたします．当社販売課宛にお送りください．
- 本書の一部の複写複製を希望される場合は，本書扉裏を参照してください．

はじめての環境・設備設計シミュレーション
CFD ガイドブック

平成29年11月30日　第1版第1刷発行

編　者　空気調和・衛生工学会
発行者　村上和夫
発行所　株式会社　オーム社
　　　　郵便番号　101-8460
　　　　東京都千代田区神田錦町3-1
　　　　電話　03(3233)0641(代表)
　　　　URL　http://www.ohmsha.co.jp/

© 空気調和・衛生工学会 2017

印刷・製本　三美印刷
ISBN978-4-274-22153-8　Printed in Japan

関連書籍のご案内

「知識」「実務の知識」
3部作、同時刊行!

空気調和・衛生工学会 創立100周年記念出版

空気調和・衛生設備の知識 改訂4版
空気調和・衛生設備の定本!さらにわかりやすく、基本的知識を体系的にまとめた一冊!
● B5判 ● 296ページ ● 定価(本体3600円【税別】)

空気調和設備計画設計の実務の知識 改訂4版
実務に必ず役立つ珠玉の解説書!長く支持され続けている、空調設備技術者の必携書!
● B5判 ● 350ページ ● 定価(本体4000円【税別】)

給排水衛生設備計画設計の実務の知識 改訂4版
実務に必ず役立つ珠玉の解説書!長く支持され続けている、衛生設備技術者の必携書!
● B5判 ● 408ページ ● 定価(本体4600円【税別】)

もっと詳しい情報をお届けできます.
◎書店に商品がない場合または直接ご注文の場合も右記宛にご連絡ください.

ホームページ http://www.ohmsha.co.jp/
TEL/FAX TEL.03-3233-0643 FAX.03-3233-3440

(定価は変更される場合があります)

C-1703-135